名木田 薫 著集 2

「個」欠落改造

名木田 薫 著

大学教育出版

は じ め に

　本書は『個主体の民主制「実体」化』および『経済「合理」化』（今春発刊の予定電子版）の二書といわば一体と考えることができる。各々が日本の社会、政治、経済の各側面について取り扱っている。いずれも将来のあるべき姿を求めつつ日本の現状を反省している。何事もそうであるが、過去および現状への十分な回顧なしには先に向かっての展望は開かれない。もっともその際、回顧のためにはある一定の理念が不可欠である。これなしには回顧が回顧にならず反省が反省にはならない。その点では先を見定めるための理念こそが不可欠な要因である。これこそが最も大切な事柄である。

　本書は、明治以降の日本社会のあり方、変遷を「全体」主義から個の自律という方向へ反省して記述している。戦前においてもそういう方向への兆しを見ることができる。このことは人として当然生じうる問題であろう。しかし、そうとはいえ国全体として見れば、戦前はもとより現在においても個の主体性が社会的事象における中心になっているとはいえない。それが実態である。

　以上の如き諸要因を心に留めつつ、本書は過去から現在を経て未来へと続くあるべき姿を探求したものである。

「個」欠落改造

目　次

はじめに ……………………………………………………………………… *i*

第1章　明治から大戦中まで（過去） ……………………………… *1*
第1節　経過の概要　*1*
第2節　主体性の兆し　*21*

第2章　大戦後以降（現在） …………………………………… *31*
第1節　経過の概要　*31*
第2節　主体性欠損症候群　*68*

補　遺　個別界での人材育成 …………………………………… *93*
第1節　スポーツ界での人材育成　*93*
第2節　経済界での人材育成　*119*

第3章　志向すべき道（未来） …………………………………*143*
第1節　道の有する諸特質　*143*
第2節　道をいく心構え　*176*

あとがき …………………………………………………………………*224*

第 **1** 章

明治から大戦中まで（過去）

第1節　経過の概要

（1）

　我々日本人は明治維新以来、西洋諸国に追いつくことに精一杯で自己自身で自己を考え抜くことが抜けている。そこで国家についても、自己（人間）についても突き詰めて反省しえなかった。せいぜい西洋のものを輸入してそれについて考えることに終始していたのではなかったか。キャッチアップの過程が曲がりなりにも一定の点に達した今、改めて自分自身で自分や国について反省せざるをえない状況にある。というより初めてそういう立場に置かれている。これまでは西洋のことに気を取られすぎていた。そうしている間は自己で自己自身をそれ自体として見つめることができなかった。つまり西洋という眼鏡を通してしか見ていなかった。ようやくここへ来てその眼鏡を外す時が来た。教育などは特に人間自体に対しての明確な根源的理解なしにはそのプログラムを考ええないであろう。こういう理解の欠如と国についてのグランド・デザインの欠けていることとは表裏一体のことである。これらなしに教育を考えようとすること自体が荷が勝っているといえる。負うことのできぬ荷を負おうとして無理をしている。本来からいえば無資格なのである。身の程知らずなのである。高級官僚、文部官僚であったりすると、当然そういう権利、資格があるかのような幻想に酔わされてしまっているのであろう。このことにも中央集権であって、中央への批判が生じ難い事情が反映している。お山の大将ということとなるのであろうか。

　まずは人間に関する根本理解へ到達することが不可欠である。都を外の世界

2

に求めなくなったら、そのときこそがそこへ至った証と考えてよかろう。そこへ至っていないのに人間教育や国家に関する教育について考えようとするので無理が生じる。人間についても国家についてもそれ自体の価値を見つめそれを考えるのではなく、他の何かとの関連を考え、そのことを第一に考えるような本末転倒が生じてしまう。外の世界に都を求めようとする心が残っていると、そのことは自己の心が外界のものとの関わりの中で考えられており、自己の心は真に自立、自律してはいない。そういう心境は自ずから他のことを考えるに当たっても現れてしまう。意識する、しないは別として自己の心との関わりですべてを考えてしまう。つまり色眼鏡をかけてみることが避けられない。何事をもそれ自体として見なくてはならない。さもないとそのこと自体の有り体の姿は見えてはこない。心の濁りは見る対象になっているものへも乗り移っていく。そういういわば斜視で見られた見方が正しいはずはない。そういう仕方で作られた政策は現実を正しく把握しているとはいえず、一種の空中楼閣とでもいうほかないものである。仮に一時的に役立つかに見えても、それはそのとき限りのものであり、持続的性格を持ちうることはあるまい。そういう性格を持つ、例えば教育方針で教育しようとしても、生徒や保護者が納得することはないであろう。

　個々のことを個々のこととして見ることができてこそ、それら相互の関わりをも適切に見定めることができよう。このことはすべての事柄についていえる。こういう見方こそ万人共通、万国共通の地平を開きうる。各国の人々は各々その国の事情なりによっていわば毒されていて、都を外に求めることから自由とはなりえていない。そこから争いが生じてしまう。国が異なると、求める都が各々異なるからである。だからこそ自己の良心にのみ従ってすべてを判断することを幼少より教えねばならない。そういう習慣を当然のこととして何の抵抗もなく受容できるようにするためである。いかなる国もそういう教育を行うよう各国へアピールしていかなくてはならない。これこそ我が国が国際平和に貢献しうる第一の道である。国、宗教、経済状況などの相違を超えてこういう教育をしなくてはならない。またそういう状況があってこそ教員としてもその職に精励することができよう。真実というものは世界へ向かって発信していかなくてはならない。ただその前に国内においてそういう方針に基づいて教育が実際に行われていることが必要であろう。そうでない限り他国の人々は納得しないであろう。

さて、明治維新では、今でさえそのことは欠如しているのだが、個人の個としての自覚は欠けていた。市民革命を欠くのだから当然である。黒船という外的契機から始まっている。これでは真の文明開化がありえるはずもなかった。個なしでは文明などはない。文明を造るのも受け入れるのも最終的には個である。しかるにその肝心のものを欠くのであるから。もっとも富国強兵はありうるであろう。国全体の次元のことであるから。そのためには個に自覚はむしろ欠けている方が好都合であろう。忠孝を国民対象に教え込み最高権力者である天皇へ服従させることが目指された。個を欠く国への忠誠であった。だが真実にはそれら双方への忠でなければならなかった。同心円的であることを要する。実態のようである限り、個人が個として目覚めれば自分自身を自分で理解できないであろう。かくて教育によってそうならぬよう目覚めを封じ込めねばならなかったといえる。

　西洋に対する遅れを取り戻すために資本主義へ転換したとはいえ、内からいわば湧いてきたものではない。封建制度が外的形だけを変えたものでしかなかった。真に封建主義から資本主義へと制度変更があるためには精神での変革が不可欠である。だがこの点では明治時代はおろか現在でさえも達成されているとはいいがたいのではあるまいか。したがって自由とか平等とかという価値観を胚胎した制度変更ではなかった。かくて真の意味では歴史的に一歩進んだわけではなかった。もっとも江戸時代にすでにブルジョアジーともいいうるような社会階層は生成されてはいた。だが彼ら自身のイニシアティブで維新が起動されたのではなかった。そこに近代的、民主主義的発想が生み出されない理由があった。

　こういう点は現在でもなおすべての点で個人中心に考えるのではなくて、家というものがなお重要な契機を構成している点にも現れている。戸籍を見ても筆頭者というものがあるわけではない。だが現実には親の面倒を見たりするという観点からも、家の跡継ぎという発想は捨てがたいところがある。合理的な一面を持っている。お墓にしても家単位になっている。今すぐ個人単位に変えようにも場所のこともありできない。またいかに個人中心的発想に転換しても社会階層は存在し続けるであろう。そうである限り個人中心といってもそれは不完全なままであろう。先のようなので遺産も後継者に優先的に分配される。個人中心を徹底するのなら社会階層を廃さねばなるまい。だがこれは不可能である。人類の歴史始まって以来社会階層のないためしはない。これがある限り個人はある社会階

4

層の中の個人として認識されよう。そういう面は避けられない。こういう事情の根底には人が似たり寄ったりの者同士が集団を構成するという性質を持つことがある。このことが大は国から小は家族までに及んでいる。人の存在と切り離せない。

このような直系的家族観は次のような考え[1]と結びつく。「明治政府は封建体制下で作られた長男相続をさらに強化した。生家は家産分割を避けえたので困窮時には支援の義務を感じた。これが社会政策費の節約を可能とした。こうして家格意識は長く続いた。かくて家名を上げるため立身出世志向が強まり、これは日本の産業化に有利に作用した。家は個人より重大で個人の人格が家のため無視されても当然であった。こういう家制度は人間の平等を阻み、男女差別を生み出した。」これが少なくとも維新当時の日本社会の実情であろう。確かにそうであろう。個人より家である。したがって家長へ従うことは家族全員に要求されたであろう。そこで当然のことながら各人の主体的判断などは論外となる。これでは良心的に考えることさえも二の次、三の次となってしまう。個人主体ならたとえ周囲が反対しても自己の良心に恥じねばということもありうる。だが家優先では家を辱めることはできない。言動を自己の自立的、自律的判断で行うことはなくなる。これでは民主主義などありえまい。どこまでも個々の自律的判断が先なのに社会的にこうあるのが相応しいと定められた範囲から出るわけにいかない。

このように家中心ということは要するに個人より集団中心を意味する。かくて一般の産業社会の中の企業であれ、農村の中での農家であれ、すべてを集団を大前提として考えることを意味する。このことは次第に薄まってきたとはいえ、ある程度は今現在でさえも続いている。こういう発想は人間生活において好都合な面もある。例えば農作業において今はある程度機械化もされて事情は異なろうが、明治維新当時では生産性が低く集団作業は不可欠であったであろう。生産に当たっては組合を作ったりすることも必要であったであろう。また町においても向こう三軒両隣という言葉があるように近所同士で助け合うという発想になった。町内会というものは今現在でさえも存在している。確かに必要な面もあろうと思う。要は個人の埋没である。

都市部においては工業化が始まった。だが、例えば紡績工場へその従業員は農村から供給された。そこで元来考え方が農村的であり、また高度な教育を受けて

いるわけでもなく、あたかも農村で集団生活をするごとく働いていたのが実情であろう。労働組合を自主的に形成してなど思いつきもしなかったであろう。また労働条件改善が目的で組合を作っても企業別であり、職能別ではない。こういう組合は企業が前提となっており、企業がいわば一つの藩であろう。社長は藩主である。したがって社員は藩士であり藩の命令は絶対であろう。こういうことでは近代的な個としての自覚など夢のまた夢である。こういう体制下ではその長と各メンバーとはともに一つの集団の中にあり、相互に対立すれば他者に漁夫利をとられてしまうこととなる。個としての独立性は欠けることとならざるをえない。そういうところから賃金もいわゆる年功序列的となったのであろう。集団として機能しやすくするためにである。封建主義的社会体制が近代主義的に変わっても藩が企業へと置き換わっても封建的ものの考え方などはそのまま生き続けている。一方で中小零細企業が数多くあった。これらはおおむね家族経営であり、家長制そのままであったであろう。いまでさえ中小企業はそういう経営形態をとっているところが少なくない。どこまでも家社会から離れえないのである。こういう状況では集団とは別次元としての個というものは開かれることはない。かくて選挙で何かを選ぶといっても真の意味で選ぶことにはなってはいない。集団・個の分離以前である。選挙でも人柄が選択の一半の理由になる状況を予想させる。政策本位ではない。要はそこで一番肝心なことを選択の第一のメルクマールにしていないことである。個々の事柄を各々独立した要件として考えることが欠けている。主体性が確立していれば当然そうなると思う。能力志向というより情緒志向であり日本企業が和の精神を重視することと並行する。和という字を書かれた額を社長室にかけてあったりする。しかしこれでは社員一人ひとりの能力は最大限には引き出されず外国企業には競争上破れる可能性が高い。確かに最近は年功序列も崩れつつある。だがそれも外国企業の参入の影響もあってのことであろう。かくて日本社会が全体として自ら進んでそういう方向へ転進したとまではいえまい。ここの点こそ問題なのである。企業で年功序列が崩れればそういう雰囲気は社会全体にいずれ浸透していき非民主的な要素は減少しよう。そういう箍は緩んでこよう。逆に田舎にしろ、都市部にしろ地域を括る連帯的要因を必要とする場面さえ生まれるであろう。

　このような日本社会を片極集中的に集約したのが明治天皇である。天皇は時

代の全局面を代表、象徴していた。明治天皇は現代とは異なり、単なる象徴ではなかった。実体的意味合いをも伴っていた。かくて日本の国が前進すれば、それは天皇がそれを推進したこととなる。封建時代から転換して西洋へ遅れ馳せながら追いすがるプロジェクトの代表である。国と民族との結合を内外へ宣言している。そして明治憲法の下ではあらゆる行政機関は天皇が主体的に主権者として国を治める組織であった。ただ教育勅語の列挙する徳目の中核は忠君愛国であり、これは近代人の合理的思考に耐えられぬとされる[2]。個の主体性とはおよそ縁遠い世界である。双方は二律背反である。かくてこういう体制を一旦採ったら益々そういう方向へ国民を向かわせねばならなくなる。中間に留まってはおれない。そういう状況に国民を放置しておくと国民は次第に自己の自主性、合理的思考へ舞い戻ってしまう。人は元来の思考、本性によってそう定められている。他律的に封入された思考を心底より自己のものとして受容するようにはできてはいない。かくて常に他からのものの注入を行い、自律的なものの発露を妨げていなくてはならない。これは厳密に考えれば人権侵害である。

　志士の思想に基づいた維新になっていれば、それはもっと異なったものになっていたであろう。欧米の力の前で圧倒されての他律的なものとなり、富国強兵にならざるをえなかったので、あのようになったのであろう。なぜなら志士の考えは現存の社会制度には依存しない、つまりそれだけより普遍的地平に立っている、その限り人の良心的判断に近い性格を持っていたからである。こういう点から振り返ると、良心へと芽生えかけたが、欧米列強によって国家主義へと目をそらされて来たといえる。しかもこのことは今の今まで続いていた。今こそ幕末の志士に見られかけた良心への目覚めを正夢にするときだといえる。

　日本文化にはこのように義は存しているのだが、まどろんでいる。自覚化されていない。つまりそれに対して磨きをかけて、常にそれを意識の表に保持し続ける努力をしていない。なぜなら自覚化されていないものに磨きをかけることなどできるはずもないからである。しかも自覚化しないのなら、それをできるだけ忘れるほうへ行くほかないのである。なぜならそのことをどっちつかずに宙ぶらりんにしてはおけないから。なぜなら人とは元来人格的方向へ向かうよう造られているのにあえてそちらへ赴かないのであれば、それを忘れる方向へ行くしかない。人格とはどちらかへ行くよう定められている。

第1章　明治から大戦中まで（過去）　7

　ところで、1880年の教育令改正で修身が仁義忠孝の徳育の最重要視のため小学校教科の中で首位に置かれた[3]。これでは個の主体性などとはおよそほど遠い世界である。修身の儒教主義は仁義忠孝の儒教倫理を天皇制国家に適合的に再編成したものである[4]。国をいかにして立ち上げるかが念頭にあり、そういう発想で貫かれている。当時としてはやむをえないかもしれない。欧米列強に対抗せねばならないし、個の主体性などといっていたら国はバラバラになってしまうから。だが今でもそうなのでは困る。このことは当時がただ当時の事情のためそうなっていたのではないことを顕にする。本質的にそうなのである。全体主義的発想なのでそうなってしまう。森有礼は国家主義的教育の目的として忠君愛国の志気を根本とする国家の富強に求めた[5]。個の自律の強化が結果として国家の強化に繋がるというような根本的次元で考える余裕はなかったのであろう。欧米列強の現状を目にしてはさもありなんである。元来そういう発想は欠けているのですぐにそういう方向へ向いたであろう。さらに修身教科書については次の改定がなされた[6]。「1910年からのそれでは国家は一大家族と見なされ皇室はその宗家である。国民は子の父母への敬愛の情を持って崇敬する関係である。」子の父母への敬愛のことは出エジプト記にも出ている。だが聖書はそこから国家への忠孝はいわない。人のとって自然なことと人為的なこととが同列に置かれている。そこのところに個の主体性の欠如が露呈している。そうなので個から国へ直に移行しうる。個を重んじればそういう発想はできないであろう。同心円的発想とはいえよう。だが真に“心”があるとはいえない。かくてむしろいわば「無」心円的構造といえよう。その場合、外枠を形成する国というものがそういう組織の「心（しん）」を授与しているといえる。この点では個は何らの役割をも演じてはいない。先の父母への敬愛にしても真に独立した契機として使用されているのではない。天皇中心の皇国への忠誠を説くためのいわば手段として利用されているに過ぎない。そうである限りそれが真に重要視されているとはいえない。それが独立した契機であって初めて国家というものも真にその足腰がしっかりしたものとなり、真に強固となる。国家中心の思想を国民に教え込めば、いかにも国家が強固になっているかの概観を呈しよう。だがその実そうではない。なぜなら例えばさきにもあったように父母への敬愛と国への忠義とが結び付けられているが、それ一つとって考えて見ても国民一人ひとりにとって真にそうありえているのではないからである。人の内

心から湧き出たことではなくて外から注入しているに過ぎないから。そういうものは内心からのものといつかどこかで相容れないことが顕になろう。つまり破綻する。教育勅語では個という語はまったく出てこないが、皇、臣、国、公は16回出てくる[7]。いかに後者の意識が強いかが分かる。逆にいえば個という意識、自覚はまったく欠けている。いかに国という意識が強くとも同時に個という意識も強い場合もありえよう。だがそうではなかったのが事実である。国（公）を盛り立てるためにも個という観念を強化せねばならぬと考える考え方もありうる。個を滅却することによって国を盛り立てるという方向へ考えていた。国と個を二律背反的に理解、意識していたのであろう。確かにそういう一面はありうる。だがそれが全面的真実ではない。両立させる考え方もあろう。否、そうでなくてはならない。国に対して個が犠牲になる方向へ考えてはならない。それ以前が封建時代であったためにそういう方向へ考える考え方しか存していなかった。国を盛り立てるため個が動くとき、個が犠牲になる可能性があるという発想など生まれえなかったといえる。国と個が二律背反的に考えられているというよりはもともとそういう考え方自体が欠如していた。そうなのでそういう問題意識も欠けている。不可避的結果であろう。

　ただ個人が家系の自覚を持つことと個の自覚とは矛盾はしない。社会的差別はしないという一面のある限り。むしろ双方は一体をなしている。なぜなら双方とも社会的次元のことであるから。西洋のように個人単位で考えることは人の生の実態に即さないのではないか。現実的に人は二ないし三代にわたり一緒に暮らしているのだから、そういう人々の間で互いに家意識を持つことはきわめて自然である。無理に否定してはいけない。社会的差別をしないことは相手の人の「家」というものを認識した上でのことでなくてはならないからである。決してそういう事柄をうやむやにしてしまうことであってはならない。それではまだ差別がなくなっているとはいえない。個をバラバラにするとかえって観念的な個の理解となり、現実的ではなくなろう。このように家として個を理解しつつ同時にそういう家という次元に囚われないところに個の主体性を位置づけることができる。二ないし三代にわたり一緒に暮らすことは代々にわたり続いているので、ここから家という意識が個人の自覚の中に生まれても自然なことである。むしろそういうものが生まれねばかえって不自然であろう。家の自覚が入ると、それが社会的差

別を招くようでは個の主体性が存しているとはいい難い。個人としては向上しようとする自覚は欠きえない。その限りよりよいものを社会的に求めることは誰しも否定できない。ただこのことが社会的差別を招いてはならない。もし仮に人が生まれ落ちると同時に一箇所へ集められて集団生活をするような社会制度になっていて、そういう生活で成長していれば親も家族もないことであろう。もとより社会的にそういう制度にして人類が存してもいけよう。だが現実にそういう制度の国や社会は人類の歴史上あまりないのではないのか。ということはそういう制度は人の現実に即していないことを意味しよう。合理的でないのである。やはり親が子を慈しむことは自然であり、その法則を無視しえない。個人としてはよりよいものを求めつつも社会的差別はしないところに個の主体性が現れる。そういう差別をしないことは自分と同様に他者のよりよいものの探求を承認することを意味する。遺産相続についてみてもそうであろう。家という観点を外してしまうことは現実的でない。

さて、神道主義教育による主体性確立という岩倉の政策[8] での主体性は開国による耶蘇教の影響力への対抗策としていわれていることであり、それ本来の個人の主体性確立とは無関係のことである。この時期ではまだ個人という自覚は欠けている。忠孝尊重の教育勅語の立場からしてそういう個人が存しているとは思われない。一方で井上毅は資本主義発展に応じた実業教育を愛国心は不可欠とすると国民の心へ植えつけようとした[9]。さらに、木戸の教育論は国民の知的解明と経済的充実とが国力充実の基盤という考えから国民全体へ主知主義的な普通教育を実施せよという[10]。時期的にやむをえないかとも思うが、ここでも国家を豊かに強くするという目的があり、そのためにはこうだということ。国民自体を知的に豊かにするというのではない。常に人それ自体以外のことが目的となっている。個の主体性確立のためにはそれ自体を目的にせねばならない。他の何かの手段であってはならない。また西園寺の教育政策でも最重要なのは日清戦争を契機に教育界へ広がった排外主義を一掃して平和的に海外進出のため世界主義、自由主義などを学校教育へ取り入れようとした点である[11]。世界主義、自由主義とはいえ政治的次元で考えられており、いわば宗教的次元まで掘り下げられたところから生まれたものではなかろう。教育勅語は以下のようである[12]。明治23 年の教育勅語は前段で国体の精華を教育基本理念におき、中段で臣民の徳目

10

14項目を列記し、後段でこれらが歴史性、永遠性を持つという。主知主義主体の小学校観は道徳教育と愛国心重視へ転換していく。修身科はこの目的達成のためにある。封建時代からは変わったとはいえ内発的性格のものではない。そこで容易に逆戻りする。制度面のみは民主主義的要因が入ってきたとはいえ、心の中は旧態依然であるからそうなってしまう。本来からいえば心の中での変革の方が先でなくてはならない。維新自体が外圧によることを反映している。欧米列強が植民地化を狙っているとも思われる状況の中では国益優先という契機が時代を貫通していた。国が独立を守らぬ限り国民の幸せもないことはすぐに分かる。

(2)

戦前の日本軍の軍是ともいうべき「生きて虜の身となるなかれ」ということは、決して万人の心の内にある法則に則ってのものではない。そういうことが義としてまかり通っていたのである。これは大いに反省しなくてはならない。恥ずべきことでもなんでもない。既に当時キリスト教国である欧米諸国はそうは考えてはいなかった。「天は自ら助くる者を助く」という言葉にしても義というような人格的内容については何もいってはいない。「沈んでこそ立つ瀬もあれ」もそうである。このように日本での格言はその人格的内容については無言なのである。つまり無なのである。もっとも人たる以上、たとえ明治から戦前にかけての思想といえども、表へは出てはいなくとも潜在的には義への思いは存していると思われる。ただ啓示なしには義への思いはそういう仕方でしか存しえない。このことはすべての人についていえる。啓示によって啓発され潜在から顕在へとその存在様態を変える。そういう意味では啓示が不可欠である。まどろんでいるままでは何ら人格を積極的に確立させる役割を果たしえまい。啓示以前では潜在している義が啓示によって顕在化することは人全般にとっていいうることである。特別の状況が付加されぬ限りどこの国の中でもどんな人でもそうだといえる。普遍的法則であろう。人は生活の中で種々の試練に出会う。そういう中にあるとき啓示のメッセージがその人の心に響く。かくて絶えずメッセージを聞いていることが必要である。心とメッセージとの響き合いが生まれる。

日本の場合、隠れキリシタンにおいて本来ならば義に目覚めさせられるはずであった。だが伝統的なものの考え方への囚われからそうはならなかった。その後

第1章　明治から大戦中まで（過去）　*11*

志士において自らの力でそういう地平が開かれる可能性があったが、残念ながら欧米の先進的状況によって再びその芽を摘まれたと解しうる。そういう点から見ると、今現在のキャッチアップ終了の状況は自ら義の地平へ目覚める第三の時節到来ともいえる。三度目の正直といきたいものである。仏教では善悪は相対的だという。確かに社会的次元での善悪はそうである。ある社会での善は時代が変わるとかえって悪となることもあろう。だが殺してはならない、父母を敬え、などの人格的次元での善悪は普遍的で万人万国共通である。ここをこそ起点にせねばならない。ここを出発点にして考えると、義の尊重、合理的思考、民主化などが一連のこととして現れる。人は人から生まれたもの、契機のために殉じることはできない。ぜひとも人を超えたところからのものが不可欠である。そうして初めて人はそのことのために殉死しうることとなる。これは見方を換えれば殉生である。人格的に死を超えた生があってこそ善を生きる可能性が芽生える。両者は一如である。

　日本では義ということがまったく欠けているのではないが、義として自覚化されていない。しかもこの自覚化という契機は人が人格として誕生するには不可欠である。罪からまったく自由なら自覚化という契機は存しないであろう。だが人には罪がある以上、義の自覚化こそ不可欠といえる。明治初期での義を重視するときでも、個の主体性重視、確立との関係は考慮されてはいない。端から社会的次元のこととしてでしかない。その場合には社会情勢によってその義の内容が揺らぐこととなろう。かくて必ずしも民主主義の基本としての個の主体性と一ではない。そういう意味での個の主体性確立は明治ではまだだといえる。忠君愛国的な義では心に書かれた律法に則ったそれではない。かくて普遍的性格を持ってはいない。国際的次元で反省すれば必ずしも義とはいえない次元のものでしかない。佐藤一斉から植木枝盛への思想的系譜では内面純化により直覚的に自己と天とを一体化させ外界へ働きかける主体意識が形成されたという[13]。自己の内面に天を発見する奈良時代以来日本には仏教があるので、禅的思想が生まれても少しも不思議はない。ただ人はあくまで人間なので罪というような契機を入れて考えざるをえないのではあるまいか。かくてここでの天もそういう要因を抜いたものでしかなくなる。また徳川時代には儒学熱中は政治的無関心を生むので道徳注入で競争と仕事実践を心がける方が望ましいという[14]。かくて競争原理導入と

いうことは江戸時代でも考えられていた。道徳注入ではなくて、その基礎であり競争を公正に行う心構えとしての個の主体性確立ということを教育の根幹にすえねばなるまい。日本での義は江戸以前にしろ、それ以後戦前までにしろ、心にある法則に基づいてはいない。その限りその時々の政治や体制によって影響されており、真に普遍的性格のものではないであろう。そういう性格を持ち、時々の政治や体制を改革していく結果になるには、それらを突破していきうる性格と強さを持ち合わせていなくてはならない。そのためにはそれはどうしても心の内の法則に基づいた性格をもっていなくてはならない。そうでない限り永遠的性格を持ちえず、その時々の制度や価値観を改革していくという性格を持ちえまい。

　個性尊重というと個々の生徒、児童によって個性が異なるが、それを重んじることとなろう。能力、体力、資質などにおいてすべての人は異なっているから。だが個の主体性ということはそれとは趣を異にしている。人が人たる限り良心という点では共通である。そこで良心による判断重視は先のような個々人間での相違を越えた次元でのことである。そういう仕方で共通している事実である。かくてこの点の重視は個々人間での違いを単に重んじることではない。そうではなくそういう相違を超えた真実を重んじることを意味している。つまりそういう相違を超えさせる要因となること、ものの重視を意味する。相違を相違として認めると同時に越えさせるのである。ただ単に個性尊重では相違を超えさせる要因が欠如してこよう。人の生は異和でなくてはならないのに、異という点は満たされても和という点が欠けはすまいか。修身科においては児童の良心を啓発し人道実践の方法を授けるを要旨とし皇国の道に則って初等普通教育を施すとされる[15]。ここで良心といわれている。本当に良心啓発となれば天皇崇拝とか国家主義とかとは矛盾することに気付くであろう。皇国の道は先の良心啓発とは深く考えていくと相容れなくなろう。前者に適応することがいつも自由な良心的判断と一致するとは思われないからである。なぜなら両者とも絶対的次元にあることを要するからである。決してどちらかが相対的次元で甘んじることはありえぬから。結局二者択一の関係になろう。

　いつの時代でもそうであろうが、政権が教育制度を作るときは自己にとって好都合なものを作る。当然といえば当然のことである。自分に不都合なものを作る馬鹿はいない。それでは自分が倒されてしまう。そこで明治政府は国が立ち行

き、自己の政府も長続きするよう国民全般に普通教育を施し、読み書きができて国へ役立つ存在にしようとした。知的にばかりではなく、倫理的にも天皇中心体制へ従順であるよう導いた。忠孝など儒教思想が重んじられた。幕府は倒れ天皇制が前面に出てきたのでそういう意味では大きく変わったといえる。ただ大正時代に入ると、状況が変わる。大正デモクラシーについては次のようである[16]。「時代は自由化、平等化、個人主義化の方向へ動いた。大正自由教育といわれ、子供中心の教育観を有し、子供の能力を引き出す。弱点は性急なので伝統的価値観からは違和感があった。天皇制国家の教育のあり方にアンティテーゼを掲げた意味は大きい。だが行政の力の方が圧倒的に強かった。」政府の力がいかに大きいかはその後の天皇機関説の排除を見ても分かる。欧米の圧倒的な力の前では良心というような個人の徳へ本格的に注目する余裕はなかったとも考えられる。国自体が下手をすれば消滅しかねないのであるから無理もない。

　仮に日本に多くの資源があったならば、植民地化されていたかもしれない。ないことが幸いしている。しかし新島などは米国へ留学して米国が国家主義的に構成されていないことを知り、またキリスト教ということもあって個人の主体性により多くの注意を向ける可能性もあったのではないかとも思われる。つまり究極的には本人自身の感じ方に問題、その原因があったのではないかと思われる。もしそうであれば、今現在の状況はどうか。キャッチアップは終わっている。そこで良心などの個人的次元へ注目が向いてよいはずである。しかるにそうなってはいない。つまりそういう方向へ注意が向くことは人にとって決して楽なことではない。かくてそちらへは注意が向き難い。人がたまたまそのとき置かれた状況よりも人自身の内面的問題こそことの本質を形成すると考えねばならない。決して外的状況を言い訳にして責任逃れをしてはならない。良心重視の前では人はいかなる弁解も許されない。いかなる口実を持ち出すことも許されない。それを許すことは、人が自らを自ら人以下のところへ引き下ろすことを意味する。明治初期での欧米対日本の状況を持ち出すことは良心云々よりも世俗的次元のことを優先することを意味している。そのこと自体が既に優先順位を誤って設定していること以外の何物でもない。人が人であるとはそういうことである。新島は米国行きに命がけであるが、もし「自己」実存的にキリスト教に関心があるのなら、何もあえて米国行きを志す必要は少しもないであろう。世界中どこにいても同じであ

ろう。「自己」こそが最も根幹的な次元のことであるほかない。自己さえあれば他のものは何も要らない。文字に書かれた聖書さえも。ただ神学校へいって聖書を原典で読むという点は理解できる。だがいずれはそこを通り抜け出ねばならない。「自己」が聖書とならねばならない。自己以外のところへ聖書をたずね求めるということであってはならない。時代の相違を捨象して考えれば以上のようになるであろう。

　要するに明治期の教育儒教の教えに則った国家主義ということに集約されよう。こういうことなので人の資質を引き出すというような個人重視の考え方とは根本的に異なっていた。人はいつも何かの手段でしかなかった。もっともそうとはいえ国が栄えてこそその中の個人もまた幸せを享受できると考えられる。したがって国家主義を個人主義の立場から悪くばかりもいえないのも事実である。キャッチアップの始まったばかりなのでやむをえないことでもあろう。やはり経済的に貧しい段階ではそこへ留まるのでよいのなら話は別だが、どこか他の国へ追いつきたいのなら個人主義的政策を採るより、集団的政策の方がより効率的と考えられよう。少なくともこれまでの日本の経過を振り返ってみるとそう判断されよう。欧米では良心云々などのことは教会が担当している。そこで学校では行う必要はない。日本ではそれに代わるものが欠けている。お寺では仏教なのでそういう日常活動はしていないから。教義の上からもそういう活動は生まれ難いであろう。儒教に基づいて教育活動がなされることもそういう事情を反映しているであろう。ただ良心という次元を欠くと、そこでの政策の時空を超えた普遍性という点では疑問が生じるであろう。国家的観点からの公益と個人的利得との軋轢は避けえないであろう。国全体が豊かになるほどそういう問題も台頭してくるであろう。なぜなら国家の保護なしでも個人として収益活動をなしうる状況となってこようから。だが明治初期にあってはまだ日本の状況はそこまでは達してはいまい。公私がともに助け合ってこそ国全体としても栄えることが可能であったといえよう。

　こういう観点から見て興味深いことは、内村における楕円の中の二つの中心という考え方である。このことは欧米のキリスト教についてもいえる。むしろそうであればこそ内村も日本についてもそうだ、そうであるべきだと考えているといえる。つまり欧米にしろ、日本にしろ何か特定の内容を持つ思想がある。欧米な

らギリシャ思想がある。日本なら内村のように武士道がある。かくて楕円ではなく同心円であるにはキリスト教へ帰一する必要がある。そうすれば同心円になろう。日本では啓示と武士道とが、西洋では啓示と西洋文化（哲学）とが各々楕円の中心を構成する。これではしかし不十分、不徹底である。帰一のためには自我を去って啓示と一になることである。欧米のキリスト教自体が楕円的で不十分なのに、それに学んだのだから内村自身もそうなったとしても何の不思議もない。不十分は不十分を呼ぶ。一種の伝染病であろう。連鎖である。ギリシャ思想という人間の側に属すものとの関わりにおいて受容されているのでそういう結果になっている。もっともそれが歴史的に大きな役割を果たしたことには何ら異論はないのであるが。本来からいえば啓示によってギリシャ思想をも克服せねばならないのに、そうはなってはいない。今の今までそれができずじまいになったままである。もっとも西洋人は十分たちのキリスト信仰が楕円的ではなくて、同心円的であると自任しているであろうと思う。かくて西洋のキリスト教自体が聖書の使信を自己化できていないといえる。いわば我流の解釈をしている。だがこういう面はやむをえぬ面ともいえる。聖書が自己化できていないというよりも自己が聖書かできていないという方が事実に近いであろう。西洋では楕円構造ではあるが、どちらかというとギリシャ思想の方が中心的ではあるまいか。そういう意味ではまったくの楕円ではなくて、左右各々の中心で大きさの異なっている楕円といえようと思う。内村でも同様に啓示よりも日本古来の思想、武士道などがより大きい中心となってはいないのか。自己の側が無にならない限り楕円構造はそういう性格のものであるほかないであろう。つまり人間の側を中心において聖書のメッセージを受容するほかない。かくていびつな楕円ではなくて同心円でなくてはならない。このように図形を使ってイメージを描くと視覚的で分かり易くなる。言葉だけではその点不足部分が残ってしまうように感じられる。

　さて、明治学制の教育理念は次のようである[17]。「その一つは立身出世主義であり、財産、地位など社会的価値の配分は個人の資質と努力によるので学校へ行くことが立身出世の有効な手段であるというものである。また教育は全国民に開かれており国民皆学が宣言された。」こういう教育重視の考え方は大正時代でも尊重されている。次のようである[18]。「大正自由教育では普遍的な人格陶冶が目的とされ、児童は内心の真善美が重んじられたが、大正期ではそれが天皇制の

道徳と結合し、共同の公的意思が実体だった。」時代的一面もあろう。だが突き詰めて考えられていない点もあろう。実態がそうなってしまうところに現れている。この点は良心が取り上げられていないところにも現れる。もしそうなっていれば、一定の実態として考えることはできなかったであろう。なぜならそういう性格の実態的なものに対しては常に批判的であるほかないであろうから。良心を表に出せば個人を前面に出すほかないであろう。大正デモクラシーに呼応の新教育運動衰退の一因は教育内容の具体的変革にまで及ばず、児童の人間的解放が国家主義体制からの個人解放を結果すると主張されなかったからとされる[19]。これはきわめて大切な点である。教育内容にまで届いていないことである。良心の判断重視となれば、当然天皇制国家主義へは疑問が出てこようから。これは結局そこまで届かないのは批判する側自身に問題があるからである。そうならざるをえぬだけのものが欠けているといえる。批判がそこから生まれざるをえぬ核心の欠如である。これさえあれば弾圧されようが何があろうが、そこまで踏み込まざるをえまい。当時はおろか今現在でさえそういうものは欠けているのではないのか。昭和になると、教育の状況は次のようになる[20]。「学問の源は国体に発し、意義は皇運隆昌に尽くすにある。小学校から大学まで敬神崇祖精神の育成が教育の課題となった。天皇は現人神である。臣民の勤めは天皇に絶対随順し、その国家統治事業を助けることである。国民科の教育目標をわが国の歴史が優秀な国民性を育成した所以を知らせることに置いた。東条が出した戦陣訓『恥を知る者は強し、生きて虜囚の辱を受けず……』は多くの軍人、若者の共感を呼び、一方では玉砕に通じた。」敬神崇祖が課題では個人の良心など、かけらも出てはくまい。個人個々の尊重など問題にもなるまい。こういう発想は幕末の志士たちの自発的な思想とはおよそ似ていない。自発的なものには個の主体性、良心という要素があろうから。恥が取り上げられている。良心的判断とは異なる。多くが共鳴していること自体多くの人が自己の良心に基づく判断をしていないことを反映している。良心重視の教育も受けていないのだからやむをえぬが。良心的判断にはそれほど簡単に多くの人が共鳴しうるものとも思われない。もし仮にそうならとっくの昔に世界から戦争など消えているであろう。良心的判断貫徹と大多数の賛成とはむしろ二律背反であることを覚悟して何事も始めねばならないであろう。

第1章　明治から大戦中まで（過去）　*17*

　ここで西洋思想の影響を受けたと思われる新島襄について考えてみよう。まず
ハーディー夫妻宛書簡に「知性だけあって道徳上の主義がないと、その個人は隣
人、社会を害するであろう。ゆえに日本政府は国民に道徳上の主義を教えるよう
何らかの手段を講じ、誰かにそれをやらすべきである。」とある[21]。その通りで
ある。ただキリスト信仰を通してにしろ超個としての個の良心へ目覚めるところ
まで至っているのか否かは、はっきりしない。キリスト教を思想として解すると
ころに留まっているのではないかという疑問は残る。キリスト教が何らかの思想
のためのいわば舞台装置となっているという具合にである。だがそれではキリス
ト信仰自体へも良心へも至りえないであろう。双方へ至るかどちらへも至らない
かである。一方へのみへ至ることはありえない。こういう理解が欠けていては個
別の宗教（キリスト教をも含めて）が制約となって普遍的地平へ出ることができ
ないであろう。かくてキリスト信仰への入信は不可避的にキリスト「教」からの
出信でなくてはならないのである。このことは人が自我から脱却することと同じ
である。別言すれば、無碍と一の事象としてキリストを信じることだといえよう。
　あの時代にここまで考えることは今の時代で考えるよりはるかに困難であろ
うと推測される。なぜなら西洋文化、学問全般、科学技術などに圧倒され、そち
らへ目を奪われており自己自身の立場に立って自主的に考えることは大変な困難
を伴うであろうからである。そのためには本当に自己の外の状況から心と目を離
して個人としての自己へ集中せねばならない。それが困難なのである。これには
人が自己の周りに展開している状況の中で生きているという根本的制約があるか
らである。つまり人は地から離れたくとも離れえない。にもかかわらず心の中で
そのことを達成することが不可欠であるから。ところで彼における個という観念
について次のようにいう[22]。「彼にとり『私』の存在は日本国の『公』に先立つ。
『私』を否定する『公』への奉仕は視野に入らない。武士的エートスに代わり市
民的権利を主張する市民社会の一員としての『個』＝『私』の観念が成立してい
た。」彼にとっては個、私とは公、国家に対するものである。ただ個と国、私と
公というごとく国、公といわば対立する個、私に留まっている。個の底を破った
超個としての個という次元まで至ってはいないようである。こういう個こそ国を
国たらしめ、公を公たらしめるものである。個はここまで至らぬ限り真に個とは
いえぬままである。なぜならその都度の種々の事柄によって自主的判断を失い、

あちらこちらへと振り回されるからである。次のようにもいわれる[23]。「文明の基礎をキリスト教に置く。文明の四大元素として知識、財産、良心、自由を挙げる。自由について外物の側圧を受けぬことと心の真理に叶い真理を自得して自由なることの二種類を『文明の元素』で挙げる。自由な人間とは神を信じ、天命に随う人間であった。彼は徳育運動や自由民権運動をある程度評価しつつも最終的には批判した。」良心と自由とがいわれている。だが良心ということがローマ2,14でのように非キリスト者にも共通的であるところまで深められているのかと思う。さもないと彼の期待通りにはその良心は機能しないであろう。確かに儒教とキリスト教では大きく異なろう。だが良心という点で考えれば、共通ともいえる部分があろう。ローマ2,14はそういう点を見ているのであろう。ここのところが国や公を宗教の違いを超えて真にそうあらしめる当のものである。ただすべての宗教がそういう地平に立てているのではない。また宗教自体はそうありうるとしても、その各信者自身の問題なのでここに難しい問題が潜んでいる。

　キリスト「教」に少しのこだわりでもあれば、そのことはかえってキリスト信仰に反することとなってしまう。彼自身そのようなことを望まないであろうと思う。また彼の地方教育重視について次のようである[24]。「彼の私学思想の背景には中央・地方間の文化的、政治的矛盾認識の上で地方教育振興の観点から私学のあり方を発想している。教育の中央集権化、道徳学を伴わぬ文明開化に構造的欠陥を見ていた。中央から離れて真正の教育を地方に敷くに当たり自治の原則を立てた。こういう民衆自治下での義塾は米国のカレッジにあたり、近代人たる自覚を促し、日本が近代国家として自立しうるに不可欠な国民を創出すると考える。教授される学問は経済、法律、物理、機械、歴史などからなるいわゆる普通学であった。軍事力でなく教育で富国を実現するとする。」彼には中央、地方という観点があった。そこで同志社を京都で起こしたということもあったのであろう。教育で、特に地方でのそれことであると国を興すことを目指す。教育が必要ということは国を興すことであると分かる。だが軍事力ではなくということだと、そこでいう教育が当時の日本の国の実情に合う人間を作るという次元を超えて深まり、高まらねばならない。そういう次元まで教育を深く考えているのであろうか。先に挙げてある諸学ではそういう次元まで考えられているとは思われない。時代の制約といってしまえばそれまでのことであろうが。

第1章　明治から大戦中まで（過去）　19

　最後にもう一人井上哲次郎である。彼は倫理的実在ということをいう[25]が、良心ということは出てきていない。つまり抽象的でしかない。それでは現実に対応していくことはできない。キリスト教を文化現象として理解することと同じ現象であろう。さらに彼は国民道徳と世界道徳を一元化しようとした[26]。だがしかし、抽象的であっては理論的構成に終わってしまう。こういう発想では個の主体性は端から欠落している。そうならぬには具体的であることが欠かせない。具体的とは「自己」実存的との意である。こういう欠点がなぜ生じるかであるが、それは当該問題がその人自身のこととして問われていないからである。理論的に考えようとする次元に留まっているからである。その人の実存にまでその問題が食い込んでいない。もしそうなればそのように理論的構成で留まってはおれなくなろう。より直截的解決を要求されるからである。その問題のためにその人が、当人の実存が病む事態には至ってはいない。まだいわば余裕しゃくしゃくなのである。せいぜい頭が病んでいるに過ぎない。それなら忘れることもできなくはない。そういうことがまったく不可能とはいえない。実存的に病んで実存の底が抜けることを要する。そういうところで初めて個と国、私と公との同心円的一体を見いだしうるのである。

　このように見てくると、まず第一に感じられることは戦前ではすべての面で合理的精神が欠けていたことである。いわば精神論ばかりが強調されていた。開戦するか否かについても、戦いの進め方でも。個の主体性確立とは心の法則に則って判断するのであるから、同時に合理的に考えることを含んでいる。そこで個が真に確立していれば、合理的に判断する限り、無謀と思われることを考えたり、さらには実行に移すことはありえない。心の法則に反したことをあえて企てることはないのである。

　我々日本人は一般に個という自覚を欠いているという認識がない。そこでまずこのことを気づかねばならない。ここがあらゆる変革への第一歩である。これなしにはいかなる変革も起こりえない。これこそ広義の意味での教育の第一歩でなくてはならない。それが徒然のことだと思っていたのでは、そこからは何も始まりえない。かくてこそ「個」の欠落という事態を深刻なことと受け止めねばならない。明治以降の教育の分野においていかにその欠落が現れているかを各自が検討することが不可欠であると思う。そこから日本人各自が一念発起して立ち上が

らなくてはならない。このことなしでは日本は世界から取り残されてしまおう。国の基礎は何といっても個々の国民にあるのだから、その国民各個が個として主体的、自律的であることが最重要であることはいうまでもない。

こういう精神上の問題は自発（内発）的に気付くこともなくはないが、他から指摘されてそうなることが多いのではあるまいか。主体性の欠落が真に認識されれば、そこから自ずからこれではいけないという反省が生まれよう。すべてのことについて自己の良心に基づいて考えていくことが始まるであろう。欠落は何事につけ人任せにする習慣を生んできた。そこで自己自身の良心に基づいて反省、判断していると、かえって我が強いと受け取られる反面をも生んできた。本末転倒とはまさにこのことである。しかも一旦そういう社会的風潮ができ上がってしまうと、それに反することをするのは大変な勇気を要する。真の主体性なしにはできない。多くの場合、あえてそういうことはしたくないこととなろう。欠落状況にあってはなおのことであろう。個の主体性欠落という状況は民主主義に反する。なぜなら各自が自分の良心に従って何事につけ判断しなくてはならないのに、それができないからである。否、さらにはそれをさせない雰囲気が支配しているからである。かくて欠落は民主主義の大前提を欠いていることを意味する。だからたとえいかに制度が民主主義的に構成されていてもそれを十分生かしうるだけの人間性が備わっていないこととなる。

おそらく明治から現在までを振り返ることによって、全体を一貫していることは個の主体性（良心による判断重視）を軸にするという発想の欠如であることが示されようと思う。要するに個と国（全体）との対比で考えれば、後者重視が根幹にあることである。つまり人の意識は明治維新以前と根本的には何ら変化はしていないと推測される。明治維新はあくまで外からの刺激によって生じたことである。つまり日本という国にとってはいわば派生的現象でしかない。本来的、自生的、自発的現象ではなかったのである。かくて人の心の枢軸移動は厳密に考えれば生じはしなかったと判断される。やはり外からの圧力によって生じたことは身につかない。基本的にはそういう出来事の外で人々の心は生きているままであるからである。かくて人がそのことを意識しているか否かは別として、人の心はどこかにその根を下ろしていなくてはならないからである。どこにもその根を下ろしていないことなどありえない。内発的でなくて、外国による外圧的事情から

の変化は心の芯にまでは残念ながら届かない。つまり日本人の精神は大和朝廷以来、今の今まで根源的には変化してはいない。制度がいかに変わっても、それは内心での変化をもたらしはしない。かくて今こそ我々日本人は内発的変化を達成して、同時にそれに応じた制度変化を実践せねばならない。このままではいけないということを認識して、そこから自らを変えて外の世界へ対応していかなくてはならない。自らが自らに発してそう認識することが必要である。そうでない限り人は変わりえないのである。心の芯を移動させるという事態は生じえないのである。キャッチアップ終了、国際交流の進展などの客観的状況に応じて、我々は自らの内面を変えていくのにきわめて好都合な状況にある。明治のときのように西洋の進んだ文化に圧倒され自主的に考える余裕を有しえなくなるという状況もない。むしろ反対の面もある。自ら自己改革を達成して新しいスタートを切らなくてはならない。

第2節　主体性の兆し

（1）

　無碍の大道、個の大道（どちらか一方のみでは人の生は機能不全に陥る）このことを、明治以後の日本の歴史の中で実証的に考えてみたい。日本の場合、後者が欠けている。各時代での教育の方針を検討し、それと呼応したその時代での重要事項、事件などの解決策などに現れている問題点を顕にしたい。西洋では反対に前者を欠く。個の正義による主張の衝突が生じ、無碍によって引くということが生じ難い。ここでは打って出るより引くことの方が難しい。

　個の主体性こそ民主主義の基本中の基本といわねばならない契機である。主体性欠落とは個が何らかの集団のいわば操り人形にされていることを意味する。集団の意思が当該個人の意思となり、当個人はそれにより行動することとなる。これが全体主義的行動である。集団の意思たるものが人の良心に則っていることはまずない。仮にそうであれば全体主義的なそういう行動は不要だからである。少なくともそうでなければこそ、そういう行動を不可避としている。日本の今までの歴史を振り返ると江戸時代以前は封建時代なのでともかく明治維新でもその点は何ら変わってはいない。これでは民主主義は成り立たない。各人が自己の良心

に則って判断することが不可欠である。

　杉原千畝などは例外的である。彼は正教会信徒である。たとえ本人自身がそうでなくてもリトアニア公使として赴任すればそこでのキリスト教の影響は受けよう。良心へ響くものがあったであろう。在満の時期に正教会で受洗、洗礼名はパブロフ・セルゲイビッチ、つまりパウロである。彼も自己の行動に一抹の不安を抱いていたのではあるまいか。それを払いのけるのが信仰である。絶対的存在に則っての事と確信できれば良心的に晴れ晴れとした心境でそうできたであろう。この点の相違は大きいであろう。良心的に一点のしみも穢れもなくすことができることはきわめて大切である。こういう行いは個人の良心が行わせるものである。決して本人の社会的立場、例えばリトアニアへの日本の公使としての滞在などの事態が行わせるのではない。そういう社会的立場は日本という人間集団の利害を反映したものとなっていよう。それと良心的判断とは相反する。そのとき後者を採らせるのが良心という万人共通のものである。

　彼の行動は確かに武士道精神より由来とも解しうる。だが武士道が常に義といいうるようなそういう精神を孕むとはいえまい。人によりばらつきがありうる。ここには恣意的要素の介在が不可避である。そここそが問題なのである。万人に不可欠、不可避的規範として課されなくてはならない。しかもこれは単に人の外からのものであってはならない。そこに良心というものの意義が存している。ばらつき排除には人を超えたところよりの何かが良心へ到来することが不可欠である。

　彼の行為の背景に何か日本的な思想があったとしても、それ自体の中に内容的にそういう行為を良心に対して指示する要因が明確に存していない限り、個人的ばらつきは不可避である。それがあってはすべての人を導く灯にはなりえない。彼が本国の訓令無視でユダヤ人へパスポートを発給したのは、人道的見地からであったであろう。これは日本古来の武士道精神とも見うる。だが彼は現地に赴任しており、欧州的なものの考え方に既に馴染んでいよう。まして受洗していればなおのことである。両思考に共通的なところがあるとも考えうる。確かに外から行動として見ると同じに見えよう。だが心のあり方は異なりはしないか。つまりキリスト教では人間より一段上の啓示の神の教えに従うことを意味するが、武士道ではそうではなく、自分が自己判断でそういう哀れみの行いを実行する決断を

第1章 明治から大戦中まで（過去） 23

したこととなろう。人次元を超えたものはここには何も介在してはいない。そういう存在が存した方が人はそういう方向へ促され易くはないか。恣意的判断に枠がはめられるのだから。確かに訓令無視の決断において自己を捨てているのは事実である。これは尊い行いである。ただ啓示の神の教えに従うという性格のある方が同じ行いでも聖なる喜びともいうべき良心と一の要素が加わるであろう。杉原がそうだったというのではないが、そういう行いに伴う不安をその喜びは打ち消して余りあろう。

さて、やや唐突だが、杉原と隠れキリシタンとの共通点を考えてみよう。聖母マリアについて、イエス自身「わたしの母とは誰か。」（マタイ12, 48）という。かくて母としてその人が特別扱いされてはいない。その点聖書に即していない点は双方にある。ただ後者は日本の封建時代であり知識水準は低い。そこでそういう点から見るだけでは不十分である。やはりそういう信仰へ共鳴しうる何かがあったと思う。それが時代を超えたもの（たとえそのことが無意識的であり、非自覚的であったにしても）への共鳴ではなかったかと推測される。これは現代での判断に置き換えれば良心にまで届く何かではなかったであろうか。ここでは国家という法的に考えれば決して悪くはないものへの反対を良心が要求することとなっている。良心は普遍的判断をするが、国家といえども集団である限り常に良心のように普遍的価値に従って判断するとは限らない。このことは国家間で戦争が起きることでも分かる。国家にとっても世俗的利害が最優先である。否、それどころか国家にとってこそ、それが最優先である。軍隊を保持していることで分かる。他の人間集団は国家に比すればこの点が曖昧である。

イエス自身「イスラエルの中でさえ、わたしはこれほどの信仰を見たことがない。」（マタイ8, 10）という。いわれた当人はローマ軍の軍人であった。そこで本来的にはユダヤとは無関係の人である。にもかかわらずこういう、形の上でキリスト者でなくても神への信仰ということはありうる。それもそのはずである。人には心に書かれた律法があるので、それに従っていればキリスト者と見てよい。隠れたキリスト者である。隠れキリシタンに対比していえば、隠れていない隠れキリシタンである。キリスト者とは本来世では隠れている存在でしかありえないともいえよう。そもそも信仰とは本来心の中で信じていることであり、外から他からそこにあるか否かを見定めえない。外へ言動として顕れて初めてそのことを

確認しうる。かくて本来それ自体としてみればキリスト者とは隠れた存在でしか
ありえない。

（2）

　土着化とは世と共通的であることを意味する。そこでそうでないことが真のキ
リスト信仰にとって不可欠の要件である。すると世との間で摩擦が生じたり、あ
るいは反対にそうならないとすれば、世からは隠れているのかとなろう。どちら
でもないということはない。そうでない場合はどこかに土着化という要素が入
り、それとの癒着が生じている。そういう観点から見れば、実質的なキリスト者
の数は名目上多く見積もっても 100 万足らずよりはるかに多いであろう。たとえ
洗礼を受けずともである。心に書かれた律法に従うよう教育すれば、キリスト者
を創造するようでもあろう。そこから啓示のイエスを信じることは比較的近いと
思われる。その律法の権威を認めるにはそう教えている当のイエスの権威を認め
ねばならず、そのためには復活を信じることも要請はされよう。また世俗的不利
益を蒙っても心の律法に従うほどこの律法を大切に思う場合には復活を信じうる
であろう。つまりそう信じうるところまで自己側での自我的なるものを捨てうる
のではなかろうか。

　ローマ帝国時代のようにキリスト者であること自体が迫害の対象になるのな
ら話は別だが、今日ではそうであることはかえって世俗的意味でも評価の対象に
なる有様である。そこで教会が土着化してその中に反信仰的な内実（状況）が出
現することともなる。迫害時代には隠れない仕方で、反対に非迫害時代には隠れ
た仕方で真のキリスト者は存在するよう定められている。いつも世のあり方と反
したあり方となっている。かくてキリスト者とは元来「隠れ」キリスト者である
以外の仕方でしか存しえない。このことはイエスのいう「断食するとき、頭に油
をつけ、顔を洗いなさい。……隠れたところにおられるあなたの父に見ていただ
くためである。」（マタイ 6, 17 以下）という言葉にも表れている。すべてが顕に
なったらもはやキリスト者ではない。1％でも 2％でもよいから隠れていなくて
はならない。つまりできるだけ隠れておこうとしなくてはならない。「人の前で
善行をしないように注意しなさい。」（マタイ 6, 1）という教えにも出ている。イ
エス自身世にある間は顕な仕方でその本質を見せはしなかった。もしそうしてい

第1章　明治から大戦中まで（過去）　*25*

れば十字架につけられもしなかったであろう。そうでないからこそつけられた。

　十字架とは世にあってはその本質が顕にならない、なってはならないことの象徴である。かくて隠れていればいるほどイエスの存在に近い。「隠れたことを見ておられる父が、報いてくださる。」（マタイ6, 4）ともいわれている。かくて人に知られないところでどれだけ信仰に即した行いをしているかでキリスト者としての度合いは測られる。いうまでもなくそれが大きいほどより大きくキリスト者である。そういうものがなければ「キリスト者」度はゼロとなる。こういう観点より見ればキリスト者と非キリスト者という外的区別とは、まったく異なった両者の内的区別が生まれることとなろう。どちらが真のそれか。あえてどちらかといえば後者の方ではないか。そういう意味では日本のキリスト者の表向きの数をさほど気にせずともよいこととなる。杉原にしても今はともかくその当時としては世に知られない存在であったであろう。一方、犬養は確かに世に知られていた。だがそれゆえに殺害されてしまった。そうなってその分余計に知られた。というより二重に知られることとなった。命を失うという十字架を負うという仕方で。そういう意味ではキリスト者が世を支えているといえる。隠れたところで支える人々なしでは世は成り立ちえない。

（3）

　キリスト者であるか否かの判断基準は心の律法に従おうとしているか否かである。教会へ行っているか否かではない。行っていてもその律法に従おうとしてなければ、そうとは呼べない。逆に教会へ行っていなくてもそれに従おうとしている、従っているのなら、立派なキリスト者である。外見上のことは重要ではない。二次的なことに過ぎない。教会内にありながらそれに従っていなければこれは最悪のケースと判断されよう。まさに地獄に落ちる定めである。自己がそれに服すべきものを自己に服せしめているからである。本来からは天国へ行くべきはずが、地獄行きとなろう。本来と反対のことをしているのでその果実を刈り取ることとなる。「聖霊を冒涜する者は永遠に赦されず」（マルコ3, 29）とある。まさにこれに該当しよう。何をしてもすべて赦されるのではない。赦されない罪のあることをこそ知らねばならない。キリスト「教」とは何もかも赦されることと解するのははなはだしい誤解である。そういう漠然とした観念こそがキリスト信

仰を土着化したキリスト「教」へと変質させた。厳しさの抜けたやさしさは人を堕落させるのみである。キリストの十字架のあること自体が厳しさの並存を顕にする。

戦時中にキリスト教界諸団体が集まって日本基督教団を形成させられたことにしても問題なしとはいえまい。たとえどうなろうとも純粋な信仰を貫くのなら、当局の指示に従って合同することはなかったであろう。信仰そのものより教会の存在を優先するのでそうなったのであろう。新約を見ても分かるが、「アキラとプリスカが、その家に集まる教会の人々と共に」（第一コリント 16, 19）とある。独自の建物があったわけではなかろう。その分信仰は純粋でありえたであろう。たとえ建物を接収されても信仰を貫く道もありえたのではないか。信仰の「身」を捨てられていなくはないのか。反対に信仰の身というとき「信仰」を捨てたのだ。極論すればそうもいえよう。身を捨ててこそ浮かぶ瀬もあれと日本では古来よりいうが、これでは浮かぶ瀬は見いだしえまい。一旦戦前に合同しておきながら戦後に離脱していった教派もある。これなどは典型的にそうであろう。「その家に集まる教会の人々」という状況ではいやが上にも信仰は純粋でありえたであろう。それ以外存在の様態はなかったであろう。この場合、いわゆる隠れキリシタンの存在様態に近づくこととなろう。

信仰自体とは別のものをより大切とする考え方、立場を総称して土着化した信仰と定義しておこう。このうちには具体的には世俗的地位をより大切とする立場はいうに及ばず教会の建物や組織など信仰に関わる何かをより大切とする考え方も含まれよう。かくてキリスト者とは本来世からは隠れた存在となろう。たとえ世にそうとして知られていてもそれ本来の肝心要のところは知られてはいない。そこでキリスト者とはまさに「隠れキリシタン」的あり方以外のあり方はありえない。土着化すればするほど世との相違もなくなり、その分世から見て魅力に欠ける存在に成り果てる。結果、信者として加入する人も減ってこよう。やはり世とは異なっていてこそ世から見て現実に加入するか否かは別として心を惹かれる存在であり続けよう。原始教会の時代には、まだいつローマ帝国から迫害が来るかもしれぬという不安があった。その分信仰は純粋であった。そういう要素が消えるとともに世俗化という要因が加わった。両要因は強いていえばいわば反比例ともいうべき関係にあろう。「だれでも持っている人は更に与えられて豊かに

なるが、持っていない人は持っているものまでも取り上げられる。」（マタイ 25,
29）とイエスはいうがまさにその通りである。

（4）

　いわゆる隠れキリシタンと杉原千畝とが繋がるとは奇妙な取り合わせと思わ
れるかもしれぬが、表面的な状況の相違とは裏腹に深い内実においては共通の心
情を見いだしうるのではないか。だからといってあまりにもとっぴな特色付けも
どうかと思う。まして反社会的な傾向を有する特色ならなおさら問題であろう。
杉原としてもそうしていることは政府公認ではない。そこで隠されている。隠れ
キリシタンでは存在そのものも隠されている。だが共通なのは最も本質的である
ことは共に隠されていることである。世からは認められていないことを自己の信
念に従って行っていることである。

　もし社会的に認められれば、その分隠されたという性格は減少する。その場
合当初はその隠されていた特性ゆえに人が加入するという結果を招こう。だが数
の増加に伴い次第に不純な要素も増加しよう。その団体が社会的に認知された結
果、そういう特性が欲しくて加入する人も出てこよう。加入を拒むこともでき
ず、その分不純となろう。すべての宗教団体はこういう経過をたどる。その結果
常に宗教改革を要することとなる。だがいかに改革とはいえ最初の隠された状況
に戻すことはできず、不純な要素が完全に除去はできず100％の改革は困難であ
る。なぜなら構成員一人ひとりの心の中をまで見極めて判断することは人には不
可能であるから。人が人を除名するという荒療治はできず、構成員各自が自己の
心の中を探り当初の心のあり方に近づく以外道はない。組織の肥大化に伴い不純
な要素も肥大化することは避けえまい。だからこそ終末は突如到来し神の御心に
合致せぬ人々は人の判断によってではなく神の判断によって断罪されることとな
ろう。この際突如という事態はただ単に時間的意味でそうなのではない。むしろ
信仰的意味においてである。こちらの方が中心的意味を構成する。つまり真の信
仰を忘れて、当初の人々の純粋な信仰のあり方を忘れて、まがい物の信仰に現を
抜かしているという状況が突如という語の本来の意味を構成する。世のまっただ
中へ世であらざるものが闖入してくる。これはその来方如何にかかわらず突如で
あるほかない。漸進的に入ってくるという入り方は不可能である。世と非世、天

とはそういう関係ではありえない。どちらかが排除されるという関係でしかない。一方が立てば他方は立ち行かない。双方ともに立つことはできない。結局、ここまで来て分かることは個人としての信仰堅持という点である。最後の審判において頼りうるものは自己自身の信仰以外にない。

　人としての主体性確立は容易ではないので、決して好ましくはないが人は往々にして集団主義へ陥り易い。集団の利益優先は人の良心的判断と背馳しよう。人である限りいかに封建時代といえども、明治以後において杉原においてあったように良心に従って判断することは起こりえよう。隠れキリシタンや杉原などの裏返しが対角線的に反対の位置にある集団主義であり、これが通例である。杉原もあそこまでやるにはわが身のことは眼中にないであろう。わが身の安全第一なら本国の訓令を無視してビザを書き続けることは困難であろう。身を捨てて義に生きていると考えるほかない。文化現象の一面としてのキリスト教に共鳴していただけではキリスト「教」とはいえてもキリスト信仰とはいえない。信仰は良心を解き放ち天高く飛翔させる。

注
1）　福武直『日本社会の構造』第二版　1993　24 頁以下
2）　坂本秀夫『戦後民主主義と教育の再生』2007　14 頁以下　さらに自律道徳でなく他律道徳が教えられたこと。上司、世間、親、教師が何が正しいかを決める。究極の権威は天皇にある。
3）　藤田昌士『学校教育と愛国心』2008　33 頁
4）　同上書　37 頁
5）　同上書　43 頁以下
6）　同上書　45, 93 頁
7）　同上書　50 頁
8）　本山幸彦『明治国家の教育思想』1998　8 頁
9）　同上書　285 頁以下
10）　同上書　22 頁以下
11）　同上書　313 頁
12）　井ノ口淳三編『教師教育テキストシリーズ　道徳教育』2007　137 頁以下
13）　松田宏一郎『江戸の知識から明治の政治へ』2008　51 頁以下
14）　同上書　97 頁

第 1 章　明治から大戦中まで（過去）　*29*

15)　渡辺一雄編『学校の制度と機能』2010　42 頁以下

16)　望月重信ほか編著『日本の教育を考える ― 現状と展望 ―』2010　39 頁以下

17)　小川哲哉ほか『日本教育史概論』2008　14 頁

18)　徳久恭子『日本型教育システムの誕生』90 頁以下

19)　小川哲哉ほか　同上書　52 頁

20)　同上書　75 頁以下　83 頁以下

21)　沖田行司『日本近代教育の思想史研究 ― 国際化の思想系譜 ―』新訂版　2007　192 頁以下

22)　同上書　195 頁

23)　同上書　205, 207 頁

24)　同上書　200 頁以下

25)　沖田　行司　同上書　239 頁以下「忠君愛国は国家道徳であり、個人の私徳奨励には他の道徳が必要である。それを創造するのが宗教の統一。各宗教に共通な実在の観念として人格的、万有的、倫理的の三性格がある。中でも最後の倫理的実在、つまり道徳性は人に善を行わしむべき効力を有し、いかなる社会にも適応せざることなきものである。」また世界道徳の必要性を説くことは教育勅語の限界を視野に入れていたといえる（245 頁）。

26)　同上書　249 頁以下　前者は後者の特殊的権限という見解を打ち出した。前者の中に後者が矛盾なく一体的に実現されていくというのが井上の結論であった。

第 2 章

大戦後以降（現在）

第1節　経過の概要

（1）米国の影響

　米国教育委員会制度はレイマンコントロールという考えに基づくが、戦後日本で教育委員選挙を行ったら教職員組合が組織票を持っていたこともあって全国当選者の約三分の一が教職員であった[1]。ここをどう改革するかである。ただ地方主権というのみでは不十分である。教育委員会に限らぬが、公的性格の委員会には極力国民一般の声が反映する要因をビルトインしておかなくてはならない。さもないとその委員会は国民の声から遊離して民主主義ではなくなっていく。そうならぬためには幼少より個の主体性ということを教えて自分自身の良心に基づいた自己自身の意見を持つよう指導しておかなくてはならない。そうすれば委員の三分の一が教職員という事態も起きないのではないか。しかもおそらくそのほとんどが日教組出身ではないかと思う。個の主体性育成という一点を明確にしておかないとたとえ制度を民主主義的に作っても、それがそういうものとして機能しないこととなろう。まして冒頭で示した結果から判断すると、自ら真に民主主義的制度を作ろうとするとは考え難い。こういう状況と一体的でしかもその反対面の事実が今だに続く教科書の国家検定制度である[2]。こういう状況は究極的には国民全般に個の主体性という契機が身についていないという事実に帰すると思う。保護者、国民の声を第一に尊重することが大切である。選定審議会の人員数の上でも、これらの人々の数を多くして国、公の立場にある人々の数を減らしておくことが重要である。そうでない限り審議会も形骸化しよう。一般の人にとっ

ても国に決めてもらっていれば、何となく安心感があるのではないか。そういう他者に決めてもらうという安心感を捨てることが自己の主体性確立にとって不可欠的契機である。そういう不安の前でひるんではならない。そこでひるんでは民主主義は成り立たない。一部の人たちのみが自己主張を行って自分に好都合な状況を生み出すことに精を出すという無様を招く。このことは何も教育の分野に限ったことではない。あらゆる分野についていえることである。一般国民が、その個々が主体性を確立して監視をしていないと、国自体が誤った方へ誘導されてしまう。もっともそういうことをしていると、最終的にはそういうことを行った人々さえもその犠牲になるのである。だが彼らは自分たちがその首謀者なので納得いくであろう。迷惑なのは一般国民である。

　日本人は個重視の思想へは今でさえそうなので、終戦直後はなおのこと行き着きえないのである。やはり外からの改革は半端なこととなる。しかもそのうちにゆり戻しが来てもとのもくあみにさえなりかねない。もともとあったものの矛盾が行くところまでいって、そこから新たなものが生まれたのではない。明治維新自体もそういうものではなかった。戦後もまたしかりである。それ自体の中から生まれたものではなかった。戦後にも戦前の教育の国家主義的要素が残った[3]。要するに何かに頼っていないと不安なのである。結局、日本人は全員自分自身を信頼しきれないでいる。これが実情である。しかもこのことが本人によって認識されていないのである。そこで二重に厄介である。こういう点を改めるには、まず各自が自己自身に発して物事を考える習慣を身に付けねばならない。大人になってから急にそうなることはできない。それには幼少時よりそうなるような教育を受ける必要がある。自己自身の考えを有し、それを人前で発表し互いに意見を無心に聞き、その上で真実を求めて議論することである。こういう教育のチャンスに恵まれてこそ各児童、生徒の主体性も誕生すると思われる。何事に付け自分自身の見解を持とうと努めることがそういう方向へ人の心を動かす。かくて常に子供たちの心の内から湧いてくるようにするため、外から何につけ押し付け的なことは控えねばならない。日本では教科書にしても国の検定ということで、こういう自主的な面がきわめて不十分である。したがって自主性が育ちにくい。米国人の場合西部開拓による生活圏創生が自由主義という概念を絶対化するアメリカニズムを生み出したとされる[4]。また戦後の教育改革では、教育者中心の教育

第 2 章　大戦後以降（現在）　*33*

行政秩序を教育の自主性とする日本側と教育、教育行政の本源が国民にあるとする米国側の主張が対立とされる[5]。自由主義はよいが、その根底が十戒にある命題や良心的判断にあることを認識しておかねばならない。日本はいうに及ばず、米国側も共に中途半端なところに踏みとどまっている。個人の良心というところまで掘り下げられていない。そこまで目が届いていれば、和解しうる可能性もまた見えてこよう。そこまで行く途中のある点を絶対視するための結果であろう。相対の絶対化を双方とも行っている。良心という点まで掘り下げれば養育権は自己自身にあるといえる。国民とかのごとき集団的次元のところではなくなる。自らの人格は自らが自主的、自律的に陶冶していかねばならない。他からということになれば、注入方式となろう。この方式はしかし真には各人の良心にとって受容できないであろう。厳密な意味では自らの生み出すものをしか受容しえぬであろう。だからこそ社会制度のようなものでも、もし民主主義的でなければ、そういう方向へ改革しようとする心の動きが自ら芽生えてくると考えられる。日本の場合特にそうであるが、何か現実的目的があってそれに沿うように国民を育て上げるという発想である。だから終戦直後では戦前からの考え方を踏襲しても何ら不思議はない。内容的に戦前とまったく同じではないであろうが、国家優先で考える傾向はそのままであったであろう。これではしかし真に強い国民は育たない。極論すれば、先に存するある目的に奉仕するものでしかない。手段の位置へ下げられ構想されている。本来教育とはそういうものであってはなるまい。なぜならこれでは人間が何らかの現実的目的のための手段とされることになってしまうから。本来からいえばあらゆるものが人間のための手段であらねばならないからである。教育も例外ではない。それどころか教育こそ率先してそうあらねばならない。人は教育を受け、それによって自己自身の存在目的に沿わぬものを沿うものへと改変していく能力を身に付ける。このことが教育の目標でなくてはならない。あくまで人間自体が目的でなければならない。現実に存在する制度で完全にそういう目的に沿いきれるものはないので、すべての制度は改変の対象になるほかない。

　さて、いじめという事態が発生した場合、そういう行為を行った子を転校させるという米国方式は理に適っている。また教科書を教員が選ぶということも教員の教育への積極性を喚起するという観点から大いに結構である。これも先のこ

とと無関係ではないであろう。学校側の主体的対応と理解しうるからである。欧米の教育は個々の生徒が自分の意見や考えを持つよう導くことはしているが、必ずしもそれは良心の判断に則って考えていくことを意味してはいないのではないか。この点に関する限り、欧米の教育も人格育成という点からは十分とはいえまい。もっともこの点は教会がその任に当たっているとするのであろう。だが教会は公的機関と異なり、会員側の自主性が前提である。そこで不十分であることを免れまい。思うに、自分の意見を持つことなどはいわば技術的次元のことである。一方、良心とは内実的次元のことであり、このことのためにこそ前者が存している。またそうあるべき目的的次元の事柄であろう。かくてあまりにも前者の方向へ教育が傾くことは決して好ましくはない。何事でもそうであるが、技術倒れになってはならない。技術はあくまで目的に奉仕するものでしかない。そういう点から考えてみると、理に合わぬことをしていると、教員自身が生徒から批判され、場合によっては打倒されることも生じよう。かくてそういう事態をも覚悟しなくては良心重視の教育はできない。かくて既存の体制側が教育指針を作るのである以上、良心重視の教育という方針が打ち出されることは考ええないことである。この点は民主主義先進国とされる欧米でも同様であろう。

　かくて、たとえ愛国心を育てるという場合でも、心の法則を重視することから発したものでなくてはならない。あくまでそれを中心とせねばならない。そうすればそれに則った国造りが生まれてこようと思う。その結果が愛国心である。自分たちの造った国だからそういうものとして愛するのである。かくて心の法則尊重のための国である。国を個人の次元を超えた、超越的な性格のものだと端から認識するのは誤りである。ところで、平成８年の中教審答申は学校の目指す教育として「いかに社会が変化しても、自ら課題を見つけ、自ら学び、自ら考え、主体的に判断、行動し、…自らを律しつつ」という生きる力の育成を基本とした[6]。ここでは何度も「自ら」が見られる。いくらそういっても漠然でありすぎる。より具体的に示す必要がある。書く側自体にその点についての明確な認識が欠けていて書きえないのではあるまいか。全体主義の中で育った、教育を受けた人間はそうでしかありえないのではないのか。もっとも教育基本法改正では過度に国家主義的にならぬよう提言がされている[7]。ただ問題は個人の内面尊重と国への帰属とをいかに統一するかである。一旦は双方とも無に帰す必要があろう。それぞ

第2章　大戦後以降（現在）　35

れが自己のリアリティを端から主張すると相和することはできない。どちらかの優先となろう。今までの日本は国優先である。今後は改めねばならない。現在の日本では個の主体性尊重を教えなくてはならない。そうでない限り真の国際人は育たない。国家の枠を突破することと個の重視とは一である。しかも重要なことは後者があってこそ初めて世界に対して開かれた国家形成をなしうることである。明治以来の全体主義、国家主義の名残りである国旗や国歌へのこだわりは捨てねばならない。より正確にいえば、一旦廃した上で改めて考えねばならない次元のことである。そのままの持続であってはならない。そういう意味での国旗、国歌による児童、生徒としての学校生活の秩序づけは有意義であろう。基本的には国や行政が口を出すべき事柄ではない。各自が行うべきことである。個としての「自」と集団としての「国」との調和が如何にして達成されるかが重要な点である。単なる並列ではきわめて不十分である。良心と一体の個の主体性こそがそういう契機である。良心的判断を深く掘り下げていけば、そこには単なる個を超えた超個的次元が開かれる。これが国を思う心や国際平和を目指す元になるものである。

　例えば如何に国から地方へ権限や運営を移しても、個の主体性を幼少より教えないことが変わっていないのではきわめて不十分である。かえって教育全体としては訳が分からなくなってしまう危険すらあろう。個の主体性を責任を持って教えるのなら、逆に地方へ権限などを移さなくともよいともいえる。住民自身の中から個の主体性を第一義として尊重するという考え方が芽生えてくれば話は別であるが。その場合は住人自身が自ら進んでそのように教えるために権限を要求することとなろう。誰でもそう考えようが、終戦直後は米軍の支配下にあるのでいかに保守政権とはいえ従来の国体維持を積極的には唱道しえなかった。だが時の経過とともに再びそれが頭をもたげてくる。国をまとめようとすると、そういう発想しかないのである。その反面で個の主体性は無視される。これに基づいてこそ国を構想せねばならない。保守的発想にはそれができない。そこで天皇、国旗、国歌などへと考えが向かってしまう。だがこういう公尊重にあたり、つまり私を滅する際、万人共通なものへ注目の必要があろう。国にしても、ある特定のことであり、それ自体が万人共通の性格のものとはいえない。あくまで日本の国に関わってのものである。良心による判断こそ万人、万国共通である。かくてここに

こそ滅私の根拠を置かねばならない。これが徳の根本である。それに基づいて国
も天皇もその意義を有するものとなる。良心に基づく国家なればこそ尊いし、そ
ういう国家の象徴だからこそ敬愛に値するものとなろう。こういう次元まで深く
掘り下げて初めて、多様な考え方、例えば封建主義、社会主義、共産主義、全体
主義、国家主義、民主主義などを突破し突き抜けて普遍的価値という次元へ目が
届く。こういう次元こそ民主主義に基づいた個の主体性という思想を維持するた
め、それの否定的諸要素を克服せしめるものである。

（2）　国中心の体制

　欧米にはキリスト教がある。そこで宗教が子供たちの道徳教育をいわば担当
している。そういう現実がある。一方、日本には仏教はあるが、そういう社会的
役割は果たしていない。そこで学校でしなかったら誰もしないこととなる。確か
にそうも考えられよう[8]。だが人が生きる限り何らかの規範を要しよう。そこで
国家のような個を超えた団体的次元のものが顔を出すこととなる。これなら誰し
も文句はいいにくいからであろう。だがそこに落とし穴がある。国が個を圧する
こととなる。民主主義を破壊する。個々が自らを掘り下げ良心という次元に至ら
ねばならない。たとえ欧米のように教会が教えていても、個々が自己自身の問題
として取り上げねば頭の上を通り過ぎよう。人が自ら自己の良心を自覚してそう
いう自己に目覚めることが大切である。そのことは同時に自己が存在としては欠
陥もあることを知ることをも意味している。したがって自己を完全としてみてい
るのでもなくまた反対に不完全な存在と見ているのでもない。そうではなく、つ
まりそういうどちらかに偏ってみるのではない。もっとも良心それ自体は良いも
のと考えうる。だが人にはからだという面がある。そこで心とからだ一体で見る
と、どちらか一方とは決めてしまえない。だから常に良心へ立ち帰って自己を判
断せねばならない。人はそういういわば義務を負っている。悪いと判断すれば改
めねばならない。当然である。ところで、教育基本法では人格の完成という目的
は具体的には国民道徳の習得で実現されるという[9]。これではしかし、個人と国
とを天秤にかけると後者が重くなる。前者はそれのための手段となろう。そうな
らない唯一の方法は日本が真に実体ある民主主義国家になっていることである。
その場合にのみ一方が他方の手段であることではなくなる。個人が国の手段であ

ることもなく、反対に国が個人の手段となることもなくなる。米国といえども真に実体ある民主主義国家には成りえていないのではないか。人格の完成というような抽象的、超越的概念は理解しがたく教育の目的としては不適切という[10]。確かに。ただ問題はこういう抽象的なことしか考ええないのは、当人がその辺の事情をよく理解できていないのが究極的原因である。理解できていれば具体的に表明できよう。抽象的なことは頭の中で考えているのみであり、当人を動かす力にはなりえない。その点、良心というものは具体的であり、誰にでもすぐに分かる。良心による判断の重視は自己の世俗的利益に反する決断を行うように人に促す場合も生じうるからである。たとえそうでも良心に随うことは特定宗教という意味ではなく、より一般的意味での宗教的情操を孕んでいるからである。その場合良心は単なる良心を超えて、一次元上の性格のものとなっていよう。こういう行いへは人はいつもいわば崇高な感情を抱かせられるからである。かくて良心重視の教育は同時に特定宗教に偏しない、宗教的情操教育にもなっている。このことはまた人間の尊厳や理解へも目を開かせることとなろう。このように自己の良心への目覚めは人の人格としての存在の最も基礎的部分を構成している。日本経済団体連合会は自然、生命への畏敬、日本文化、伝統を伝えること、国際的観点などから社会生活での宗教の意味理解の重要性を明確に示すべきという[11]。自立した個人の育成には必然的に各人が自主的に自律性を持ってすべてを判断することを含む。というよりそのこと自体を意味する。そういう判断の根拠として各人が自己の良心に従ってすべてを判断することが存している。それ以外に考えようがない。そして良心的判断と矛盾するものはすべて排除することとなろう。日本の神社、仏閣への尊厳の感情は何ら良心の判断と矛盾しないと思う。ただ従来の教育では良心尊重のようなことは教えていなかった。そこでそれを教えられて、日本の宗教への理解も深まると思う。国家が祀られるのでなければ、神社、仏閣への尊崇は良心的判断重視を援護射撃するであろうから。相互にそういう関係になりうるであろう。そうならない宗教は迷信であろう。

　財界は公教育の縮減による教育費節減、格差的、効率的教育体制の構築を求めた[12]。良心的判断は合理的判断へ通じる。かくて財界がこういうことをいい出す前に社会状況の変化に対応して教育体制を変更することは自ずから出てこよう。しかも財界からのように自己にとって好都合であることを第一にしたよう

な形でなくて、より普遍的性格を持ったものとしてである。状況が変わりつつあるのに旧態依然の教育ではそれが良心的判断へ背くことは明白であろうから。そういう教育はどうしてこんな時代遅れのことをしなくてはならないのかという疑問にさらされよう。良心重視の教育を平素より行っていれば教育の現場自体から変えなくてはならないという運動が生まれるであろう。良心重視を生徒に教えつつ、自分はそれに反したことをするわけにはいくまい。ここより当然自己改革への意欲が湧いてこよう。この点は大変大きな社会的な力となろう。教員たち自身の良心が研ぎ澄まされるのである。上からの改革ではなくて、下からの改革こそ真のそれである。全国的なうねりとなろう。民主主義的改革とはそういう性格のものでなくてはならない。教員自身がそういう教育を行っていないと、たとえ上から財界主導の自己に好都合のではない、正しい改革を行おうとしても、彼らがついてこられないという事態が生じよう。

　最近になればなるほど社会的、経済的構造改革によって種々の社会的問題が生じた。企業の海外進出によるリストラ、福祉の見直し、子供の間でのいじめなどである。こういう状況の中で人々は自信を喪失する。たとえそういう状況になっても、というより、そうであればこそ良心重視の教育によって主体性を確立せねばならない。そうすれば自ら世界的状況を理解、納得して、それに対応していく力を育む方向へ進むのではないのか。世界状況がそうであること自体を変えることはすぐにはできないのだから。一国だけではどうにもならないであろう。そうすることは世界規模での生産性向上に資することを意味するであろう。それまでの非効率的様態の変更を意味しよう。長い目で見れば人類全体にとって有益なことといえるのだから。かくてこういう状況を肯定してそれに対応することは良心的にも合理性のあることと認識しえよう。

　さて、郷土や国を愛する心、日本の伝統、文化の尊重などの教育目標の法規定は憲法19条「思想及び、良心の自由はこれを侵してはならない。」に触れるという[13]。これらの具体的な特定内容のことを教えると確かにそういう可能性があろう。だがもっと基礎的、一般的なことはそれ自体が具体的内容ではないのでこういう抵触は生じないと思う。各人の心の中に既にある法則に気付かせるのみであるから。国を愛する教育を行うといっても、子供は一様ではない。各々考え方は親や知人からの影響もあり多様であろう。かくて同じことを教えてもその反応

はさまざまであろう。当然である。そういう事情を考えてみると、まず日本が国として実体ある民主主義国家になっていなくてはならない。それが先決問題である。我々大人がそれをできずに、そうでない国を愛するように子供に求めること自体が誤りである。大人自身がそういう国を愛することなどできないであろう。それなのに自分らのできもしないことを子供に求めるとはなんと破廉恥なことであろうか。順番が逆である。

　天野貞祐は国家と個人の関係につき個人の持つ個性に普遍性が内在せねばならないと考えているとされる[14]。だが残念ながら個に内在する普遍性が具体的に何かが示されていない。きわめて不十分である。この問題は宗教的情操教育の問題とも重なる。日本ではオウム真理教の件を見ていても、キリスト教の欧米諸国に比してこういう問題への対策が遅れている。なぜか。日本は仏教が中心である。とはいえ実態はそうではない。悪くいえば葬式仏教になっている。特定の人々を除くと多くの人々は信仰的関心でお寺に行くことはあまりない。そこで結果的に宗教教育をしないことともなろう。要するに国民の関心がそちらへ向いていない。少なくとも今までは世俗のこと、例えば経済成長の方へ目が向いていた。その結果であろう。それと並行していえることは個としての自覚が低いことである。何事でもすぐ一任するとかのごとき事態が生じやすい。やはり個という意識が強くないと、宗教へ関心が向き難い。宗教はどこまでも個人の問題だから。こういう大前提が欠けている。カルト教育だけを行うことはできない。本来のものがあって初めてそういう付随的事柄をも実行しうるのだから。前者抜きで後者のみということは、いかなることについてもありえぬことである。かくて個の自覚開発こそがやらねばならぬことである。このことは民主主義の基本中の基本でもある。この点が欠けているので日本の民主主義は観客民主主義だという批評を招くことにもなる。個の自覚開発は義の尊重へ通じる自己の良心へ目覚めることによる。それ以外ありえない。

　欧米での政教分離とは国家と教会との分離だが、日本の場合国家と宗教との分離と理解される[15]。これが問題となる。かくて欧米では国家と宗教（キリスト教）とを切り離しはしない。自分たちはキリスト者であると自任しているからであろう。そこで国家と教会とは別扱いとせざるをえない。一国の中に新教の信者も旧教の信者もいる。そこでどちらかと国家とを同一視はできない。一方、日本

では大半が仏教徒とはいえ葬式仏教でしかない。日常活動はあまりない。そこで形式に過ぎなくなる。自分が仏教徒であるという自覚はない。かくてクリスマスになると町にはジングルベルが鳴り響いたりする。かくて実態として自分と宗教とは切り離されている。こういう事実がある。そこでそれを現すものとして国家と宗教とは別個となる。我々日本人は全般的には無宗教なのである。宗教教育などできるはずがない。そしてこのことは個の欠落と一である。こういう状況では道徳とか倫理も厳密な意味では成立しえない。なぜなら個という存在があって初めてそういうことが問題になるのであるから。こういう個の欠落があるので、体育大会で順位を付けぬという事態が起きたりする。競争によってこそ個の自覚を誕生、育成せねばならない。個と競争とは両立する。そう認識せねばならない。個を重んじ、個の持つ特性を最大限引き出させねばならない。それが教育である。個性埋没では教育ではない。競争があってこそ各自は自己の特性へ自ら注目しよう。他に比べ自己の優れているところを発見しようと努めるであろう。なぜならそうすることこそが各自の生きる道であるから。要はそういうことでは真の意味で個がどういうものかが理解されていないといえる。競争は決して個の特質を圧迫しない。もしそう考えるのならそれこそ問題である。個の欠落なのでそういうことになる。既成のものへの迎合が前提となっている。この既成のものをこそ個の主体性によって打ち破っていかなくてはならない。競争なしでは社会は停滞するのみである。効率化も進まない。競争なしの個性はその名に値しない。そういうものは消えなくてはならない。競争を潜り抜けてこそ真の個性が芽生える。これは他との比較を絶した次元のものである。競争の前で消えるような柔弱な個性は‘個’とはいえない。そういうものは国際的な競争の場に立ちうるようなものではおよそありえない。

　日本では40人学級が通例であるが、欧米では例えば30人学級である。そこでこの規模の縮小が生じても不思議はない。それなのに現実にはそういう声があまり出てこない。不可思議である。これは思うに個を尊重するという考え方が欠けているからであろう。つまりその分全体主義的な考え方、生き方にならされてきたことの反映である。こういう事態が好ましくないことはもとよりである。是非改めねばならない。そうでない限り個性尊重の教育などできないであろう。画一的な教育の施しに終始しよう。政府が国家主義的政策ばかり出してくるのは、そ

第2章　大戦後以降（現在）　*41*

ういう策に関わった人々自体に個としての主体性が欠落していることを顕にする。精神的半身不随なのである。そこで何事でも国家へ、すなわち自己へ向けて集中しておかないと精神安定できぬという哀れな状況にある。民主主義とは名ばかりである。一皮向けば中身は封建主義そのものである。心の中はそれで凝り固まっている。国が官僚によって私物化されている。文部省設置法の改正、任命制教育委員会法制定などで戦後教育の地方分権化で失っていた権限を復活させた[16]。こういう事情が戦後の文部行政の問題点の根底である。こういう法改正を許容したことは国民自身が究極的には責任を持たねばならないことである。決して他のどこへも付けを回すところとてない。そういう認識があってこそ初めて個の主体性尊重に対応した教育制度を構築していきうるといえる。権力の攻撃に対して公選制教育委員会制度の民主的役割を理解し、これを発展させる力が弱かったことも文部省復権の要因の一つである[17]。この点こそが問題である。戦前における全体主義的社会・教育体制の中で育った人間には真の意味での民主主義は根付かなかったことの反映である。外から与えられたものは結局自分のものにはならないのである。戦いとったもののみが真に自己化されたものとなる。制度に対して心の方が追いついていない。

　1955年清瀬文相のときの教育三法案に対して教育の国家統制を促し、思想の自由の原則を脅かす恐れありとの反対があった[18]。だがこの反対も個の主体性尊重という明確な理念に基づいたものではない。そこで反対の根拠が反対する人自身にとってはっきり認識されていないであろう。日本には元来そういう発想は欠けているからである。そういう尊重は国際的にもそのまま通用することである。そういう要件を満たした方針こそ国家のすべての活動の基礎でなくてはならない。なぜならそうであってこそ、その国家活動は国際平和へ貢献しうるからである。こういう点からは国旗、国歌の学習指導要領での重視は問題なしとはいかない。あくまで先に述べた要件を重んじた国家活動を行っている日本であれば、それらの尊重は大いに結構である。このように国家活動を形成する理念がまずまな板に載せられねばならない。それら尊重云々はその次の話とせねばならない。もっとも文部省は「新教育指針」（1946）で「今後の民主教育は教師自らが子供の発達段階に応じ、地域の生活環境に即して、どう教えたらよいかを自主的に判断し、創造的に実践することが重要」という[19]。その通りである。だが教師全体として共

通のコンセンサスがないと、このことは難しいであろう。そこで文部省が決める
こととなってしまう。つまり教師自身の側にも文部省による国家統制を誘発する
原因があった。特に日教組による左翼思想などがそうであろう。文部省、教員側
ともに子供たちのことを最優先で考えてはいない。双方ともわが身第一なのであ
る。ともに教育者としては失格である。さらに 1946 年社会教育の中心施設として
公民館が全国の市町村に設置され、公選制の委員会中心の運営だったが、次第に
国家統制が強められていった[20]。社会主義的な考え方が入ってくることに対して、
米国の占領軍や政府が反対するとそれは直ちに民主主義破壊とされてしまう。米
国的考えの基本が分かっていないところからそういう反対が生じる面も見逃せま
い。つまりキリスト教を背景にしている個の尊重という理念である。これは社会
主義的考え方とは明らかに異質である。全体主義的ではないからである。個の尊
重は全体主義的考え方とは背馳する。そこでは右翼にも左翼にもならないし、な
れもしない。真の意味での民主主義にしかなりえない。いわゆる左翼とは民主主
義ではない。羊頭を掲げた鶏肉売りの類である。

　近代学校教育では効率的人格陶冶のため戦前は尊王愛国の心育成の修身教育、
戦後は社会科中心に市民性を養うため 1958 年以降週一時間の道徳の時間では子
供の自主性を尊重、人格完成への努力を強調した[21]。だが真に子供の自主性尊
重にはなってはいないであろう。そうなるには教師が子供と同じ地平に立つこと
が不可欠である。上下関係のあるままでは子ども側に主体性は芽生えまい。独立
した固有な存在であるという自覚を持つことが不可欠である。ところで、心情把
握型授業では子供たちが本音と建前を使い分け、生活経験と道徳授業を区別する
こととなる[22]。こういう結果にならぬには子供の心の中自体に普通ではできな
いことでも立派なことならできる芽が存在していることに気付くよう導くことを
要する。それには教師自身がそういう心構えで平素より生きていることが重要で
ある。子供に相対するときのみそうであることはできない。自己を教えることな
くして他（子供たち）を教えることはできない。自他をともに教え、自が他の中
に、他が自の中に、そういう心があることを発見するのが教育である。教師側が
自己のことを棚上げしたままで子供たちを教えようとすること自体が間違いであ
る。自己を教えずして他を教えることなどできはしない。傲慢というほかない。
大人、教師が模範を示さねばならない。こういう状況も一億総無責任の一環であ

第2章　大戦後以降（現在）　*43*

ろう。いくら立派な内容の教科書を使おうとも、またそういうことをいおうとも、教師がそのことを実行していない限り説得力はない。教師側、つまり大人側が自己自身を教えることのうちには日本国の体制を真に民主主義に合致した体制に改めることも含まれている。そういうことをせずして子供を教えようなどとは大人の思い上がり以外の何物でもない。できるはずがない。自らできぬことを子供らにやらせようと思うこと自体が心得違いである。この点は英米独仏などの諸外国についても同様であろう。

　このように考えてみると、価値の自覚を深めることから逸脱しては困ることが分かる。子供たちにそういう自覚を深める道徳的授業を行うには国、社会などを民主主義的価値を実現した、実体ある体制にしておくことが不可欠である。さもないと教えたことや子供の心の中にある義に気付かせたりすることが結果的に無駄になる。建前に過ぎぬことに子供たちもいずれ気付だろうから。こういう点は欧米諸国でも事情は同じであろう。国自体が理想の教育の実際に合致するようできてはいないので、教育の理想をいくら追求してもそういうものを生み出しえない。このことは自分に甘くて他人に厳しい姿勢、生活態度と無関係ではない。こういうことで子供の教育などできるはずがない。社会体制を真実合致に立て直せば、子供たちは自ずからそれに合うよう考えて生きよう。あえて道徳教育の必要はなくなる。つまり道徳教育の必要を考えている限り、永久に目標達成はありえない。子供らは大人を見習うであろう。大人が自らの襟を正すことが先決問題である。米国で考えられたモラル・ジレンマ・ディスカッション、構成的グループ・エンカウンターなどはいわば技術倒れである。根本精神が抜けている。すなわち自己自身が襟を正して他（子供たち）を教育するという使命を忘れている。個の欠落とはここでこそいわれねばならない。大人での当該事態である。この点は欧米諸国でも同様ではあるまいか。ただ日本ではそういう傾向が一段と顕著である点の相違はあろう。まず第一に教育されねばならぬのは大人自身である。自分らのことは棚上げで、他人のことをあげつらう性癖の一端がのぞいている。大人がすべきことをしていないのが子供の教育にとって最大のガンである。こういう根本問題放置のまま子供らが価値観を深める道を探しても無駄であろう。解のない問いである。いくら学校の中で教育されても、一旦卒業して実社会へ出ればそこでは学校で習った価値観は通用しないのでは（先輩からそういう話も聞くであろ

44

うから）いずれ本気では学ばなくなろう。これとも関連するが、道徳性は行動を統合した次元で把握せねばならない。さもないと単なる心理主義に陥ってしまう。

　そもそも国の中は多様であり、現実には国民というものが一体的に明確ではない。歴史的に反省していけばこれは当然のことであろう。端から日本という国があったわけではない。元来国というものが存在していたのではない。教育などで問題にしている行動などは国の後付行動といえよう。そのようなことをしてみても真に国の基礎付けができはしない。そういう後手の対策ではきわめて不十分である。こういう過去へ向かっての対応ではいけない。未来へ向かっての対応を要しよう。それには人間の普遍的本性に依拠した対応を不可欠とする。つまり良心の判断重視、義の尊重などの普遍的価値をこそ重視せねばならない。これらは普遍的なのでかえって独自な国を考えるときには独自的でないと考えられ易い。だが現実にはそういうものを自己の国の独自性としている国は少ないであろう。というよりほとんどないのではあるまいか。それだけに尊い。ここでこそ国民は真に国民として一体化しうると思われる。他の国々への差別化もかえって行い易いと思う。そういう国是を有する国は稀有であろうからである。かくて国民各自もそのことを誇りとしうると思う。国是としていれば自ずから国際平和は実現する。それ以外になりようがない。現実にはそうでないのでそうでない結果になる。つまり戦争になったりする。これは各国の国是が真に普遍的価値により構成されていないからである。すなわち私利私欲の衝突となってしまう。普遍的価値が国是であれば国家はあってなきがごときともいえよう。こういう場合以外真の国際平和は存しえないであろう。普遍的価値国是なら外からその国へ新たに参加することも可能であろう。何ら障害はない。国境はあってなきがごときとなろう。基本はこういう状況となろう。少しでもこういう状況に近づくよう努力することはすべての国の、つまり全国家の国民の責務といえよう。人たる限りここから自由たることはできない。2006 年の新教育基本法で愛国心に関する文言は伝統文化、国への愛、他国尊重、国際平和への寄与などを含む[23]。だが良心の判断重視、義の重視などの人として本来守り抜くべき項目についてはまったく触れていない。そこに含まれた言葉の内実を真に達成するには良心、義などのことこそ不可欠である。にもかかわらずこれらについては無言である。これこそ重大な問題である。こういうことでは文化尊重、郷土愛、他国尊重、国際寄与などいずれも

空念仏であろう。義などが根底を形成していない。それらの4項目はいずれもその実体あるものとはならないであろう。こういう発想では「個」というものについての認識不足が現れている。良心、義などの普遍的次元のものは個という認識なしには思い至りえぬ考えである。沖縄教職員会などの祖国復帰運動で教師たちが国民教育に取り組むほど子供たちの実情が否定され、彼らは内向きになり、惨めな沖縄人としての我を自覚させられた[24]。ここでいう「内向き」とは真のそれではない。そういう内向きを突破させるものこそ真の内向きである。教師自身がそういう発想を欠いているので子供たちに教えたり、導いたりできるはずもなかった。教師自身戦前の教育下で育っており、普遍性へ開かれた個という次元へ目を向けえなかった。

　国家の教育権か国民の教育権かという問題[25]がある。第一にいえることは双方が二律背反的に考えられていること自体が問題である。日本が実体ある民主主義国家になっていればそういう発想はそもそも生じないであろう。つまり国家権力を構成する一部の人々が自己の好都合に国家を支配して、それに好都合な国民を養成しようという発想が根本にある。他方国民の教育権を主張する側はそういう国の対応を拒否（これは当然のことである）して、自分たちに有利な体制構築を狙っている。当然の動きといえる。要は根本的問題は日本が実体ある民主主義国家になっていないことである。そこからこういう分裂が不可避的に生じてしまう。かくてこういう問題の根本的解決には日本がそういう国になる以外にない。そうでない限り具体的形は種々変化するであろうが、こういう争いはいつまでも続くであろう。その結果、国としては多大なエネルギーを消耗することとなってしまう。その分真の意味での建設的事業へ力を注げなくなる。もし真の民主主義実現となっていれば、こういう分裂は生じない。かくて真の問題はいかにしてそれを実現させるかである。もっともそのもう一つ以前にどういう状況になればそれが実現したといえるのかという課題が存している。理念的にと同時に現実的にである。民意が迅速に反映されることが前者なら、後はそれを実現させる方策である。

　国家の教育権か国民の教育権かという観点から見て後者の立場を重視するのであれば、本来教師養成の大学など造るべきではない。こういうものを造ろうという発想自体が国家中心の発想より由来する。封建的、国家主義的、非民主主義

的発想から由来する。こういう大学は一切廃止すべきである。教育課程の内容を
一部の人々が集まって決めていくわけであるから、中央集権的やり方である。官
僚中心主義と同じである。国民の教育権とは矛盾する。極力教師になる門戸を開
放的にすることが大切である。それでこそ多様な考え方が共存しうることとなろ
う。それまでに多様な経過をたどった人々が入ってこなくてはならない。そうで
ない限り思想信条などで偏しない教育などはできない。多様な信条を持った、た
だし民主主義には反しない人々が集まってこそ活気もあるというものである。採
用試験はごく常識的な試験を課せばよい。教員として必要最小限のことは教員と
して採用後に研修すればよい。特定の教育機関で特定のカリキュラムの下で教育
された人々が集まっては、そこには自由が欠けることとなろう。全体主義的やり
方は個欠落と同じである。個の重視は良心尊重であり、このことは国民の教育権
という考え方に立つことでもある。民主主義である。民主主義とは（国）民が主
である主義のことである。国家や、ましてや官僚が主であってはならない。こう
いう養成大学というやり方は個欠落をさらに促進させよう。画一的教育を受けた
多数の教員の下で子供たちを画一的カリキュラムで教育すれば子供たちも個欠落
という点で同様なこととなろう。明治の初期にそうだったように教科書の自由発
行、自由採用こそ国民の教育権という考えに沿っている。国民全体の教育水準は
明治初期に比べ大いに上がっている。大卒の人が半数近いのだから。そういう国
民を信頼しなくてはならない。それをせずに官僚中心に決めようとするのはそう
いう人々の傲慢以外の何物でもない。まさに人の罪より由来する事態といえる。
上から何か行うことは政府にしろ官僚にしろ自分らは国民の代表だからそれでよ
いという自負があるのであろうが、それが間違いのもとである。決して選挙に
よって選ばれたわけではない。かくてそれは単なる傲慢に過ぎない。そのような
権限も資格も、さらには資質などありはしないことを認識せねばならない。単な
る公務員試験に成績がよくて通ったに過ぎない。それ以外、何のとりえもないこ
とを心より反省せねばならない。実習では教員仕事のすべては体験しえぬが、最
小限必要な資質能力を身に付けることを求められる[26]。実習と職務として行うの
とでは責任の有無一つとってみても大変な相違がある。他の職業についても同様
である。新入社員教育を一般には行う。入社前から行いはしない。責任を伴わな
いことをいくら行っても興味本位程度のことで終わってしまう。実際に教員にな

り、これから責任を持ってやるのだという心構えがあって初めて真剣になりうる。いかに教育大学に在籍していても、必ず教員になるわけではない。そういう状況で実習をしてみてもかえって当該の小、中学校が迷惑するだけであろう。そういう迷惑をかけつつ、国民の教育権を否定しつつ国民全体からすれば、ほんの一部の官僚、政府関係者などの自負心を満たすための施策でしかない。

　21世紀知識基盤社会に対応するには学問的裏づけをもち総合的力を備えた教員が求められるという[27]。18歳で高校を卒業して頭の中が白紙のところへ特定カリキュラムで一定内容（それがどんなことであれ）を詰め込まれた人間がこういう状況に対応しうるであろうか。実社会のことをただの少しも経験していない人間なのにもかかわらず、保護者の気持ちも分からぬではないが、実社会で3年以上生活経験のある人間の中から意欲のある人々を採用する方が合目的的ではあるまいか。免許状など要らない。教員になってから必要事項は身につければよい。こういう採用方式ならそのときの都合、各科目担当者の数など、必要に応じてどのようにも変化した形式をとりうる。多様な教員の構成に応じて多様な人材の育成も可能となろう。実社会のことを何一つ経験もせず、したがって本当の意味では知りえぬ人間が保護者相手に対応しうるのか。先生は何も知らないからだといわれたら、それで終わりではないのか。画一的カリキュラムで画一的（たとえ中身が多様であれ）人間の大量生産という発想自体を変えねばならない。そうでない限り真に民主主義的自覚、考え方には至りえないであろう。教員として全体を統一する要因の準備をするのは教員になってからでよい。順番を間違えている。多様性、独創性、個性などを第一優先の考え方ではない。日本では何事をするにもまず全体を統一的に見ておいてそこから考えようとする。ここを反対にせねばならない。まず最初に個性、独創性を念頭に置かなくてはならない。こういう要因重視なら全体の統一性は欠けるかもしれない。だが人である限り必要最小限の共通性は生来有していよう。そこでまず最初に人を信頼せねばならない。ここが日本では欠けている。そこで統一をまず考える。本末転倒である。統一などは人が人へ付与すべきものではない。付与される必要はない。個性、独創性さえ育めばよい。そうしてこそ他国に伍してやっていけよう。最初に統一を考えると、ひ弱な人間しか育つまい。国民各自を殺しているのである。上からではなく、下から、つまり個から出発する考えへの逆転が不可欠である。国民を真に民主主

義的自覚のある人々に育て上げようという考えなら当然そうすべきである。一旦教員養成大学を作ると、簡単に廃止できない。だからこそ教員のようにそのときの状況に応じた人材採用の必要の度合いの強い分野ほどそれ専門の大学は作ってはならない。

　教科書の採用をたとえ各教師に任せても、日教組の組合員には日教組がこれを使うといって全員に強制できるであろうか。ここで考えておかねばならぬことはもし東西両邦制であれば、日教組も2つに分かれていることである。そこで何事につけそうだが、教科書採用でももう一方のことを常に意識せねばならない。そこで余りにも恣意的なことはできない。PTAも一方を睨んでいるので黙ってはいない。むしろその負担に耐えかねて教師の大量退職さえおきかねない。そういう状況の中でこそ真の主体性確立が教師に求められてくる。将来の日本人を育てるという使命の前に立たされているからである。教科書選択の自由化のためにも国の最高位での競争原理の働く体制への変革が必要である。自由の尊重という契機が社会全体へ浸透するからである。人間、自由であって初めて自己自身の良心に従って判断することとなる。不自由であっては良心には随わないといえる。体制全体として個の主体性確立を促進するものへと変革されなくてはならない。一部のみでは十分機能しないであろう。ただその一部が突破口となる可能性は大いにあろう。特に教科書選定の自由は波及効果が大きいのではあるまいか。教科書検定はやめる。それによって国民各自の自主的判断を促すこともその目的の一つである。しかも各学校で自由に決められるようにすること、教員が一方的に決めるのではなく、父母も関わることである。

　官僚については、例えば次のようである[28]。「敗戦直後の混乱の中で横領された軍需物資の全額は天文学的数字であろう。旧エリートたちからは民衆のために献身しようという人は出なかった。彼らは権力の座にあって「忠君愛国」「滅私奉公」を説いたが、国家や公権力は私益の源泉でしかなかった。国民など眼中になかった。」これらからも分かるように、国民一人ひとりが主体性を確立して、官僚などの責任追及の慣習を身に付けなくてはならない。官僚の思いのままにやらせてはならない。官僚には国全体を自己の管理下に置きたいので、個の主体性を前提とする民主主義は本当は不都合なのである。官僚は本来封建主義的に性格づけられている。要は国民不在なのである。これはやはり国民一人ひとりの問題

である。制度がいかに完全と仮定しても各人の意識が大切である。先の横領など
も真の意味での主体性確立を欠いたことを反映する。私利私欲に走る。窮地に陥
れば陥るほどそうなる。歯止めが効かない。こういうことが根底にあるので真の
意味での民主主義体制構築ができない。人の、人による自己中心が社会構成の根
本にあるので、民主主義が形式倒れになる。だからこそ逆に真にそう称しうる体
制構築を目指さなくてはならない。またこれこそ達成至難のテーマといえる。世
界中を見ても真にそうなっている国が存しうるといえるのか。英米独仏その他ど
の国を見ても上層と下層との間で民意反映のリングで硬く結合されている国があ
るようには思われない。なぜそう思うのか。その点ではやはり上下層間での関わ
りが重要な観点となろう。下層、というか一般民衆の意向が制度の中へすばやく
反映するという実態が確立されているか否かである。もしそうなっていれば、そ
のことは民衆の表情にも表れるであろうと思われる。言葉でいちいち表現せずと
も顔の表情に表れよう。言葉でもって回った説明を要するのでは不十分である。
社会階層のあることは古今東西を問わず人類の歴史全体でそうなので不可避とし
ても、民衆の表情にその民主主義の実体の度合いは一番表れやすい。その意向が
反映されるほど表情も明るく、活気に満ちていよう。ここのところは言葉では尽
くせないところではなかろうか。

　個の主体性確立があれば、精神的に自立しており、かくて何事についても自主
的に判断しうる。それゆえに外の世界に自己の都を求めることは生じない。これ
ら二事象は一即二である。公あってこそ実体ある民主主義は実現する。上層の人
間は中、下層の人間にばかり自立を求めてはならない。自らこそが自立できてい
るのかを心より反省せねばならない。種々の誘惑に負けてそうなりえていないこ
とが多いからである。しかもそのことに気付いていないのである。国、社会全体
に対してより大きく責任あることを自覚せねばならない。こういう人々へこそ特
別の教育が必要なのではないか。公の強調が即自己の利益へ直結であってはなら
ない。上層の人々は私利に反する政策を主張、実行せねばならない。もっともこ
れは目先のことであり、長い目で見れば決してそうではない。それが民主主義の
実体化であろう。それには累進課税と社会福祉の充実を要する。

（3） グローバル化

　戦後の GHQ の 4 つの指令は次のようであった[29]。「第一、二のそれは国家主義思想を持つ教員の罷免と個人の権威、集会・言論・信教の自由などの基本的人権尊重の教育の奨励である。第三は国家による神道保護の禁止、第四は修身、日本歴史、地理の授業完全停止である。」ここで個人の権威ということがいわれている。かくて個の主体性を前面に出した教育を施すことも可能であった。日本側がそれをしなかった。すべきであったことはいうまでもない。自己自身の中にそういう志向が芽生えていなかったので、そういう結果になってしまった。誠に残念なことである。せっかくの機会を逃してしまったからである。そういう点からは占領軍がもっと積極的に干渉してくれた方がよかったといえる。個の主体性教育が軌道に乗るまでである。個人の権威ということは出ていても、その具体的、内容的なことについては今一つ明確でないのではあるまいか。この点欧米では教会が具体的なことはやっているので、公立学校ではあえて行っていないからであろう。欧米と日本での実情の相違を考えてももっと具体的な方針を打ち出して欲しかったといえる。例えば良心の判断を重視するとかのように。そういう点の指摘がもしあったならば、我々日本人の一途な性格からして戦後は手のひらを返したようにそちらへ進んでいたかもしれない。そうなっていれば、観客民主主義と揶揄されるようなこともなかったであろう。こういう点では、新設科目の一つである小中での「自由研究」では個人の多様な興味、能力の向上を重視し各自が関心を抱いたテーマをさらに論究する自発的学習が重視された[30]。これは極めて大切といえる。確かに個性尊重という点では大いに歓迎すべきことであろう。ただその大前提としての個自体の尊重がどれだけ注意を払われているのかという疑問は感じざるをえない。各自の個性は各々異なろう。だがそういう相違を超えて各自を同じ地平に立たせる契機である、例えば良心の判断の重視についてはどうなのであろうか。こういう点が欠けていると、個性尊重もただのバラバラの尊重という結果で終わろう。それらに共通の、目には見えない何かへと目は開かれないままであろう。だがこれなしでは個人を個人として真に尊ぶ心は芽生えないであろう。

　米国教育使節団報告書にも、民主教育の根幹は個人の個性尊重であり、個人が自己向上を目指し、最上の自我を獲得することである。これは国家や経済の組織

ではなく、個人の自律意識や自己実現への努力によるとある[31]。その通りである。ここでは自我という。よい意味で使われている。主体性といい換えてもよいであろう。ただ日本では個人がそういう努力ができる状況が整っていない。そこでそういう状況の整備を行う必要がある。ここをこそ強調せねばならない。さもないと現実にはそういう教育は行われずじまいとなる。この点を使節団は国情の相違のため注意を向けえなかったのであろう。だが教育課程審議会は1958年3月に道徳の時間を特設し、日本人としての自覚を持ち、国を愛し、国際社会の一環としての国家の発展につくすなどの徳目実施のため小中学校に道徳の実施要領を通達した[32]。GHQの個人重視の改革から再び国家中心へと回帰している。さらに池田内閣の所得倍増計画以来、人的能力という語が示すように文教政策は経済政策に従属する[33]。経済成長のための人材教育が中心となってしまう。本末転倒である。経済はあくまで人間のためにこそある。それが逆になっている。このことでも分かるが、集団先行である。個は後回しである。創世記になぞらえていえば、「初めに国があった。」となろう。人の存在する前に。だからどんなことにおいても、まず国の存在を考える。個人はそれの構成要素でしかない。だが現実はそうではない。少なくとも人が二人はいて、そこから増えていく。そして場合によっては国ができていく。かくて人の集団と個人とは同時に存在する。決して国が先にあるのではない。個人がなければ集団も存しない。かくて国の存在を優先しての対応は正しくない。こういう対応は官僚の好都合から来ている。例えば法律なども集団前提で考えられている。遺産相続で遺留分という考え方もそうであろう。死亡した人の意思尊重ならそういう発想は出てこないであろう。事実欧米の法にはそういう考え方はない。経済成長を達成するには国家の立場に立った一元的な管理体制が必要であったであろう。さもないと種々の政治的、また経済的な軋轢が生じ、効率が悪くなろう。経済を成長させるのが目的なので経済中心的発想が生まれよう。独占資本へ奉仕しうる国民意識を作り上げることが大切となる。そのためにすべてが動員される。いまだにそうであるが、国旗掲揚、国歌斉唱が推奨されることとなった。精神統一である。確かにこうしておけば効率はよいであろう。だが各人の主体性というような本来教育において中心的テーマでなくてはならない課題は脇へやられてしまう。

　家永教科書裁判での杉本判決（1970年7月）は国家は教育諸条件整備に努め

るだけで人間の内面的価値に関わる精神活動へは国家は中立的であり、国家は権力者の意向に沿う価値観を公教育の中で子供に教えてはならないとした[34]。ただたとえこうなっても個の主体性という具体的内容は出てきていない。悪いものの否定に留まっている。これでは積極的教育はできない。ぜひ積極的原理を打ち出す必要がある。もっともこれは裁判なので、そういう点を打ち出すとそれ自体が価値観へ踏み込むこととなって、国が守るべき一線を超えていることとなってしまうのかもしれない。だがそれなしでは国民は右往左往するばかりである。誰かがどこかで声を大にして叫ばねばならない。だが現実には何か教育の原理的なものが必要になると、決まったように全体主義的なところへ帰っていく。個の主体性へ目覚めるべきなのにである。こういう問題では、その任を任さないといつまでたっても成熟はしない。既に戦後半世紀が過ぎている。そこで教科書検定制度を廃止して、各教員に任せてはどうか。一方的、偏向的なことをすれば、その地域の父母、その団体などから反対が生じよう。そういうプロセスを経て教師も父母も成長していく。それをやらないといつまでも未熟のままであろう。何かがありそれを克服して初めて成長する。各教員の良心へ信頼して任せなくてはならない。こういうプロセスにおいて単に教育現場においてのみではなくて国民一人ひとりが個として成長していく。そのすべての活動場面においてその主体性を確立していく結果になろうと思う。現場の混乱を恐れて先回りして枠をはめるので、いつまでも個たる自覚が芽生えない。教科書を作ると、過去の例からも分かるように、日本では特にそうなり易いが、既存の体制に好都合な人間を作ることを目指してしまう。これでは普遍的価値を目指すことにはならない。各自の心の中にある法則に100％合致した教科書はできない。かくて作るべきではない。現存体制への批判をも含む教科書などできるはずはないからである。すべての人の心にある法則を唯一絶対の教科書として、それに則った考えを教師、生徒ともに学ぶべきである。そういう仕方で民主化指数の高さで世界一を目指し、それを各自、日本国の誇りとすべきである。外国を含めて現存体制で心の法則に完全に合致する体制はおそらく存しえまい。かくて自己が属す現存の日本の体制を少しでもそれに近づけるよう努力するのが全国民の努力目標となる。またそうでなくてはならない。それ以外ありようはない。過去を見た場合現存体制へ好都合な人間を作ろうとするので、例えば日教組が反対したのであろう。万人の心の法則に

第2章　大戦後以降（現在）　*53*

100％合致することを目指すのなら誰一人反対はできないであろう。先のことは相対の絶対化、国の対外的閉鎖化へ通じていく。あるいはどの国も現状はそうでしかありえぬのかもしれない。ここから国家間の争いも生じる。心の法則に合致した教育方針を打ち立てることはそれ自体が難しい。なぜなら立てる側への批判精神を育むこととともなるからである。だがそれをやってこそ真の教育といえる。特定思想の注入ではなく、心の中からのいわば抽出であるから。こういう点から考えて、教育基本法でもその主体たる国民という国民主義的前提は問題であるという考え[35]は理解できる。ここでも集団である国が優先なのである。集団抜きでは何も考えられず、何もできないのである。個の主体性中心的発想だと、官僚が何か、つまり自己の権限を失うと感じ、それを陰に陽にいわば妨害しているといえる。官僚制度の根本的変更が必要である。すなわち国家の制度、組織の部分的変更ではなく、全面的変革が不可欠なのである。

　国家中心の国民育成という発想[36]では国際的、普遍的次元を欠く。そこでより普遍的原理の優先を要する。義ということとそれに応じた良心ということである。これらは万人共通である。こういう事情と日本国内の各々の固有な文化、例えば出雲文化、大和文化、アイヌ文化など尊重とは何ら矛盾はしない。両立しうる。ということは先の事情と外国の国内にある固有な諸文化とも矛盾しないことを意味する。仮にもし矛盾するのなら先の事情を優先せねばならないであろう。こういう優先は外から誰かから教えられずとも自己自身の良心へ問えば自ずから答えは得られよう。だが実際には義、良心という次元と各固有文化とは矛盾しないと考えられよう。このことは単に日本国内についていいうることではなくて、各国の国内各固有文化についてもいいうることである。もっとも宗教的な人身供養というようなことは古代においては世界各地で行われていたと考えられる。だが少なくとも現在ではそういうことは行われてはいない。したがって現代という時代で考えれば人の知的前進によってそういう反知性的、反良心的事態は避けられている。こういう事態は人間の自然などへの恐怖が生み出した状況といえよう。これはしかし現代から古代を見ての話である。古代自体においてみれば世界各地で行われており、お互いのことであって相互に矛盾はしていない。

　人類愛を育てるには愛国心を抑えることを教えねばならない[37]。かくてこそ義、良心、合理的志向、民主化指数の高まる方へ進むという普遍的事柄を万国共

通な絶対的価値観として各国民固有の伝統的文化は相対的次元と考えればよい。後者を絶対的と考えるところに他国との間で戦争が起きたりするのだから。ここでは前者のことは忘れられていよう。国際平和の基礎も前者にあろう。絶対的次元のものが存していてこそ、その下にあるものとして相対的なものもそういうものとしてその存在を認められることとなろう。さもないと相対的なもの同士が争ってどっちが絶対的かという戦いに入ってしまいかねない。その点絶対的、相対的両次元の存在が是非不可欠である。そこで実体ある真の民主主義体制が必要である。かくて国が民主主義体制でない場合には、絶対的次元欠如なので相対的次元のものが不可避的にそういう次元と誤認されてしまう。というより多くの場合誤認されている現実があり、そこからの反省として民主主義の実体欠如が顕になる。このことは国内に限っていえば各地域の文化の固有性を承認することであり、例えば片極集中排除ということへ必然的に繋がっていこう。国、県、市町村、地域、家族、個人という順で考える。個人は最後にしか観念されていない。国が最初であり、最大、最高のリアリティである。こういう順序を逆転せねばならない。さもないと個の主体性は生まれない。先の発想でいけば国連が国家以上の最大のリアリティでなくてはならないが、そうはならないところが摩訶不思議である。官僚などが自己都合を最優先していることが根本的原因である。段落の冒頭で挙げた四者一体に反対する人は私利私欲に囚われぬ限り存しえまい。しかもこれらの価値観は他から教えられる必要はない。各自が心の中を反省すれば自ずからそこに見いだしうるものである。かくて教育の現場ではそのことに各自が気付くよう、またそのことを尊重するように促せばよい。誰にでもそういうことはできよう。自己自身についてもそうであることを確認しつつ、子供たちへも促すことで自他共に教育されることとなる。特定の教科書、教科、教師などは不要である。なぜなら生徒も教師も自己自身がそういうものであるからである。こういう考えに馴染むことはその結果として日本文化の諸側面への批判をも行うことへ導くこととともなろう。結果として日本文化は国際的により開かれたものへと変わっていこう。

（4） 個人や良心が中心

人は個としての主体性を確立せねばならぬ状況に置かれたからといって直ちにそういう方向へ動くよう促されはしない。つまり前向きに対応するとは限らない。後ろ向きになってしまう場合も生じうるのが実情である。そこでいくら状況がそうはなってもその分主体性が確立されるわけではない。それまでよりはそういう考え方に近づいたとはいえよう。残念ながらそれ以上ではないのである。戦後日本社会は公より私に比重を置く私生活化を経験した[38]。大人の生活の私生活化が子供の世界へも反映する。家庭が生活の単位になると、家族の和が大切となり、その結果、子供中心の生活になってくる。子供に好きなものを買い与える結果が子供の私生活化である。これはしかし、わがままになるだけであろう。個としての主体性確立とはむしろ反対の結果になりはしないのか。集団の中にあってこそ個の主体性もまた達成されよう。孤立していては自己と異質なものへ触れることはなく、その分自己のあり方に関して反省を迫られることはない。そこでそれだけ自己存立の基盤は弱いままである。何度となく反省してこそ強固なものになっていく。いくら学校で良心の判断に随うことの大切さを教えられても、同じレベルの仲間との接触を通してそのことを反省してこそ、そういう考えが自己化されていく。私生活化してしまってはそういう契機を欠いてしまう。そういう仕方で成長して大人になってしまうと、自己が弱い、したがって良心的判断も強いものにはなりえない。これは大変重大な問題であろう。

都市化は住民や子供に学業成績至上主義という意識を生じさせた[39]。こうなるからこそ過度の都市化はストップさせねばならない。だからこそ諸施設の分散化は理に叶う。集中すればするほど、こういう傾向は格差拡大傾向につながり、民主主義社会のあり方とはむしろ反対の方向へ動いているのではあるまいか。もとより単に平等なのがよいのではない。競争はなくてはならない。だが極度に格差が大きいと結果としては競争のないのと同じとまではいわないが、むしろ類似の状況を生みはしないかと思う。例えば高額な通塾費用は多くの人々に競争を最初から断念させてしまうのに十分であろう。かくて過度の集中は民主主義的競争とは背馳する状況を生むのであり、そういう集中は民主主義推進のためには排除しなくてはならない。こういう意味でも民主主義は平和主義ではありえない。集中の度合いが激しいほどそこでの生活態度の他地域への浸透力は大きくなるから

である。

　教師はたとえ学校外にあっても生徒にとっては教師であることは変わらない。商店街で会ってもそうである。かくて教師としてはいついかなるときでも教師であるという自覚から自由ではありえない。そういう状況から教師の学校外といえども政治活動禁止という考えが生まれるのであろう。理解できる。子供に教師に対して人としては対等という自覚を持てといっても現状では無理であろう。確かに小中学生、特に小学生の場合、たとえ「先生、あなたは……と考えますか。」という問いかけをしたとしても、自分が先生と対等という意識はないであろう。だがそういう明確な自覚は生まれずとも、そういう自覚へと成長していく萌芽のようなものが生まれるのではあるまいか。こういう無意識のうちとはいえ、心の動きは大変大切なのではあるまいか。高校生になってさえ先生に「あなたは……」という問いかけをしないのでは個としての主体性は生まれないままになってしまう。成長期においてこそ、そういう自覚が生まれるようしなくてはならない。子供の心が教師に対して距離を置くようになればなるほど、例えば教師の政治活動も自由化できようと思う。教員の学校外での政治活動は私的なこととして許容する可能性が出てくるのではないか。なぜなら児童、生徒も人としては先生と対等であるという暗黙の了解があるので教師に対して影響を受けるという認識を持たずに済むからである。たとえこのように決めたとしても、従来からの民族としての、国家としての一体感は失われはしないと思う。むしろ逆に個の主体性が確立し、そういう個によって形成された民族として一体感は強化されるであろう。雨降って地固まるというたとえのようにである。そういう点からもできるだけ早い時期から子供の心が教師から一歩距離を置くように処置をせねばならない。「三つ子の魂百まで」というではないか。児童として「先生、あなたは……」という問いかけをしてこそ子供は自己の社会的存在性を自覚するであろう。教員は政治活動が制限されている[40]。学校外での活動まで制限してよいのかと思う。個としての主体性が確立していれば公私の区別という認識があり、学校内での政治活動をしたり、偏ったことを教えたりはしないであろう。またそうできなくてはならない。それができないようでは教員の資格なしとなろう。日教組のような組織があるので制限という考えが出てくるのであろう。組合を組織することを禁止して、その代わりに学校外での政治活動は自由にしてはどうか。それが個の主

体性に応じた考え方であろう。こういう点についても良心に基づく判断が大切であろう。ことあるごとに、ここのところへ立ち帰って問わねばならないであろう。こういう点の反省に当たって、公共の精神とか、平和で民主的なとかのように抽象的な文言の羅列はどんな場合でも有意義ではない。この場合そういう文章を書いた人自身がそこで問題となっている事柄の核心を理解し切れていないことを示唆する。もし理解しているのなら、より具体的に表現できよう。改正法1条では人格の完成、2条では教育目標として個人の価値、真理、正義など20を越える具体的項目が挙げられている[41]。目標として多く挙げればよいのではない。より根源的なものをただ一つでよい。

　教師が子供に何かを教えようとするのならまず教師が子供と同じ地平に立つことを要しよう。子供が先生に「あなたは……」と呼びかけられることを許されて初めて真にそうなりうる。人間としては上下は根本的には消えるからである。同じ地平に立たずしてはともに考えることはできない。教師、子供間の秩序などを強調すると子供の心は離れていくであろう。ということは教師のいうことが子供たちの心へ入っていきにくくなることを意味する。ともに考えるとは、すなわちお互いの心の中に入っていくことが前提であろう。これなしでは両者間での壁は取り除けられないままとなろう。秩序強調は上下を意識させることへ通じよう。これでは子供はその心を開かないであろう。こういうことに関連して思われることは、子供たちの態度と心の内面とを混同してはならないということである[42]。態度と内面とは別次元のことであるからである。重要なのは後者である。こういう混同に国についてのグランドデザインの欠けていることや根本的次元での人間理解の欠如が顕になっている。教育とは悪を選択しうる状況で善を選ぶ自由、善への信念を持ち、子供の自由への賭けであるとの見解もある[43]。その通りである。心に書かれた律法という考えとも合致する。主体性とは異質のものを媒介せずしては達成できないであろう。こういう点から考えて考慮しておくに値することは、親と異なる隣人よりの評価を経験して子供は親自身を客観的に見られるようになる[44]ことである。確かにそうであろう。こうして子供は親離れしていく。そして主体性へと一歩近づく。こういう点からして問題なことがある。それは遊び仲間の構成で同年齢化、同級生化、同性化というように同質化してきている[45]ことである。異質なものとの関わりの減少は個の主体性確立にとって条件は悪化

してきていることを示す。なぜなら異質なものとの接触の減少はその分刺激の減少を意味する。自分の考えを再考してみる機会の減少を結果する。

　最近になって特に個人的情報の非公開ということがいわれている。無闇に自分に関する情報が他人へと流出するのを防ぐためである。その反面、自己のことを自分が知ることも当然の権利として主張されねばならない。その点、教育の世界でいえば内申書は本人、保護者へは開示すべきであろう。不開示論の根は管理主義的考え方にあるのであろう。開示か不開示かという問題は究極的には教育における根本的理念の欠如に由来する。教育に関する共通理解が欠けているからである。この点での一致さえあれば、後は技術的なことであるから、教育者側と親権者側とは理解しあうことが可能となろう。戦前にはそれは内容的には誤っていたとしても、それなりのものがあった。戦後は民主主義とはいいながら根本的理念が欠如している。そのことが教育の場へも反映しているに過ぎない。不開示論の根底には教育評価は教師の専門的事項なので、その内容を生徒、親に知らせる必要はないという古い教育観がある。それと一体なのが、こういう点では教師は誤ることがなく、子供・親は学校側へ何の権利もないという考えであろう。こういう考えは時代遅れであるばかりでなく、本質的に誤っている。人が人である以上誤ることがないということなどありえない。身の程知らずもほどがあろう。民主主義の基本は基本的にはあらゆる情報の公開が前提である。さらに、何事であれ秘密にしたがるのは自分のしていることに自信が持てないからである。自信があるのならその反対に公開してその真を問うことこそ不可欠といえる。是非そうしたくなるであろう。自分がいかに勤勉に業務を行っているかを万人に見てもらいたいと思うであろう。そう感じるようになるまで誠を尽さねばならない。

　小学生といえども自分の言動については自分が全責任を持つ。また社会生活のルールは守らねばならない。これらの点では大人と変わらない。つまり人として同等である。かくて子供のときよりそういう教育として人としての自覚を持たせなくてはならない。それには何度もいうようだが、先生に向かっても「あなた」という代名詞で呼びかけるようにすべきである。人としては根本的には対等なのだから。一方、「先生、先生は……と考えますか。」では端から上下関係が前提となっており、人としては対等で自分については自分が責任を持つという観念は育たないであろう。先生に責任を持ってもらうことになってしまう。ここに甘えが

忍び込む。通常の観念でなら先生が上であろう。にもかかわらず先生へ向かって「あなた」呼ばわりをさせるからこそ、子供の意識が一段と飛躍しうるのである。通常では下のものが反転して上へと出るのである。ここで初めて子供の意識改革が始まるといえる。

　改正教育基本法に関して個別条項規定で両論併記的記述が増えて条項の意味が多義的となるという[46]。両論併記的であること自体が問題である。根本的人間理解が欠落しているからである。個の根底に超個的次元が開かれるところまで人間理解を深めねばならない。そういう次元に立って教育基本法を定めねばならない。定める資格なき人間が定めているのである。そこでそういう結果を生む。現状では分裂的になってしまう。個の側に立つのか、国側に立つのか明確でないからである。本音は国側に立って個人をそういう観点から内へ取り込みたいということであろう。だが民主主義である以上、そうであってはならない。当然、前者優先でなくてはならない。どこまでも個人に依拠した上で国次元のことをも考えなくてはならない。そういう方針が明確でないのである。このことはもとより国のグランドデザインが不明確たることとも関わる。そこで基本法自体が文字通り右（個人）往左（国）往している。志向性が異なるように見えるのはあくまで表面上のことに過ぎない。国家、社会の基礎には個人が存している。かくてそれらを根拠付けるのはあくまで個人である。国が先在しているのではない。それでは封建主義である。あるいは日本人の意識ではそれが実体であろう。個人の心を掘り下げていくと個を超えた次元が開かれてくる。ここにこそ国、社会、伝統、要するに社会的次元の諸存在の存立根拠が存している。個人というところから個人は集団の中に生きているので、公共ということは当然生まれてこよう。また自分は個人として伝統の中に生きてきたところから新文化を生み出すことも生じてくる。官僚の心の中の右往左往、というより消滅という実体がそのまま条文に出ているといえる。旧法では人格の完成が国家、社会形成者の根本にあり、真の人格概念では個人、社会の対立は止揚するとされる[47]。そうでなくてはならない。だが双方の対立止揚とかということが如何にして達成されるかについては何も述べられていない。この点の探求こそが大切である。これ抜きでは無意味に近い。ここが明確に認識されぬ限り、きわめて不十分である。なぜそういう結果になるかを推測すれば自分自身のこととして突き詰めて考えられていないからである。

双方の対立が止揚されるのはあくまで結果であろうから。観念論、さらに悪くいえば観念のもてあそびに終始しているのである。もとより本人は真剣そのものであろうが。それが当人の限界なのである。そもそも人格の完成とはどういうことなのか。後の条文の中に出てはいるが、いかにしてそれを達成するのか。あるいは内心の問題には立ち入らぬのが原則でそう述べているのか。だが人格の完成とは良心ということに言及せずにはすまない。態度という外面的なことより内面のことの方が大切であろうから。なぜなら後者が整っていてこそ前者もそうなりうるのであるから。

　民主主義国家では個人は社会へ消極的に順応するだけでなく積極的にそれを形成せねばならぬとされる [48]。今日、日本の民主主義は観客民主主義と評されたりする。このことは前者を暗示する。自らの力で獲得したものではないので、そういう結果になるのであろう。消極的という点が個の主体性欠如と連動していることはいうまでもない。自力で獲得の契機が欠けると人は何かにつけ積極的になりえぬ。指示待ち族へと転落する。ここでの積極的とは広い意味で民主主義を形成することを意味する。つまりそういう制度を創造していくことへの参画を意味する。そうしてこそ国が自分の国であると考えることができることとなる。そうでない限り国と自己とはバラバラであり、一体ではありえない。この点こそが民主主義にとっては不可欠の要件である。人が積極的になればなるほど、人と国との間の距離は縮まっていく。その分、国が自分の国であると考えうるようになる。これは国民が臣民として国から教育されて国と民との間が近づいていくと「考えられ、観念される」のとは異なる。真にそうなっていくのであるから。外からの注入ではそうはならない。注入しきれないからである。元来心の中には例えば良心のようにそれ固有のものが存している。そこでそこから発するものを尊重するのはよいが、必ずしもそれと合致せぬもの、ことを外から心へ注入しようとしても、外見はともかく内心で真に受容できてはいないのである。

　旧法では人格の完成は個人の価値重視という消極的目的と理想的人間の類型を求めるという積極的目的の二つを含むという [49]。このように消極的、積極的という二方面的に理解されうること自体が問題である。こういう理解の仕方が個人と社会を二元的に考える考え方へと連なっていくのではないか。実体ある民主主義という点から考えればすべてを個人を基礎として考えねばならない。個人を

掘り下げた次元に超個人的要素を見いだす以外にない。幸い、そういうことは可能である。改正法での教育の目標は、旧法での人格の完成より理想的な人間類型を求める方へずれ、個人を愛国心教化で国家に帰属させるという[50]。経済界と官僚とのタッグによるものではないのか。両者にとって誠に好都合であろう。国家統制を利かせうるからである。個という発想など元来ないのである。個人となると多様と解されるようである。確かにそういう一面はあろう。だが良心という点になると多様ではない。一様である。ここに人間のあらゆる活動の基礎、根源を求めねばならない。ここから国家への思いも自ずから湧いてくる。ここ以外から湧いてくるものは何事であれ、それは真実から逸脱したものでしかない。新、旧両法に関して先のように感じるのは、旧法が米国の影響下での作成だったという事情も影響していよう。だが当の米国人は必ずしもそうは感じていないのではあるまいか。なぜなら日本は元来無とか空とかの世界なので良心というような人としては共通な次元へ目が開かれていないからである。

　現実の教育活動では態度と心の指導は不可分であり、憲法19条との関係は政府解釈では未解決でそのまま教育実践に委ねられる[51]。さて、良心の自由ということは憲法19条で保障されているのだから、その良心の判断に従うことを教育基本法での根本的法則として据えることこそ理に叶うのではないか。良心の判断として、例えば人の物を盗んでよいということは出てこない。そこで特定内容を善とか悪として強制するのではなくて、自分自身の良心に従うことを教えることは憲法19条を地で行くことになるのではないかと思う。大いに結構なのではないか。良心というものはそれ自体が価値判断を含んでおり、内容的なことを外より教えられる必要はない。そうでない限り良心の自由などということ自体が無意味である。だからこそ人間は元来人格であるのである。外から何らかの規制などがあってはそういう良心には自由はない。かくて良心は一切の既成から自由でなくてはならない。すべての事柄についてそれ自身から判断していかなくてはならない。他律的なものはすべて排除しておかなくてはならない。このことこそが教育の目的でもあり、目標でもなくてはならない。良心が自律的に判断できるよう条件を整備するのが教育の仕事とならねばならない。それ以外に考えられない。文部科学省の仕事はさらにその外側でのことにしか過ぎない。そこから逸脱してはならない。自己の分を守らねばならない。道徳教育の内容を考える場合でも、

人間生活の各領域、例えば人間相互、自然との関わりなどを想定し、それに応じて各々その内容を考えるというやり方ではいけない。それでは各分野がバラバラのままで統一性を欠く。やはり人の人たるゆえんは良心であろう。これはそれ自体が価値観を含む。かくてここのところをこそいわなくてはならない。さもなくば根本のところが見えていないのである。人間理解が不十分のままで道徳教育を考えていることが顕になる。1952年吉田首相は自由党議員総会で、「日本の歴史が世界に冠たり、国土が世界で最も美しいことを青年に教育してこそ愛国心が養われる」と述べた[52]。国の歴史が万国に冠たりといっても抽象的である。そのことが国土の美しさと呼応している。もとより民主主義制度として主体的なものでなくてはならない。ところがそういう感覚は欠如している。肝心のところが脱落である。真に主体的で民主主義的自覚が欠けている結果であろう。国民教育権説に立ってもいつも国家と子供、親、教師などとが対峙しているのではなく、「国民」内部で争いが生じることもあるという[53]。教育は各子供の天成の良心が十全に働くように障害を除去することが基本である。そういう基本さえ明確であれば、双方の対立もその分生じにくいのではないのか。争いが生じるのは多くは根本が曖昧であるからである。先の原則は万人共通であるといえる。

　教科書を自分が決めるということは教師として責任を全うすることを意味する。そういう責任を持たせてこそ人は自己を鍛えることができる。結果、主体性確立へ至る可能性が開かれてくる。教科書はこれを使えと上から決めていてはいつまでたっても教師としては半人前である。自分のしていることを自分として責任が持てまい。教科書にしても他人の決めたものに過ぎない。まず教師一人ひとりを信頼することから始めなくてはならない。信頼されれば誰しもそれに応えようとするものである。各教師の良心に白紙委任しなくてはならない。これができなくては何も始まらない。教育のアルファである。財界や官僚は手を引かなくてはならない。道徳教育に関してだが、宗教の時間を作ると、まず教科書を作ってとなる。するといわゆる有名人の考えが紹介される。そこで知識偏重となろう。そういう意味でもそれ専門の教科はないのがよい。情操なのでありどこまでも知識ではない。そこで全教科を通じて自己内の良心や義の感覚に目覚めさせ、自覚させるのがよい。自己自身のうちにあるものに気付くことが目的である。自己自身が自分にとっての最大、最高の教科書であると認識せねばならない。外からの

注入ではない。教科書検定をやめることは画一的なことはやめることの一環として位置づけうる。個としての主体性確立にとっては大いに有益であろうと思う。公立の学校といえども、各々が特色を出す。そうして個々人が自分としてそこが正しい、ふさわしいと思われる学校を選び、そこで学べばよい。そうして自己の人格を自ら作っていく。たとえ教師団体側からそれでは我々が困るので検定制度を復活されてくれといってきても、復活させてはならない。そういう主体性欠如の教師には辞めてもらうべきである。子供らは悪い影響を受けるであろうから。そういう状況を官僚たちが手前勝手に利用するという事態がここに発生するであろう。誠に一億総無責任体制である。誰一人として真の教育はどうでなくてはならないかという観点に立ってはいない。私利私欲のみが生きている現実がここにはある。罪そのものである。まず各自が自己反省することから出発する以外にない。

　さて、教科書は教師各自が決める制度へ変更すべきである。そうすれば他人任せの態度を改めざるをえなくなる。結果、教師ばかりでなく父母までもその主体性を確立する契機となろう。教科書を自分で選ぶことを通して教師各自、自己の責任の重大さを認識する。そのことによって主体性を確立することとなろう。責任を担うことと主体性確立とは同じことである。現在のように教科書は自己以外が決めるのでは端から責任を免除されているようなものである。これでは責任感は基本的にいって生まれはしない。ということはそういう仕方では個としての主体性確立はできないことを意味する。教科書選定となると、父母も黙ってはいない。そこで一般の大人も自ずから考える方向へ心が動くであろう。そこで教員自身の主体性というのみではなくて、一般の人々の主体性確立という点でも大きな変化が生まれるであろう。こういう効果の大きさからいうと教科書選定を各教師に任すのが一番よいであろう。もとより教科書選定制度は廃止しなくてはならない。子供を教えるには、まず自分が明確な信念を持っていなくてはならない。そこで自分で教科書を決めるということは、まず教師自身の自己確立を促すという機能を果たす。こうして日本中の少なくとも公立の小中高の教員が自己確立の方向へ動くことは大変大きな効果を持つであろう。しかもそのことがその人々が教えている子供たち、未成年の人々へ影響を及ぼすのである。日本の一大変革を呼ぶ可能性は大きい。子孫の教育について自分が責任を持ってやるということな

ら、当然のこととして自分自身が教科書を決める、というよりも自分が教科書を書くというぐらいの心構えが必要であろう。かくてそういう責任を自覚させる意味でもどの教科書を採用するかは、ぜひとも教員各自が自己決定しなくてはならない。またそうできなくてはならない。さらに、各自がそうすることによりそういう責任を持たされ、果たす過程において自己の主体性を確立していくこととなろう。このことは実に大きな効果を多方面に及ぼすことと思う。日本社会全体の印象が変わるほどではないかと思う。

　人の有する善悪判断を行う良心というものは大切であり、その尊重は日本ばかりでなく多くの国の憲法で保障されている。だが2006年12月教育基本法全面改定で国家主義的道徳教育の本格的、全面的強化が図られた[54]。ただ教師側も一貫した指導をなしうる原理を有してはいない。だからこういう事態を招く面もある。省庁側のいうのが駄目ならこうせよといえなくてはならない。ところが肝心なそれがない。だから文句ばかりいうことになる。建設的ではない。道徳的観点からは教師は子供たちと同じ地平に立てばよい。さらによいのはむしろ子供たちから「先生、あなたは……」と呼ばせて、あたかも子供の方が上にあるかのように感じさせることであろう。そうして子供からその持っている資質を引き出してあげることである。日本では個と集団との関わりではいつも後者優先で考える。だがそういう仕方では両者の統一はついに達成されない。分離したままである。達成には個から出発せねばならない。なぜなら個はその根底へまで深く考え抜くと、個の底を越えて、抜けて超個的次元へ心が届くからである。そうしてそこに集団の存在の根底を見いだしうるからである。集団にはそういう機能はない。

　教育とは例えば悪いことをせず、善いことをするよう導くことである。だからといって全員が一律にそうなれるわけではない。かといって止めはしない。むしろ益々そういう方向へ向けて教育することとなろう。刑務所の中でさえそうである。同様に個人を追い詰めるからといってそういうことを教えることを止めてはならない。問題はむしろ教え方であろう。その点を誤ると追い詰めることとなってしまう。強い個人とは個としての主体性確立ということであろう。この点はすべての人間活動において大切な要因であり、教えぬわけにはいかない。万難を排して第一に取り上げるべき課題であろう。この点は各個人がいかなる社会階層に

属していようと妥当することである。普偏的性格のことであるから。ただ強い個人前提で自己のことは自分で決めよという発想は人を追い詰めるだけという議論もある[55]。それはしかし個の主体性という点を考慮していないからである。強い個前提ではなく、そういう個へ各自を導くのである。いわゆる習熟度別学級編成について能力主義による教育差別と批判される[56]。この点については、個としての主体性確立の教育をしていないこと。学校自体が序列化の中へ自己を組み入れてしまい、自主性を失っている。これらの問題点がある。改革には、主体性確立教育、受験に不要の教科も習熟度別にする、学校が自主性を持ち落ちこぼれを作らないなどを要しよう。卓上の空論といわれるかもしれぬが、このように変えられぬものか。もとよりそれには教師各個人が主体性を確立していることが不可欠である。このように見てくると、教育での差別という問題は教師自身の側での問題であることが分かる。教師にそうではない教育をする覚悟があるか否かである。教師の主体性の問題である。流れに棹差す覚悟があるのかが問われている。どこかでこういう覚悟を持って改革を始めぬ限り改まることはできない。何事もそうである。普通科と職業科とでは教師が前者優先なので差別教育ということが語られる[57]。根源は教師自身の問題である。進学しない子を教えるのはつまらないという認識があって、それが生徒に伝わるのであろう。すなわち教師自身において個の主体性が欠けているという事態が根本にある。俗世間の価値観によって毒されている。個としての主体性欠如は価値観の自立、自律ができていないことと並行している。目の前にある一人ひとりの人格を完成へ至らせるに当たって手助けするという使命感の欠如である。このことは教科書選定を教師にさせていないこととも当然関係する。原則として教育に関することは教師各個人にすべて任さねばならない。さもないと教師も自分の仕事に生きがいを感じえないであろう。かくてこの件では行政の側に重大な責任がある。1960年代からの人材選別的能力開発主義、点数序列化方式によりそれに不適な子供たちの反乱は落ちこぼれ、登校拒否、家庭内暴力を生んだ[58]。こういう状況はさらに上の大学レベル、一般社会レベルでの競争状況が中途半端なので生じているのではないのか。有名大学に入学、一流企業に就職すれば、まずは一生安泰という観念があるからであろう。もし就職も有期の契約制で、しかも現実に解雇もあるのが普通という状況なら、小中高レベルで競争しても無意味であろう。要は競争が形式的次

元に留まっているので、こういう状況を生んでいる。そこで公務員も当然有期の契約制に変えること、またいわゆる有名大学出身者の採用比率を一定以下に決めることが必要である。

さて、職員会議録の公開だが、平成11年5月6日堺市答申では卒業式での君が代斉唱への意見は教員個人の思想、信条に関わる個人情報に該当し公開すべきでないとなっている[59]。確かにそういう一面はあろう。だが個人としてのその点についての考えと教師としての立場を反映したその点についての判断とは同じではない。個人的次元のことと社会的次元のこととは区別しなくてはならない。またそれができなくてはいけない。したがって公開すべきであろう。民主主義の前提は情報公開である。非公開になるほど国は封建主義、社会主義へと近づく。少なくとも社会的次元のことについては公開すべきである。先の判断では個人的、社会的両次元のうち、後者のところにおいてさえ前者を優先していることを顕にする。こういう考え方が正しいとは思われない。両次元の区別は個の主体性確立と同じであり、しかも後者のことは民主主義のことなのである。少なくとも日本の国の体制が官僚天国、中央集権主義の現状である限り斉唱、起立などはしてはならない。良心の判断として拒否せねばならない。世俗的利益と良心的判断貫徹とは一致せぬことを覚悟せねばならない。これこそ個の主体性確立と一のことである。「人」としての行くべき道であろう。何かの都度、利害によってその場限りの判断をしていては人格としてはバラバラである。人格には一貫性、一体性、統一性など、要は「一」という事態が大切である。その欠如は自己側での人格的欠陥を露呈している。人格的意味での「二」、「多」は人として許されざる状況である。

学校での児童のいじめ、自殺について学校当局は建前社会なので、まずは「いじめはなかった」といい、次にあったことが分かると「いじめに気付かなかった」という[60]。確かにこういう一面がある。個々の先生が主体的判断を行えば状況は異なってくるかもしれない。ここでは主体的であることは個人の利益に反するであろう。にもかかわらず主体的であるには、そうあるように後押ししてくれる何かを要しよう。無とか空とかでは何ら人格的にそうであることを支ええない。主体性を有するとは人格的であることと切り離しえぬからである。ここに各人の心の律法に則った主体性を支持していくものとしての、一例に過ぎぬが、聖

書での啓示が立ち現れてこよう。かくて「律法の要求する事柄がその心に記されている」（ローマ2, 15）ことは社会的公正実現のための先兵ともいうべきものである。ただ心の律法は誰にも備わっている。決して聖書が各人に初めて与えてくれるものではない。備わっていることに目覚めさえすればよい。元来宗教は無関係である。キリスト教とか聖書とかを持ちだすこともない。

　さて、人間の主体性について、物との関わりの中で考えるという考え方も見られる[61]。主体性が物との関わりの中で生まれてきているとの考えである。こういう主体性はそういう関わりにおいてあるものであり、相対的である。そういう意味では真にものを造っていきうるものか疑問が生じてしまう。むしろ物によって造られる面の方が強いのではあるまいか。だからこそ物の豊かさと心の豊かさとは別だという考えが出てくるのではないかと思う。心が物によって流されることへのささやかな抵抗の気持ちの表れではないのか。絶対的なものを信じることが欠けていると、物の世界を主体的に形作ることができないのではないか。やはり人が中心でなくてはなるまい。経済成長著しい頃の日本でのように土地が中心的に考えられていては人の主体性が重んじられているとはいえまい。土地生産性が問題なのである。物中心であろう。人は従であろう。こういう点から見るとき、マクドナルドでの話だが、販売員の労働力商品としての価値が顧客に笑顔をつくれる能力であるという実態[62]は取り上げるに値しよう。こういう個性把握は確かに問題であろう。だが競争原理を否定しては進歩もなく停滞を招く。独創性も生まれない。そこで競争状態に置いても個性を喪失せぬような主体性を身につけるしかない。誰にもある心の律法に基づいた主体性である。この契機は競争がここでいうように歪められた方向へ行くのを防ぐであろう。すべての人間活動を正しい方向へ向けるであろう。さらに正しい競争を生み出しさえしよう。お互いの人格を高めていく競争である。引き下ろす競争ではない。正しい競争を生み出すという観点から見ると、次のことも考えうる。すなわち貧困の世代的再生産の視点である[63]。こういう点の改革には国家自体に競争原理が働くようにせねばならない。かつて書いたように東西相互間で競争原理が働き、民意汲み上げがなされる必要がある。どっちの州でも階層的には上層の人々が組織を占めている。かくて下層の人々の民意は、くみ上げられ難い。それの実現には州相互間で競争原理が働くことが是非必要である。こうして初めて数の上で相当数を占める人々の意

向が反映されることとなろう。また下層の底上げは万人の良心的判断に沿う事柄であるからである。このことは「実体」ある民主主義体制にとり不可欠のことである。国民としての一体性にとっても重要であろう。民意反映と州相互間競争とは連動している。単一中枢的性格の組織は、ほぼすべて競争原理が働かない。そこで不正、不公平などを反映している種々の温床ができ上がる。国が一点集中型なので、教育面でもそういう点が現れる。そういう面の回避には教育委員会の傍聴、教員校長間での双方向的評価制度などを実施することが必要である[64]。

第2節　主体性欠損症候群

（1）

　恐竜などが生きていたが今は死に絶えている。今は人類の全盛であるということは時の経過は知的次元で考えれば無視しうることを意味する。つまり創造から今まで137億年の時の経過は無視しうる。突如として人類が発生してもそれでよい。創造主と対話しうる存在の価値を重視すればそう考えるほかない。それほどに「人」の存在は価値を有している。ある意味で創造主と同等の立場に立ちうるからである。復活を含めてキリストの存在を重く考えれば当然そうなろう。その長い年月は人格的存在たる人の価値を人に感じさせるための対策ともいえる。神自身にとって意味あることではない。時は存しないも同然である。

　さて、人はそういう状況の中であとの者を育成しながら生きている。育成される側から見て個の意識欠落は育成する側では個が過剰に意識されている。つまり双方の側で個が適正に自覚されていない。一方では過少、他方では過剰である。真に主体性が確立されて初めて個が適正に自覚されよう。人材育成において個が過剰に意識されて、育成される側への体罰などとして顕れ出ている。というより過剰とは意識されていない。もしそういう自覚があれば体罰は止めるであろう。それを過剰と自覚していないことと個の意識過剰をそれとして自覚していないこととが呼応している。一方を訂正できれば他方をも訂正できよう。過ぎたるは及ばざるが如しといわれる。個の自覚の過少、過剰の原因はともに本来の個のあり方から外れた人の心のあり方である。同一人があるときには過少の方へ外れ、また別の時には過剰の方へ外れている。このことからも分かるように双方は別の

事柄ではない。一つの事態なのである。どちらへ外れた場合もそれをそれとして認識できない。そもそも外れたなどとは端から思ってはいない。否、それどころかまだ足りないと、例えば軽い体罰による処置が必要と思っている場合さえあろう。

　一方ではこういう現象が生じるとともに社会的甘えという事態も生じる。これも主体性欠如からである。日本のように個人の責任を厳密には問わない状況が生み出している。社会全体に競争原理が働いていないという根本的状況からの喜ばしくない副産物といえよう。反対に喜ばしい副産物の生成は期待薄である。自己節制ができていないところからの現象である。他の人々に迷惑のかかることなので単なる甘えとして見過ごして済ませないのではないか。それには国民の一人ひとりがそういう甘えから出ている要求などを断る決断をすることが必要となろう。

　個の主体性欠如を表す現象をいくつか拾ってみよう。政党の中の派閥の存在も個の主体性の欠如を表す。派閥の長による締め付けに従うしかないのである。こういうところに個の主体性などあろうはずもない。個が各々主体的なら派閥などできないはずである。しかもこれは政策によるそれではなく金銭によるものなのでどうしようもない。派閥の分裂回避のためにも政策論争を行い政策上の統一プログラムに達するよう努力せねばならない。そういう論争ができるためにも個の主体性確立が不可欠である。また日本の官庁は外圧に弱いと思われるが、これも官庁を構成する各人の主体性欠如の表れといえよう。インドでは議会の 40％を女性枠とする法ができた（22.3 半ば朝日）。またノルウエーでは企業の女性役員を 40％とする法がある（22.3.17）。これらを日本と比較すれば日本は随分遅れている。こういう女性の社会進出の遅れも女性排除ということで逆に男性の主体性欠如と関係していよう。主体性欠如は自己とは異なるものを排除しようとする。強姦が申告罪というのもどうか。罪に対して甘くはないか。警察にとっては免罪符となってしまう。警察は何もしないのが楽に決まっているから。これは確かに微妙な問題ではある。女性の人権が絡むからである。それだけに申告罪でよいのかと思う。被害を受けた女性がその相手をいかに憎んでも恥ずかしいので申告できず泣き寝入りとなろう。心の中に不満を鬱積したまま生きることになろうからである。それが精神衛生上好ましくないことは自明である。未婚か既婚かで

対応も異なろう。もしどこまでも申告罪というのなら刑罰を今よりはるかに重くしてはどうか。そうすればそういう犯罪を犯す方も大いに考えよう。極端な話、仮に死刑にしてはどうか。一人の女性をレイプすると死刑ならどの男も二の足、三の足を踏みはしないか。レイプされたためその後それをネタに脅されはしないかと戦々恐々の日々を送る女性のことを考えれば、大いに罪を重くせねばならない。一人の女性の心を一生に渉って曇らせ続けるという罪を犯したのであるから。つまり一人の女性を殺したといえなくもないほどの罪を犯したのだから。

（2）

　ここで個の主体性の反面教師たるその欠如の具体相を取り上げたい。個の主体性に基づく民主主義の大前提は社会的権益へのアクセスの平等である。それにはいわゆる既得権益の全否定が必要である。既得権益を守ろうとするところから全国に97個もの空港を造るという無様な結果になる。これも主体性欠如を反映している。自分のところへ何もかもという心境に対して偏らないように応えようとしてそういう無駄に陥る。各々に各々別のものをというように分散しえない。他の人に何かを譲ると自分のものが何か失われるような不安に襲われる。そこでこういう結果になる。いかに個の主体性が大切か分かる。無駄なことをしてしまう。国家としても無策なのである。国家戦略の欠如である。どの政党も時宜に適した政策を打ち出せない。また博物館にしても次々に造って2010年ようやく減少に転じた。要は全国に同じものを造る。各々のところに各々の特徴あるものを造りえていない。これは個の主体性欠如の人間集団のなせる愚というほかない。何でも自分のところにないと不安になってしまう。各々が各々の特徴を生きることができない。こういう状況と一体的な現象として東京への片極集中という事態が起き、封建度指数は上がり続けている。人としての個の主体性確立があればこういう現象は双方とも起きはすまい。

　こういう状況にあっては主体性欠如の人間ほど権力の座に近いという皮肉な結果になる。まさに何よりも本人にとって最大最高の悲劇である。なぜなら根本的な次元から自己変革する契機を永久に失うことになるからである。否、それどころか喜べない悲喜劇である。主体性が欠如しているほど破廉恥でもありうる。寄りかかることによって存在が成り立っているので、そうすることが平気ででき

る。つまり主体性が欠けているほど寄りかかれば基礎付けられるので、欠如ほど権力の座に近くなる。「世の屑」（第一コリント 4, 13）ほど先頭を行きたがるものである。自律した人間がそういうことを熱望するであろうか。それは自己が屑であると告白するのと同じである。証明以外の何物でもない。こういう状況を招き寄せるであろうし、そうし続けるし、そういう事態を変ええないであろう。これぞまさに正真正銘の屑（同上）と判断するほかない。聖書に「わたしたちは世の屑、すべてのものの屑とされています。」（同上）とあるが、内実は反対である。主体性欠如とは対角線的、否、異次元的に正反対である。ただ主体性欠如の人間を屑と呼ぶのは聖書の言葉使いからして許容されよう。炉に投げ入れられる草花はまだしも美しいが、このくずはそうであろうか。仮に葛人間と定義しておこう。葛人間どころか単なる葛でしかあるまい。前進と反対に後退途上にある人間である。聖句での意味とは異なるが、「炉に投げ込まれる」（ルカ 12, 28）以外に処置はあるまい。極論ではあるが、これでは人間はいうに及ばず、動物の領域からさえ外れているのではあるまいか。また「それらを塵あくたとみなしています。」（フィリピ 3, 8）ともある。ここでは逆説的いい方ではない。直接的に表現している。否定すべきものを率直にそうしている。屑であればあるほどそのことを隠したがるものである。自分が一番であると思いたくなってしまう。一つの精神的病である。そういうところから裏社会というものなども誕生するのであろう。そういう仕方で権力を誇示するという誤りへと陥る。闇の権力に酔いしれて益々「世のくず」度を高めてしまう。これでは本当の「塵あくた」の二乗、三乗、否、N乗であろう。国辱的であり、国の名誉を傷つけている。

　世の屑と判断されざるをえまい。されても仕方ないのではないか。弁解の余地がないであろう。こういう場合は「世の屑」という範疇からさえ外れていよう。世の屑ならまだしも世に属すが、これでは世自体から外れているから。その言動が世の常識、良識から外れているから。たとえ区別されても文句をいう資格はないであろう。否、そればかりではない。区別せねばならない。このことは彼らの言動を正すよう促進するであろう。社会に受け入れられるにはまずそういう点を改めねばならない。それをせず受け入れられることを求めるのは単なる甘えであろう。人間の屑ならまだしも、ただの屑でしかなくなろう。その言動の一つとして挙げられるのが、個人に対して集団で、しかも何の関係もない第三者をも動員

していわば挑みかかる。自分自信の自身の欠如の丸出しである。正真正銘の世の
くずである。そういう自覚のなさによって二重にそうである。社会全体としても
個の主体性を欠き、したがって個の責任を基本的にいって追求しようにもできな
いところの社会が生み出した、まことに奇妙な存在である。かくて先のような人
のあり方は本人の責任はもとより全体としての社会にもその責任の一部は帰せら
れると考えられる。だがしかし、やはり人は心の律法を有する存在である。かく
て個々の人間が自ら自己改革に踏み出さねばならない。そういう存在としての義
務である。自らが動かねば誰も動いてはくれないことを肝に銘じねばならない。
さもない限り責められるべき者が責められず、責められるべきでない者が責めら
れる結果になろう。いわばガラパゴス倫理である。このようなことが国際的に通
用するはずがない。これは甘えの倫理である。世のくずを基準として考えていた
ら、国そのものがくずとなってしまう。国を滅ぼすことともなろう。これでは国
賊的倫理となってしまう。そういうものを受け入れていたら、受容した側は倫理
的にさらにその下になってしまう。

（3）

　個としての主体性を欠くので組織へのいいなりという事態も生じるのであろ
う。個としての自覚があれば組織の真実を歪めた方針に同調することはなかった
であろう。たとえ世俗的に不利益を蒙ってもそうしなかったであろう。自己の良
心を組織に売り渡しているのである。心に宿る義はそれとは反対を促したであろ
う。どんな組織でもそうだが、否、すべての組織がそうだが、種々の問題を抱え
ている一般のメンバーは上層部の人間の権力欲追求のいわばダシとして、隠し味
として使われている。どんな組織も人が組織を作るとそういう状況が生まれる。
世にサタンありという表象が生まれる理由の一つであろう。そもそも人が集団を
作るのは国家でさえも世俗的世界の中で守りたい、主張したい何かがあるからで
あろう。さもないとそういう組織は不要であろう。しかるに上層部は最初はとも
かく次第に組織の目的に忠実なあり方から離れて自己中心的になっていく。そこ
に問題が生じる。それに忠実なら、そのことは人の心の律法にも背馳はせぬ可能
性の方が高い。だが自己中心的になるとそこから離れる。なぜなら自己中心とは
心の律法にも反するからである。こうして組織対組織の対立も生じてくる。かく

第2章　大戦後以降（現在）　73

て組織が上層部によりいわば私物化されねば組織同士の対立は生じぬであろう。
話し合いで対立は処理しうるであろう。勝ったの負けたのとそういう次元が問題
になること自体が主体性欠如の証である。

　集団対集団よりも集団対個人の方がむしろ社会的性格が強いとさえ思われる。
なぜならその場合の個人は単なる個人ではないからである。何らかの意味で集団
をいわば象徴するような個人が対象とされ選ばれているからある。もとより何が
そのことによって象徴されているかはその都度異なっているのだが。集団が個人
を対象とする場合、何の意味もない個人をそうするとは考ええない。社会的性格
が先鋭化された形で現れているのであるから。先のように上層部が自己中心的
になると、価値観もいわば裏返される。あってはならないことである。例えば残
虐性が強いほど権力の座に近いなどという具合であってはならぬ逆転現象が生じ
る。もとより代表者がそうなってもそれはただ彼個人のみの判断ではないであろ
う。おそらく組織の判断に従ってもいる結果であろう。だがそれで責任逃れがで
きはしない。今では上官の命令なのでやったという言い訳は認められない。そう
いう命令に従うこと自体が罪となる。かつて以上に個人の責任が重んじられる。
そのことを肝に銘じねばならない。なぜなら上官の命令とはいえ、それは必ず
しも人の心に書かれた律法に従ってはいないからである。つまり恣意的なのであ
る。この恣意性こそ問題なのである。個人は組織の権力欲追求のための手段とし
て使われているという側面のあることも否定しえない。

　人は誰しも心の律法を有するので、自分らの行っていることがいかにまともで
ないかはそういう行いをしている本人が最もよく知っていることである。人間な
ら少し反省すればすぐに分かることである。にもかかわらずそういう反律法的な
ことをあえて行っている。誤りだと内心では知りつつ行っている。そこでサタン
に魂を売っているという表象が生まれるのであろう。たまたま間違ったことをし
てしまったというのではない。こういう状況はその都度個人の思いつきでなされ
ているとも思われない。何らかの集団なり組織なりの存在を推測させる。もとよ
りこれは推測に過ぎぬことはいうまでもない。こういう動きの中では主体性欠如
の人間ほど権力の座に近くなる。ヘゲモニーを握ることとなろう。心の律法に囚
われなければ、それだけ大衆迎合的にもなれようから。その律法への帰依はそう
いう方向には相反するであろう。

組織の代表といえどもメンバーの幸せを心から願って動いているとは限らぬことを認識せねばならない。仮にそうであれば他人を意図的に欺いたりということなど起こりえぬであろう。人を欺いて得をすると、そのときはそういう幻想に陥る。だがそれは一時的である。長い人生のスパンで見るとそうではない。根性が歪むことで他の事柄でも物事を正視できなくなる。そういう事態からの不利益の方が大きく、結局割に合わない。そもそも不正でも利益をと考えること自体反社会的行いである。許されざることである。社会全体がそのことを本人に分からせなくてはならない。それが本人の益になるから。そのことをお互いに指摘しあうことこそ市民社会に生きる人としての義務である。虚偽をいっているのなら、それをそのまま放置することは本人自身のためにならない。この点こそ最大の問題である。虚偽で人を欺くことが自己の世俗的利益になるという事態は誰にとっても赦されてはならぬ事柄である。いついかなる場合にも心の律法に従って判断することが組織にとっても各メンバーにとっても幸せなのである。こういう考えに基づいて、団体との交渉に当たっては決して不必要な譲歩をしてはならない。もしすればそれはそうする人間の自己の個人的利害のためと判断されよう。決して他の人々のことを考えてのことではない。譲歩しないことこそ双方のためになる。自己をも他者をも甘やかしてはならない。双方のためにならない。いかなる団体にもその中にグループができる。利害一致の仲間である。グループ代表は自分たちの仲間を使って自己の権力欲を満たそうとする場合が生じよう。誠に哀れな面々である。常に自分を第一位に位置づけていないと精神的平衡が保てない。そこで団体の意思に従った人間は権力追求の手段として使われ犠牲になったといえる。心の律法に反する反倫理的行いをすることによってそういう団体は自らそういうものとして仕分けされる原因を作っている。作っておきながら仕分けはけしからんと主張しても本末転倒である。こういう組織は日本社会の中のいわばガンである。胃ガンか肺ガンか脳腫瘍かは分からないが。否、全身を駆け巡っているのだから血液のガンであろう。あるいはリンパ腫というべきか。

　徒党を組むことぐらい個としての弱さを露呈する出来事はない。主体性欠如ほど徒党へと走る。徒党的組織はまず解散せねばならない。なぜならそうでない限り個人は個人としての自覚を持ちえず、いつまでもその組織への依存から離脱しえず、いつまでもいわば幼児のままで精神的自立が不可能であるから。解散し

第2章　大戦後以降（現在）　75

て初めて各人は個として生きるという自覚をもつこととなろう。個人は組織上層部の人間のためのいわば駒に過ぎない。人格としての扱いを受けているとはいえまい。自分の方から自ら進んでそうなっている面もあろう。その場合といえども組織が動かねば個人はそうはならないであろう。組織内の人間は自己自身から主体的には何もできないのが実情である。そういう意味では誠に情けない状況にある。人が組織を作ると、不可避的にこういう事態が発生する。その究極の根源は人には自明ではない。そこでサタンという表象が過去には生まれている。代表者も各メンバーもともに自律的、自立的ではない。そこで前者が後者に自分の好むことをさせることも生じる。自分がせずに他者にさせるのだから二重に誤りを犯しているといえる。しかもこの場合、直接的に何かを取り上げないこともある。なぜならそうするとそれは脅迫とか脅しという可能性が生じるから。つまり他のことになぞらえれば、法が許容する罪を問われぬギリギリという仕方で法の網をくぐるという卑劣な場合も起こりえよう。

（4）

　以上のような観点から反省すると、大小さまざまの問題があろう。いかにそれ自体としては小さい問題でも、それらはいずれも大きい問題と地下では結合しており、無視しえないといえる。そういう意味ではどんなに小さい問題でも、きわめて大きい問題でもある。決して甘く見てはならない。火山でも地下にマグマがあればこそである。まさかそんなことがと多くの人々は思われよう。だがある程度人生経験を積むとさもありなんと誰でも納得がいくであろう。多くの人々が同様の経験をしているのであるから。大小種々の問題を水面下でつないでいる根底はやはり考えれば考えるほど個としての主体性の欠如であると思われてくる。人の抱える全問題の根底にそういう契機が伏在している。このように考えてみると、何かが透けて見えて来る。そうだからこそ人が何らかの組織によっていわば操り人形にされることが起きるという構図となる。

　大小どちらに属すかはともかく何を行っても証拠は残さない対処の仕方がいかにも巧妙といえば巧妙であり、卑劣といえば卑劣である。残せばまだしも倫理的良心が残っていたといえる。ともに残っているか残っていないかである。物事をそれ自体として判断するのではなくて、自分の都合最優先で何事へも対応す

る。都合よしならイエスといい、不都合ならノーという。すべてに対してこういう対応を行う。特に物事を個々に取り上げ、それ自体としての適不適を判断するのではなく、他のこととの関連で取り上げるという対処は物事を直視する目を曇らせてしまう。こういうことに関連して価値観の押し付けが生じる。すなわちその結果、人を引きずりおろすことも起きよう。これは人権侵害であろう。価値観の押し付けとは仲間を増やしたいという心情、すなわち自信の欠如、主体性の欠如の表明以外の何物でもない。個々の人により価値観は異なる。人との関わりにおいて内容や結果の善悪とは別問題としてこのように考えざるをえない。主体性が欠けていると、対人関係で相手の価値観への干渉という要素を含まざるをえなくなろう。自分と異なる価値観で相手が生きていると自分の方が不安に襲われるからである。どういう仕方においてであれ価値観の押しつけは他の価値観のへ非寛容であることを顕にする。つまりそれだけ精神的に未熟であり、民主主義に対して順応できていないことを顕にする。

　かくて小さい問題とはいえ個の主体性欠如と呼応して人権侵害という事態が発生することがある。というより不可避的にそうなろう。双方は二即一の関係である。これは人が何かにつけ適正な判断をなしえぬからである。行き過ぎ、行き不足などが日常的に起きる。そこでそれが当たり前となってしまう。当たり前なので不具合ではないのかという判断もまた生まれない。習慣となっている。こういう適正欠如において、たとえ具体的な行為は異なっていても実は自己自身の人格を最も傷つけている点が共通である。局面が異なるだけである。自分自身の根性が歪むことも起こる。自己の人格は究極的にはいわば神のものである。それを自己の不埒な行為によって貶めている。非人格の扱いである。さらには物扱いにしているとさえ考えうる。こういう状況から立ち返るには自分自身の行いについて自己の良心に問いただすことが不可欠である。そうすれば自ずと良心から自分のすべきことが示されるのではあるまいか。もとよりそういう不埒で、不可解な行為を巡って自己と直接あるいは間接に関わりのある人々も、その点につき彼ら自身の良心に問いただすことが必要であろう。こういう反省は我々日本人の一部が行えばそれでよいのではない。ぜひとも全員が行わねばならぬことである。特に今まで日本人は個の主体性を確立するという方向で国民の教育を行ってこなかったからである。

第2章　大戦後以降（現在）　77

　誰にでも分かるが、ここでは誰にでも分かるような明確な形での、今までの行いについての悔い改めの契機が不可欠である。それをせぬ限り個としての主体性確立へは至りえぬであろう。なぜならこのことは自己の良心に対して先の不埒、不可解な行為に関して良心に対して忠実であることを現しているからである。個人として誰にでも分かるようにそのことを表明せねばならない。そうして初めて個としての主体性へ至りうる。いかなる意味にしろ集団を隠れ蓑にすることは許されない。懺悔、告白ということはそういうこと以外にはない。そういう行為との決別は主体性確立にとり不可欠、絶対の要件である。しかもこの点は日本人全体の個としての主体性確立の象徴的案件と考えることもできよう。個の主体性確立による社会的次元と個人的次元との区別という考えはそういう行為との決別という観点からもきわめて重要な事柄である。なぜならそういう区別はこの決別という決断を促進させる方向へ作用すると思われるからである。先のような不可解行為はすべて自己自身の心の中以外のところへ「都」を求めている心情の一つの現れであろう。かくていわば一億総主体性欠如の状況から一人でも多くの人が良心的反省を経て自己自身へと立ち返ることを心より期待せざるをえない。

　本質的に誤りであるとともに時代にも逆行している。なぜならそういう考えは全体主義的考え方の一環と考えられるからである。民主主義とは異和であるにもかかわらず、先の不可解とはそうではなく同一志向的傾向を有するからである。あらゆる場合にいえることだが、自分の良心的判断に照らして正しくないと思われることは断らなくてはならない。これは一市民としての義務であると認識せねばならない。またそうすることは、まず第一にそういう人々の良心のためにである。異和ということはこういうところにも現象する。またそうでなくてはならない。こういうところでこそ「日本」の良心が試されている。正常が支配しているところでは何の問題もないが。正しくないと判断したとき断るのは、まず第一にそのことに関わる人々自身の良心のためである。次に自己自身の良心のためである。そうすることによって自己の主体性確立の方向へ心を動かすこととなるからである。かくてこのことを契機として自他ともに個としての主体性確立へと促されることとなる。

　こういう状況では人を狂わせたいと思う余り自分の方が先に狂ってしまう。だがそのぐらいしても先方が先にそう簡単に狂ってくれはしない。そこまでよく狂

えたものだと感心すること仕切りである。こういう面は見方を変えると、キリスト教的観点から見れば、心の律法のうめきとして聞こえてくる。こんな馬鹿げたことはもう止めようと良心は心の奥で叫んでいる。にもかかわらず続けているところからの心のうめきと解しうる。というのもこういう狂った状況の中では当人の心が真に平衡ある心境にあるとは考えられないからである。表面的に平衡を装ってもそれは真の「静」ではありえないであろう。偽りの静にすぎまい。

　自分で自分を貶めている点が最大の問題である。自己が神による被造物であることを改めて認識して、自己が自己のものではなくて、まず第一に神のものであることを認識せねばならない。自分を自分勝手に処置することは許されない。これは神を冒涜することでしかない。自分の行っていることが間違いであることは自分の心の律法に照らして反省すれば、一秒も経たぬうちに一目瞭然である。にもかかわらずそういうことを続けることは魂をサタンへ売り渡しているとしか判断しえない。

　どんな誤った行いにもその背後には狂った我欲が潜んでいる。これをこそ人が「人」であるためには十字架につけねばならない。十字架につけるべきものを間違えてはならない。つけるべきものをつけず、つけるべきでないものをつけることが往々にして生じる。前者の事実は必然的に後者の事実を結果する。両者は文字通り表裏一体である。どんな人の行いにもその我意が入っているのであれば、それを拒む自由を他の人々が有するのは当然である。個人的なことで断る自由があることは同時に断られる自由があることを意味する。いかなる人に対してもその人の自由に対して何ら制約を加えようとしてはならない。それほどの自由である。双方向での自由である。これら二方向での自由は釣り合っている。一方のみ存することはありえない。封建時代ではないのであるから。双方存するか、さもなくば双方とも存しないかである。

　社会的不正を行ったのに本人は何の不利益をも蒙らないのは長い人生を考えれば、決して本人のためにはならない。そういう行いは当人へ不利益をもたらすと知らねばならない。このことはまず何といっても第一に本人の良心のためにである。本人の人格のため、本人の人生のためにである。心の律法をこそ生の根幹にすえねばならない。残念ながら「友情ある説得」とまではいかないが、狂った生活の座標軸を本来の位置へ戻すことが不可欠といえる。「飛んで（地獄の）火

に入るサタンの子」を廃業せねばならない。日本での八百万の神についてさえ「触らぬ神にたたりなし」という。まして啓示の神にあってはいかばかりか。まさにそう呼ぶのがふさわしいであろう。地獄に落ちる所業であろう。関わりがなければまだしも赦される可能性があろう。だが自ら関わりを持ってしまったら赦されることはありえない。ところで個人を心に宿る義を有する個として尊重することのうちには種々の制約を克服せしめる契機も含まれていよう。なぜなら少なくともその点に関する限り当該個人の属すあらゆる集団からいわば独立して考察しうるからである。個人を社会的に差別するあらゆる制約、性、民族、人種、社会的地位、国籍などを個人に超えさせる。

　胸に手を当てて考えれば万人にとってすぐに分かるであろう。それすらできないのなら、それこそ反対の意味ではなくて、文字通り正真正銘の「世のくず」（第一コリント4, 13）である。悪いことを悪いと知りつつあえて行う輩が社会的に排除されてもそれは自業自得である。もしそうならないのならそれこそ神も仏もないこととなろう。長期間にわたり甘やかされ続けるとそういう結果になる場合も起きよう。甘やかしてきた点については日本社会全体の責任であろう。だからといってもちろんそういう行為をする人間が免責されはしない。こういう状況の放置は許されない。

（5）

　主体性欠如の一環として、人を欺くという事態が生じる。だがそういうことを行って自己が幸せであろうはずがない。主体性欠如はそこまで知性を退化させるのであろうか。そのようなことまで自主的に判断できなくなるのか。そういう行いで自分が得をしたかのように思うのは大変な誤りである。そういうことで自分たちが幸せになれはしない。一部の人間の不当な権力欲の満足のための手段として使われているのが関の山である。そういうことで自己の義が立とうはずはない。著しい知性の退化である。人を欺くような要素を孕んだ人為的作為は受容できないのは当然である。もっともそれがいかなる人の意図も入らず真の偶然であれば、いかなる人にも受容以外道はないといえる。それが最低限の絶対的要件であろう。さらに相手が自分を信頼しているという人間関係の中で相手を欺くのならその分余計に罪が重い。欺くために不可解な仕掛けなどを行うこと自体すでに

良心の呵責を反映している。そういう仕方で自分なりの禊でもしているつもりなのであろう。そういう過程の中で良心のうめきを減衰させているのであろう。心の律法のうめき声を人として押さえきれはしないであろう。客観的に見ればやはり誤りというほかない。そういう行いは心の律法に反しているから。そういうものは何かにつけすべて誤りである。こういうものは本人自身、本人の良心のためにもならない。なぜなら染汚された良心をそのまま放置することになるから。虚偽を剥ぎ取って良心を救出せねばならない。さもないといつ真実が顕になりはせぬかと不安を抱えたまま生涯悶々とした日々を過ごすこととなろうから。そのようにはまったく感じないほどに人の心は汚れきることはできまい。心の律法が存する限り。

こういう状況を反対側から見てみよう。神でさえ許容しないと思われることを人は逆に許容している。相手の無理を聞くことを哀れみ、愛などと勘違いをしている。決してそうではない。対話相手の人格を立てる方向へお互いに注意を払わねばならない。我々は断ると後がうるさいということで相手の無理を聞くということをよく行う。ごく通常のことでもあろう。そういう理由で相手のいいなり放題になるという現実さえある。だがここには重大な問題が潜んでいる。つまりここには義が欠けている。というより日本人全般に義という観念が希薄なのである。結果、そういうことになるのであろう。キリスト教国では多少とも事情が異なろう。個人、または少数に向かって多数、あるいは組織的に責めることに何の功、義があるであろうか。個として存立しえないことを自ら証明している。個の欠如こそ半人前、あるいは三分の一人前たることの証明である。人は一般に人から何かを期待するとき平素の当人の行いからそうする。そこで平素よりあまりよくは思われない行為をしていると、思われていれば、人々は当然そういう人からよいことは期待しないのが通常である。人からの自分への期待が人による自分への評価を表している。悪い期待しかされていないことは当然のこととして低く評価されていることを表す。

いかなる人も、人たる限り心の律法に照らして自己反省し、自己の生き様の腐りかけているところを改めねばならない。それどころか逆に益々そういう方向へのめりこむことさえ起きてはいないのか。本当に狂いのN乗であろう。そうする、なることを誇りにでもしているのかとさえ思われる場合さえありうる。社

会的に甘やかされていることが原因であろう。益々サタンとの一化へと急いでいる。

　こういう表現が適切かとも思うが、あえてそう表現せざるをえないのだが、率直にいって骨の髄まで変性して腐っているのではないのかと感じさせる現象さえも生じる。少なくともそういう疑いを抱かせるのに十分なのである。人の人格を貶めさすことによって自分の人格をも貶めている。旧約にもそういう例はある。自分の誤りは心の律法に照らせばすぐに分かる。にもかかわらず他のことへ固執するためそれができずにいるだけのことである。このことは表面的には骨の髄まで腐っていることを示している。だがこれはただ単に腐っているだけのことではない。精神衛生上はこの点こそ大きな問題である。つまりこれは裏返せば聞こえないのではあるが、聞こえてくる心の律法の不可思議なうめき声でもある。これら二つの事象は表裏一体を成している。ただ誰一人として腐っていて欲しくはないことは当然である。人である限り誰しも心の律法を有しているのであるから。すべての人が清い心であればと願うのはすべての人の本音であろう。このことは人には心の律法があることとも一致する。たとえ腐っていると判断されるような状況にあっても、それで心が平静か否かとなると別問題であろう。こういう心ではその律法が意識下に埋もれているからである。永久にそれを眠らせ続けることができようか。また仮にできたとしても、それが当人にとって幸せであろうか。そのままでは心はいつも曇ったままであろう。そういう曇りは取り出して正さなくてはなるまい。さもないとそれが歪んだ形で出現することとなろう。主なる神はアダムを呼んだ。「どこにいるのか。」（創世記3, 9）と呼びかけられて腰に葉を巻いたように、真実を顕にせず覆い隠す企みを生むであろう。骨の髄まで腐りきっていればそうはならないであろう。自分らの誤りは本人たちが一番よく知っており、しかもあえてそういう道を選んでいれば話である。もしそうなら良心が腐っていることとなろう。腐ろうにも腐れないのが良心である。簡単に腐れるのなら良心としての価値はない。だからこそ悔い改めよ、といわれる。心の律法は一体どこへいってしまったのであろうか。いわば今現在行き方知れずである。あえて背を向けているのであろう。髄までの腐りといったが、残念ながらそうではない。そうであればまだしも救いがある。いくところまでいっているからである。なぜなら腐りきっていれば、反対方向へ向かう力が生まれる可能性があるか

らである。反転への力が芽生えよう。人が人である限り心の律法は腐ろうにも腐れはしない。まして死滅したなどとはとても考えられない。またそうは考えたくはない。かくて結局のところ人は心の律法に反して生きることはできない。だが人は自己自身を100％自由にすることは幸か不幸かなしえない。それもそのはずである。人は自己自身を創造したのではないから。他者（神）から自己自身を賜ったのだからである。

　ここには腐っていると思われる面と反対の面とのいわば共存が見られよう。自分の行っていることが心の律法、良心に背くと知りつつ行っているからである。積極的にそういう誤りの方向を選択することは、その気さえあればすぐにも直しうる。にもかかわらずそうしないのは心が歪んでいるとしか思われない。あえてそうしているのだから。図らずもそういう誤りを犯してしまったというのとは訳が違う。この場合は神の赦しの対象になりえよう。だが先の場合は聖霊を汚す罪（マルコ3, 29）に当たるであろう。赦されざることである。それだけ罪はより重いと考えられる。猛省を必要としているのではあるまいか。全国民の模範となるほどの転回もありうるのではあるまいか。

（6）

　我々日本人の間での話だが、神といっても啓示の神ではない。そういう神には主体性はない。それに呼応して、そういうものを信じている人間側にも主体性がなくなる。もっとも日本でも触らぬ神にたたりなしという。啓示された神となるとその比ではない。たとえ触らなくてもたたりがある。否が応でも人は主体的であらざるをえない状況に置かれる。こういう状況にあるに拘わらず、仮にそういう神を人が自己の何らかの世俗的目的のために利用していることがあればまさに絶句のほかはない。ただそのようなことは現実にはありえぬことである。人が神を利用とは日本人だからこそ思いつきうることである。これは真の意味では主体的に成れていないことを現す。もしそう成れていれば、そういう観点から他の人々のことにことさら関わろうとはしないであろう。たとえ結果がよくてもそういう行い自体が誤りであることは何ら変わらないであろう。何事であれ自己の主張が正しいというのなら、理論的に論理だてて説明できなくてはならないであろう。個としての主体性確立という期待されるべき人間像とは対角線的に反対の人

間性であるといえよう。

　神は人に対して耐えられないような試練を与えはせぬという命題を、この文言に限ったことではないが、自己が他の人々に対して恣意的な許されざる行いをする際の口実にしている場合さえ起こる。このようなことはまったく論外である。結果がよければその行為も許されるのであれば、どのようなそれ自体としては悪い行いも許される可能性が生まれる。だがその過程こそ大切と認識しなくてはならない。過程がすべてといってもよいほどである。結果は行いの免罪符にはならない。良心のことがあるのでこういう判断になる。結果は世俗的次元に属す。良心はそれを超えている。神信仰は良心に呼応する。こういう面は何も信仰に限らない。たとえ信仰抜きでもそのことの真実性は変わらない。信仰よりも人の人たることの方が先であり、優先的であらねばならない。いかなる人もこのことを自己の心の法則（ローマ 7, 23）として厳に認識しておかなくてはならない。

　自己自身の良心に立脚していれば、何らかの暗黙の前提に基づいて恣意的行いをしたり、権力欲追求をすることは良心が自らに許すまい。前提がそういう行為のいわば隠れ蓑になっている。あらゆる社会関係、人間関係などを利用して対人干渉がなされる。その都度対象となる人々を選び出すのであろう。拒否されぬことを正当化の理由として、それが当然の権利かのようでもある。理不尽なのではなかろうか。良心自らがそういう行いを拒否せねばならない。そうでない限り良心は麻痺している。日本国内でのみ考えることができ、視界の狭溢化でそういうことができなくなっているのであろう。まことに悲しい出来事といえる。個としての主体性確立という契機は、人一般の恣意的行為の防止という積極的意義を持っている。このことしか互いの甘えや過度な要求を歯止めする契機は見いだしえない。個人的なことであれ、集団的なことであれ同様である。社・個両次元の区別による個人的なことで各人が自由であることは本人の良心的自立、倫理的公正の達成を促進させる契機といえる。

　何事につけ他に対して対等の扱いを要求するほど、個としての主体性確立の契機を要しよう。さもないと周囲の人々に自分の要求が真に受容されることは不可能だから。民主主義社会にあっては甘えということは許されない。他者への不必要な関わりの後で他の人々と同様な要求とは甘えもはなはだしいといえる。そういう関わりは非良心的な自らの本性を顕にする。あえてそうしているのであ

る。その時点において不当であればそうだとして批判されなくてはならない。過去は無関係である。さもないと収拾がつかないであろう。目的のためには手段選ばずではいけない。万人承認の方法採用を要する。正しい目的は正しい方法とのみマッチする。決して誤った方法とはマッチしない。他への不要な関わりが誤った行為たる根本的理由はそういう行為の実行者の人格がその分主体性を失うからである。真の意味での自主的、主体的判断ができていないからである。またそういう傾向を助長する結果になるから。自らの人格を傷つけることが最大の問題である。心の中には常に暗い陰があらざるをえまい。他人に迷惑をかけることはいうまでもないが。少し考えればすぐ分かろう。にもかかわらずそうしているとは二重に自己を甘やかしている。もし誰も断らないのだからよいのであろうと思えば、甘えは三重、三階建てにいわば増築されてしまう。弁解の余地はないであろう。仮に主体性欠如の人間をくず人間と定義すれば、本来ならくずにならなくても済む人間までもくずにしてしまうであろう。くず人間の大量生産を結果する。そういうところからの企ては当人たちの自分らを救ってくれという良心の叫びとも聞こえる。企てが強烈になるほど益々そう聞こえる。客観的に考えれば誰にでも分かる不当行為にもかかわらず心の安らぐはずはないから。その不当性は当人が最もよく知っている。それと並行した多少の仕掛けは自己の心の中での贖罪のためかとも思われる。それで良心の呵責の気持ちをいくらかでも消すためであろう。恣意的なしたい放題ではさすがに良心に引っかかろう。その点まだ心の律法が生きていることを逆に顕にする。だがこういう対応は正しくない。そういう仕方で自己義認してはならない。よりストレートに心の律法に従わねばなるまい。そうでないものをそうであるかのように装うのも罪が軽くはない。良きものを悪く思わせるのもその逆も真実を欺く点では同罪である。そうして人を欺いているから。むしろ前者の方がその反対より罪は重い。なぜなら良いものを悪い方へ欺くから。こういう社会常識にも反した道義的違法行為は人々を分かつ要因となろう。そうせざるをえまい。そうせねばかえって不当な判断となろう。お互いに自己の良心に則って言動せねばならない。市民社会の中に生きる人としての義務である。公正な判断をせねば甘えに陥る人々も出てこよう。道義的堕落を誘発してしまう。その原因は公正に判断せぬ人々の側に少なくとも半分はあるといえる。

　各自が自分の行為について自己自身の良心へ問いただすことを要する。それが

個としての主体性確立への第一歩となろう。先のような行いの当事者はいうに及ばず、日本人全員が一人ひとりそういう事柄について反省してみることは大いに有益であろう。人は良心ある点で一律なので、ある人々のみに一般的合理に反することを行うことが許されはしない。当該者の倫理的水準を押し下げるのみである。もしそう考えるのならそれは反良心的甘えであろう。本来許されざることである。こういう考えをしている人々自らの自己変革は期待できない。この点は政界であれ、相撲界であれすべて同様である。かくて外から何らかの、それを無視できない指弾がなされるほかない。しかもそれが内部にいる人々の心の律法に訴えることが不可欠である。

　我々は一般に今現在の言動様式ゆえに好かれたり、嫌われたりしている場合が多いのではあるまいか。ただ何らかの行いに及んだ場合、それが偶然を契機としていれば許容されるときもあろうが、作為的に一種の虚偽を含めて言動に及べば自ら嫌悪を招き寄せることとなろう。このことが権力欲との関わりがあればなおのことである。これは罪の赦しの問題ではない。キリスト信仰と二律背反的な世的権力との対決折衝というそれである。世を超えた神、キリストを信じる者として、そういう権力の不当な要求に屈しうるのか考える余地はない。自明の理である。不当なことを他へ要求するという甘えに屈する前に自己のうちに眠っている心の律法を活性化させてはどうか。こういう判断は万人にとって大変有益な提案であろう。社会的な甘えと一の要求を承認していたら、そうする方が罪を犯すこととなろう。社会的な甘えはどんなものであれ許されない。罪の赦しとは図らずも犯してしまった罪に対してであろう。意図的に行われた罪へは赦しはあるべきではない。甘えを助長するだけであるから。それ相応の責任を取らせることこそふさわしい。なぜなら意図的になった時点で、すでに魂をサタンへ売っているからである。ユダがイエスを裏切ったようにである。この場合は神と自己の良心双方を裏切っている。「聖霊を冒涜する者は永遠に赦されず」（マルコ3, 29）とイエス自身がいう。サタンへの魂売りはこういう類の罪にあたりはしないか。良心とは聖霊が宿りうると思うが、その良心に意図的に背いてであるから。先のようないわば狂った行為へは愛も通常とは逆の形態をとるほかない。先の提案こそ愛によるそれであろう。

　このように考えてくると、教育される必要があるのは大人自身である。子供を

教育せねばならぬと思うのは大人の思い上がりでしかない。自己誤認である。日本では先生を二人称の代名詞で呼ぶこと自体ができていない。ヨーロッパ系の言語を使う国々ではすべてそういうことができていよう。そこで大人と子供との自覚関係は端から異なろう。制度やさらには教育内容の研究をいくら行っても、最初の要件が満たされていないのでは、まったく無駄だとはいわないが、十分そういうことが役立つとは思われない。まず子供が大人に対して「あなた」と呼びうるような主体的自覚を持つことから教えねばならない。欧米諸国ではそのことは達成されていて教える必要はない。この状況の達成がまず必要である。これこそが民主主義の基礎中の基礎事項だからである。

　人にしろ、社会にしろ、国にしろ、その弱点は何か問題が生じたときにさらけ出されてくるのが通例である。広い意味での日本文化には義という要因が欠けている。そこまでいうのが言い過ぎなら少なくとも十分にはビルトインされていない。このことは個の主体性欠如と関係している。義なしに個はなく、反対に個なしに義はない。人の育成という次元においてこの点が顕になっているのではないかと思う。そこでそういう分野を以下で取り上げたい。義を重視する体制へ早急に転換せねばならない。さもないと日本は遠からず世界の僻地となろう。

　教育における社会的不平等の再生産という現実を少しでも緩和するためにも2つの邦相互間での民意くみ上げ競争という契機は大変重要である。単一の体制のままでは不平等の再生産が持続してしまう。邦相互で下層の人々の置かれた状況が異なると、そこから不満が生まれる。このことが地位向上への努力の契機を与えることとなろう。

注
1）　渡辺一雄編『学校の制度と機能』2010　163 頁
2）　渡部蓊『臨時教育審議会 ― その提言と教育改革の展開 ―』2006　133 頁以下
　　　教科書制度は英の自由発行、自由採択　米の自由発行、各州または各地方学区段階での選定、仏の自由発行、自由採択、西独の各州の独立した検定委員会による検定、自由採択となっている。サミット参加国で国家検定制度をまだ維持しているのは日本だけである。根本的検討が必要な時期に来ている。
3）　橋本秀史　岡明秀忠編著『日本の教育を考える ― 現状と展望 ―』2010　44 頁　米国教育視察団の答申は文部省にくすぶる国体護持の志向を断ち切るものだったが、天皇の地位は戦

争責任を問われることなく象徴として存続する。公民教育刷新委員会には民主主義や個の思想が見えるが、まだ教育勅語を否定しきれていない。これが教育に不可欠な自由を阻害するという認識が弱い。

4） 徳久恭子『日本型教育システムの誕生』83頁

5） 同上書　135頁

6） 渡辺一雄　同上書　30頁以下

7） 同上書　59頁以下　一般論として児童生徒の内心に関わる内容の場合、内心においてどういう考えを持つかは各自に委ねられている。憲法19条の思想良心の自由を侵害することなきよう留意されている。国や郷土への愛についても自然とそういう心情が養われることを目指している。

8） 市川昭午編著『教育基本法　日本の教育と社会―4』2006　19頁　教育基本法には道徳教育の条文がない。これは道徳は良心より発するもので、国家、社会は介入すべきでないとする欧米近代の考えに基づく。だが個人の良心によるとして各人任せにしていては道徳は根付かない。

9） 同上書　38頁

10） 同上書　39頁以下　さらに、53頁には人を殺してはいけないことについて子供を反省させるには、「それではあなたの両親が何の責任もないのに他人に殺されてもよいといえますか。」と聞き返せばよい。理由もなしに、あったかもしれないが、なければなおさら人を殺してはならないことに気付くであろうという。

11） 同上書　107頁

12） 同上書　166頁

13） 同上書　224頁　さらに224頁以下はいう。「『心のノート』は現存秩序の素直な受け入れへのメッセージである。懐疑精神、社会への批判精神へは触れられていない。そこでの愛情や道徳は最後は国へ行き着く。国家主義が新自由主義の矛盾を補完、また後者が前者を促進する機能を果たす。」こういう状況へ対抗して民主主義を貫くには原理が不可欠である。それが良心と一体の義というものである。

14） 貝塚茂樹『戦後教育のなかの道徳・宗教』増補版2006　75頁以下　さらに、天皇が道徳的性格における国民親和の中心といえることとなる（77頁以下）。個の内にある普遍的なるものが具体的に見出されていないのでこういう結果になる。これでは普遍性を欠く。天皇が国の象徴といっても、そのことはあくまで実体ある民主主義国家日本のそれとしてという意味でなくてはならない。後者の方こそより根源的な次元のものとして認識されていなくてはならない。逆であっては戦前での状況へ逆戻りする危険がある。かくて後者を確固たるものにせねばならない。そうすればその結果として象徴の方も確固としたものになろう。そこで象徴を確固にするにはその本体を強固なものにせねばならない。本体がぐらぐらしていて象徴のみが確固たることはできない。これこそ今現在の日本の状況といえる。にもかかわらず象徴を先に確固にしようとして国旗掲揚、起立などを強制しようとすると国民の反発を受ける

のみであろう。また、歴史を支配する理性の道は人の媒介で実現されるが、その道を広める
ことが人の幸福か否かとは別問題という（102頁）。理性とか道とかといっても、まだ抽象的
である。実存的ではない。この点を欠くと観念論に終始する。

15） 同上書　207頁以下

16） 坂本秀夫　山本広三編著『文部省の研究』1992　45頁

17） 同上書　57頁

18） 同上書　156頁以下

19） 同上書　193頁

20） 同上書　248頁以下

21） 吉田武男ほか『学校教育と道徳教育の創造』2010　63頁以下

22） 同上書　69頁

23） 小国喜弘『戦後教育の中の〈国民〉乱反射するナショナリズム』2007　14頁

24） 同上書　168頁以下

25） 杉原泰雄『憲法と公教育』2011　14頁以下　国家の教育権では議会制により法として表明
された国民の教育意思に基づいて公教育の内容・方法に介入しうる。これに反し、国民の教
育権ではそのことへは国家権力は介入できないとする。

26） 渡辺満ほか編著『日本とドイツの教師教育改革』2010　165頁

27） 鷲山恭彦『教員養成と人間形成』2011　3頁以下

28） 坂本秀夫『戦後民主主義と教育の再生』2007　18頁以下

29） 小川哲哉　小川精一　佐喜本愛　勝山吉章『日本教育史概論』2008　96頁以下

30） 同上書　101頁以下

31） 同上書　103頁

32） 同上書　116頁以下

33） 同上書　120頁

34） 同上書　125頁以下

35） 市川昭午編著　同上書　314頁　さらに次のよう指摘がある。日本に住み税金も納めなが
ら、その権利主体から排除されている人々がいる。憲法についてGHQの草案で「ピープル」
となっていたのを「国民」と訳したため、日本社会に住む人々に保障されるべき人権を日本
国籍保持者に限る操作をしたと指摘されている。現行の基本法でも個人の価値の尊厳が大前
提なので、国民の枠を超えた全個人にその権利が保障されるべきである。そうして国民主義
の枠を突破していきうる。

36） 大内裕和編著『愛国心と教育』373頁以下　国家が私が何を愛するかを強制はできない。
日の丸・君が代強制がなぜまかり通るのか。日本では国家イコール「お上」である。自己が
属する組織の意に反しないことが自己の利益保身になると考えるからであろうという。その通
りである。主体性欠如以外の何物でもない。組織の上層部に一任ということもこれと軌を一
にする。決して利益保身になりはしないのである。幻想に過ぎない。上層部に好都合なよう

第2章　大戦後以降（現在）　*89*

に操作されるのみである。

37）　同上書　216頁以下で、ラッセルは愛国心を否定して人類愛を教える世界市民教育を提唱、トルストイはキリスト教立脚の人類愛が愛国心を克服すると期待した。愛国心が国民の文化的多様性前提なら愛国心、人類愛ともに同質となる。国民の伝統的文化は多様たるを前提に国民としての自覚を育てる方策を考えねばならないという。

38）　住田正樹『地域社会と教育』2001　73頁以下　78頁以下　さらに、戦後の復興期、第二期は高度経済成長の時期、第三期は女性の社会進出による女性の自立志向である。また高齢化社会化により老人の自己主張も見られるようになった。こうして私生活化は家族単位から個を主張する個人単位へさらに傾斜しつつあるという。またこれに応じて子供の生活も私生活化する。自分の部屋を与えられ、その中でテレビゲームなどの好きな遊びをする。仲間関係が希薄になる。集団的遊戯活動への欲求減退が生じるという。

39）　同上書　92頁以下　さらに、子供の通塾率が高くなる。そこで子供は同一地域に住んでいても相互共通の時間はなく、仲間集団の形成はできない。都市化は他方で核家族化、女性の社会意識の変化をもたらし、少子化傾向を生む。経済的余力を子供につぎ込み、評価の高い学校に入らせようとする。そこで子供は私生活に埋没せざるをえなくなるという。

40）　佐々木幸寿　柳瀬昇『憲法と教育』2009　84頁

41）　同上書　26頁以下

また教育関連15学会共同公開シンポジウム準備委員会　編『新・教育基本法を問う』2007　152頁以下では　第5条で愛国心の習得が必要な資質とされるとき、第1条での人格の完成がそういう資質を備えた国民の育成と並置され、人格概念が変革され、人間がどう育つべきかが法定化されることになるという。人格の完成と必要資質ある国民との並置から人の育つべき道、方法が法で定められることになるとされる。人格の完成を抽象的に考えるので、そこから国家への思いが生まれてきていると考えられる。さらに94頁以下では旧教育基本法で人格の完成を目指し、個人の価値を尊び云々とあるが、ここには日本人育成という文言はなく国籍なしの教育が行われてきたとの認識が自民党政権の長年の思いであるという。個人と国とが分離しているかのように考えること自体が日本が真の意味で実体ある民主主義国家になれていないことを反映している。人格完成というような抽象的な文言でお茶を濁してはならない。その具体的内容を明示せねばならない。それが各自の良心である。もしそうなら良心に基づいて考えていけばその先には自ずから実体ある民主主義が展開するであろう。かくて個と国とは一であるほかない。同一の原理に基づいているのであるから。具体的表現にして教育現場での右往左往を防がねばならない。

42）　『新・教育基本法を問う』　教育関連15学会共同公開シンポジウム準備委員会編2007　41頁以下　今回の改正法案では法律に態度の形成を教育の目標として書き込み、それをどの程度達成したかを評価させれば、子供の態度が形成されるという論理構造となっているという。

さらに、次の指摘もある。尾木直樹『変わるか？　日本の教育』2009　23, 27頁　国家のための人材つくりを目標にすれば、その法は誤りとなる。憲法の個の尊厳を尊重する精神、良

90

心の自由に反し、個々の考え方、行為を求める態度により束縛する恐れがあるから。教育行
政は国と地方公共団体との相互協力のもと適正に行われねばならないとなっている。以上は
新教育基本法での問題である。目標は掲げないがよい。人間はそれへの手段となってしまう。
官僚統制という発想も誤りである。個は消えてしまうではないか。次に、74頁には、2008年
12月にルワンダが国際人権規約批准の際中・高等教育の学費の段階的無償化を定めた条項の
留保を撤回したので、規約批准160カ国中いまだ留保の国は09年5月現在日本とマダガスカ
ルの二国となったとある。日本は教育についてはこんなに遅れている。経済大国が泣くとは
このことである。人間がそれ自体として尊重されていないことを反映している。個人より国
優先で考える限り個人は常に国の目的のための手段としてしか見られえない。民主主義には
これの逆転が不可欠である。

43)　坂本秀夫『教育情報公開の研究』1997　193頁　さらに、管理主義者のように自由や善へ
　　の意思を信じずに無菌培養を企てると子供はひ弱になってしまう（193頁以下）。

44)　住田政樹　同上書　385頁　さらに、子供は肯定的な親の評価をそのままは信じえず仲間
　　の評価を気にするようになる。

45)　同上書　98頁以下

46)　佐々木　幸寿『改正教育基本法』2009　30頁

47)　同上書　55頁　田中耕太郎の見解である。

48)　藤田昌士『学校教育と愛国心』2008　146頁

49)　篠原清昭　笠井尚　生嶌亜樹子『現代の教育法制』2010　66頁

50)　同上書　66頁　さらに、多様な価値を持つ個性尊重というリベラリズム、個人主義ではな
　　く、日本人としての自覚などの徳目を国家が教化する復古的教育思想である。

51)　佐々木幸寿　同上書　71頁以下

52)　藤田昌士『学校教育と愛国心』2008　157頁

53)　米沢広一『憲法と教育15講』2008　16頁以下

54)　井ノ口淳三『教師教育テキストシリーズ11　道徳教育』　17頁
　　　特徴は以下のようである。第一　道徳内容を国が定める。学校教育を通じて教え込む。第
　　二　内容が国家主義的、戦前回帰的である。愛国心教育強化である。第三　『心のノート』と
　　いう国定教材使用を義務付ける。第四　学校儀式での「日の丸・君が代」の徹底。第五　教
　　師の実践への統制強化。画一的道徳教育徹底。戦前とにかよりつつある。

55)　苅谷剛彦『階層化日本と教育危機』2002　21頁

56)　同上書　68頁以下

57)　同上書　76頁以下

58)　永井憲一編著『憲法と教育人権』2006　142頁

59)　米沢広一同上書　103頁以下

60)　鎌田慧『壊滅日本―17の致命傷―』1998　226頁以下　229頁以下には遺族が学校を追
　　及するので、それを地域住民が嫌って遺族をいじめることが出ている。これなどは本当に主

体性欠如の事態といわざるをえない。

61)　川勝平太『富国有徳論』1995　59頁以下　人の能力発揮の条件の中に環境が入っている。こういう主体―環境系は自己の生活環境といいかえられる。環境の一つに生活様式がある。これは生活環境として現れる。これを形成する物に人は心を宿す。人は物を活かし物に活かされる。

62)　佐貫浩『新自由主義と教育改革』2003　89頁　こういう個性把握は人格の内奥まで支配しようとする意図をさえ秘めている。

63)　広田照幸監修『教育の不平等　日本の教育と社会13』2009　88頁以下　子供は家族の不利を継承し、それを国家政策が無視してきた。貧困に陥った家族を救済し、自立助長を図るのが国家使命なのに、そういう責任が個人、家族のそれにすり替わっている社会構造がある。

64)　尾木直樹『変わるか？　日本の教育』2009　106頁以下

補遺

個別界での人材育成

第1節　スポーツ界での人材育成

　個の主体性欠如は取締りでの暴力的やり方からスポーツでの暴力的指導、さらに戦前では赤紙一枚で兵士一人が集められるなど生活のすべての面で見受けられる。これらはすべて「個」という観念の欠如より由来する。民主主義的自覚欠如と同じである。このことは子供が教師に向かって「あなたは……と思いますか。」とは問わない、問わない言葉使いとも関連する。これはさらに普遍性を欠いた島国根性とも内的に連関している。人格として人を尊重するという発想は生まれえない。このことは自己自身を人格として重んじることをしないことをも結果する。例えばつい最近母子が餓死していたのが発見された。生活保護を堂々と一国民として受ければよい。当然の権利である。また周囲の人々もそう見なくてはならない。

　スポーツ界に限らず、何事でもそうであろうが、指導側と被指導側とでは対応に当たって心理状態が異なる面があろう。だが双方に共通していえることは、個の主体性欠如は人をも含めて自然全般が無とか空とかという考え方とまったく無関係ではないのではないかということである。人を人格として尊重するという観念の欠如へ通じてしまう。そうならぬには積極的に人を人格として尊重するという考えが不可欠である。ところがそういうことは人にとってある種の精神的負担を伴うので、他から積極的なものが入ってこぬ限りそういう方向へは行かないし、行けない。ここにも人の罪が現象することとなる。

　特に柔道はじめ各スポーツ界で暴力指導が問題となっている。このことは人間

94

を馬車馬程度にしか考えぬ人間観[1]に淵源する。先にいった戦前での兵士集めの赤紙という発想と同じである。人を人とも思っていない。主体性欠如と同じである。指導する側もされる側もともに主体性を欠く。どちらかに主体性があればそういう指導にはならないであろう。日本では全般的な民主化意識の停滞と競争状態の非実現の双方のため体罰容認の発言が相次いでいる。これと正反対の対角線的位置にあるのが、例えば後に取り上げる FC バルセロナに象徴されるスペインである。社会的次元では民主化実現未達成、個人的次元では個の主体性確立未達成双方が体罰容認の根源的理由である。

　明治期以来学生、生徒の懲戒に関して体罰を加えてはならないという条件が付けられている[2]。こうなっているのにどうして未だに体罰容認なのはどういうわけなのか。やはり民主主義的自覚の欠如、個の主体性の尊重欠如双方の呼応が原因であることは明白であろう。教師と学生、生徒という社会的立場の違いより、人としては根本的に対等であるという人権意識が欠落しているからである。かくてこの点をこそ教育せねばならない。さらに教育されねばならぬのは教師の方であることを肝に銘じねばならない。社会的立場の相違を優先してはならない。

　体罰根絶のためにはそのことがどういう意味を持つかのごとく、そのことの功利的側面を考えていたのではまったく不十分である。そうではなく教師と生徒とは人としては対等であるということの認識が不可欠である。そうして初めて真の意味で体罰禁止への前提が整うこととなろう。そういう意識さえあれば体罰など思いつくことさえあるまい。それが欠如ではたとえ現実には体罰がなくても心の中での体罰実行が消えてはいないのでまったく半端なこととなろう。目に見えての体罰さえなければそれでよいと考えるのなら、問題がかえって心の深層へと埋め込まれてしまうだけであろう。

　学校での暴力による指導の常態化も個の主体性確立という点での教育の欠如と関係しよう。そういう教育に力を入れれば自ずから暴力による指導は無意味ということに気付くであろう。本人自身が自覚せぬ限りすべては無駄である。スポーツ指導での暴力は無我的考え方の頽落態ともいえる。明確な人格的内容が欠けているので、「無」的あり方から外れると不可避的にそういう方向へ転落していく。神からの啓示とも考えうるそういう内容があれば、それがそういう転落を防ぐ要因として働くこととなろう。誰もそれを拒否することはできぬから。しかる

にそういう社会全体を貫くものが欠けていると、個々人によって対応にばらつき
が生じる。しかもそういう事態に対してどの人も否とはいえない。なぜなら共通
的なものはないのだから。人の心の中に暴力はどうかなという漠然とした要因は
あっても、それがいよいよ暴力の現場において発動されることにはなるまい。反
暴力はそれほどに強いインパクトを持ちえまい。優柔不断であることを避けえな
い。反暴力にはきわめて強力な背骨が不可欠である。さもないとなぜか暴力的方
向へ赴く。何事につけ事柄を真に理解させるのは容易ではないことがあろう。そ
こでつい暴力となる。表面的に従っているとあたかも真にそうなっているかの安
心感が芽生えるのであろう。だが実態はそうではない。理解の裏づけなき服従は
いずれ破綻を露呈する。もし指導者側が無我的あり方にあればそういう事態は避
けうる。この場合は自己理解が確固としているので、そのことは相手への理解へ
も及ぶ。かくてまず相手を理解しようと努力する。そうすることと暴力へ赴くこ
ととは二律背反である。なぜそういう弱点に陥っているかは未経験の場合は分ら
ぬ場合も多い。一方、経験豊富だとそこのところが分かっていて説明できる。そ
こで説明して理解させようとする。もっともだからといって不十分な経験しかな
い側がそれをすぐに理解できるとは限らない。支持されたことを実行しつつ反省
しつつの過程が不可欠である。それゆえここでは時間を要す。

　暴力依存はこういう過程を飛ばして一足飛びに成果を出したいという心情の
現れであろう。要するに情に傾いた対応といえる。合理的判断を欠く。このこと
は土下座をして相手の心情に訴え自己側での欲求を認めさせようという対応とも
呼応する。合理性欠如である。こういうことでは長い目で見てスポーツにしろ何
にしろ真に成長することは望み薄である。とにかく情緒に訴えることはやめなく
てはならない。暴力行使もそういうことの一端である。それをそういうものとし
て受け取るか否かは被指導者側の心構えによるという考え方もあるが、ここでは
論理的説明が介在していない。被指導者側の対応に依存させるようなやり方では
指導者側として主体性を欠くことは明白である。後者側こそ全員の個々の力量に
応じた指導を心がけねばならない。先の考え方では容易に暴力へ赴くこととなろ
う。自分側には一切の責任はないことになるのだから。指導にこそ社会的には上
の立場にあるのだから、こちらの方こそ被指導者側から見ても第三者から見ても
妥当と思われる方法をとらねばならない。

仮に「無」的あり方で最初はありえても、例えば成果が出ないとしよう。すると自己を無にしたままではありえなくなる。成果を挙げさせようという一種の「有」的あり方へ転じることとなろう。ここには成果へのこだわりという有が介存している。そういう意向の働く限り無から有への転落がある。指導者としては自己は無であってこそいかなる相手に対しても対応しうる。なぜならどういう人もその人を指導者として受容しうるから。指導者がある強烈な個性があるとそういう個性を受容しうる人はよいが、そうでない人は当該指導者を受け入れえない。万人向きではなくなる。そこで指導者は被指導者側から見て選別の対象となる。だが当の指導者自身は自分がそういう扱いにされていることに気付かないのではないのか。自分の指導についてそういう制約のあることに気付くまいから。ここにはある種の傲慢があることとなる。かくて暴力とは当人の傲慢の表れと解してもよいこととなる。なぜならある人々への指導を端から放棄しているからである。しかもそういう認識を欠いている。もしそう認識していればそういう態度を改めよう。自ずからそうなろう。人からいわれるまでもあるまい。否、それどころか端から暴力的行為は行わないであろう。それが指導にならぬことを十分承知しているからである。成果という「有」以外にも有はあろう。例えば指導者側から見ての選り好みである。個々人の持つ力量による選別である。結果を早く出そうとすると不可避的にそうなろう。これは成果という点と連なっていよう。

　上からの指導者への無言の圧力もある。これは成果に関してとは限らない。ある特定のメンバーへの指導についての場合もある。もとより成果を出せという方向へのときもあるが、反対の場合もないことはない。つまり成果を出すことを急ぐなという指示である。あえて遅らそうという圧力である。これに対してはむしろ被指導者側を守るために強い態度を取る必要があろう。しかし「無」の立場に真に立ちえていないとそうはなれない場合が起ころう。指導者個人の利害得失が目の前にちらつくとそういう態度に徹し切れない。現実にはこういう場合もあるのではないのか。成果を出しすぎるなとの圧力である。あまりに出されると他校の指導者が困るからである。まったく無責任な話である。こういうところでこそ公正な競争をしなくてはならぬのに。競争否定であり、スポーツ精神に反することは明白である。もっともこういう場合には暴力行為は生じぬであろう。まさかそういう不当な圧力をかける側へ監督自身が暴力行為に出れば話は別だが。それ

補遺　個別界での人材育成　*97*

はないであろう。暴力はあくまで下にいる側へのみである。むしろそうではなくてそういう不当圧力行使側へこそ暴力行使の抵抗を見せてもよいのではないのか。こういう点を考えてみても、暴力がいかに不当なものであるかが分かる。どう考えてみてもどこにも正当性は見いだしえない。弱い立場へある者への合理性無視の行為であるとしか思われない。弁解の余地なしである。人格的内容欠如なので頽落するといっても、そういう内容さえあれば絶対そういうことはないとはいえない。あっても起こりうる。ただ、かなり除かれるし、たとえ落ちてもその程度に差があろう。なぜならあれば良心的反省が起こり易いからである。少なくとも暴力的指導は起こりにくいと思われる。なぜなら人格的考え方があれば、元来合理的に考えていよう。そこで暴力というものはそういうところへは出て行く出番が回ってくることがないから。暴力などどこへも出て来ようがないからである。そういうことを思いつくことさえないであろう。暴力行使に出るのは特定スポーツに関する技量は優れていても人間理解を欠いているといえる。そこでそういう行為になる。相手は人間なので自分のやることについて十分理解できていないと、そういう方向へ力が入らぬ点について無理解なのである。

　要はかくて人間理解の問題なのである。基本的にいってスポーツの問題ではない。それがあたかもスポーツの問題とされていること自体が誤りである。人を殴ったり蹴ったりすればそれ自体が取り締まりの対象となる。然るにスポーツ指導の関連でなされている場合だけは例外的に許容されていること自体異常だといわざるをえない。スポーツ指導も算数、数学の指導も指導という点では同じである。ところで後者の指導では暴力は一切ない。分かりの悪い生徒に暴力を振るっても分かりはしない。にもかかわらずスポーツでのみなぜそういうことがなされるのか不思議である。理解に苦しむ。数学の分からぬ生徒を殴ってみても益々分からなくなるだけであろう。基本的にはそれと同じではなかろうか。知的次元と身体的次元とで異なるであろうか。後者のことのみ体罰を課せばできるようになると考えうるのか。100m走に遅い者にいくら体罰を課してみても同じことであろう。速くはなりえない。能力も体力もそういう点では何ら差異はないであろう。訓練によって上達するのは双方とも同じであろう。だがそれにも限界がある。この点も同じであろう。いくら訓練しても無限に成長はできない。体罰的指導を行えばかえってマイナスになろう。この点も双方で同じであろう。スポーツでのみ

体罰許容的見方をするのは能力、体力が異質と考えることが暗黙の前提であろう。だがその点こそが問題である。各人には各々固有な体力、能力が備わっているといえる。体罰はあたかもそういう基本を打破したい指導者側の欲求の表れと解しもできよう。これは言語道断である。ぜひともやめなくてはならない。まさに指導者側の自我そのものといえる。許されることではない。なぜなら被指導者側に対してのみではなく、指導者自身のこととして自己自身に対してそういうわがままを決して許容してはならない。まさしく無から自我への転落としかいいようがない。無と自我とは相対立する人のあり方である。そこで前者でありえぬとなると、不可避的に後者へ落ちる。それの最たるあり方が暴力行使である。指導者が自己自身へそういう行為を許容しているとすれば、甘え以外の何物でもない。今では犯罪人の取り締まりにおいても暴力行使は許容されていない。ましてやスポーツ指導でどうして許されようか。甘えの極みとしかいいようがない。真の主体性欠如そのものである。

　真に主体性があれば自己に対してそういう甘えを許容しないであろう。自己反省的であるからである。そうなりえぬのは自己中心的に考え、お山の大将であるかのように思いなしていることと一である。こういう意識は民主主義とは相反する。こういうことでは被指導者側の反発を買い、指導の成績も上がらぬであろう。仮に被指導者側の民主主義的自覚のレベルが低く直ちに反発という結果にならずとも、長い目で見れば同じことであろう。決して望むような結果は出まい。指導者側と被指導者側がともに同じ地平に立って対等に話し合うことが基本でなくてはならない。このことはありとあらゆることでいえることである。そうであって初めて相互理解ができよう。被指導者が指導者を理解する必要があるだけではなくて、反対のこと、つまり指導者が被指導者を理解することも不可欠である。後者は当然前者のいうことを理解しようとするであろう。そういう点、指導者の被指導者側理解こそがむしろ問題といえる。暴力はそういう点の欠如を一挙に表面化させる。相手を理解しようとしていない。すれば暴力へは心は向かない。相手を理解することの放棄でしかない。人間関係の崩壊である。自ずからそういう状況を招きよせることとなる。スポーツの場合、例えば国語や理科など知的教科と異なり、技術的なことへ注意が向き易い。一般教科だと技術的な面はないので知的という点でそれら教科内容と人間理解とは共通的側面を有している。

だがスポーツではそういう面を欠く。ここに問題が生じてくる根が存している。人間理解というベースをすっ飛ばしていきなり技術的なことに入っていく。ここをこそ改めねばならない。スポーツといえども教科の一つであり、人間理解増進の一助とすべきものであることに変わりはない。それが本来のあるべき姿とは反対の事を行っている。こういう形でもともと無的あり方でありえていないことが顕になる。

　議題は出すがコーチや選手との議論を活発にするため最後まで自分の意見はいわず、皆の議論がまとまってきたあたりでそれでいこうとする [3]。こういう指導では体罰など無関係であろう。これは大切な点である。暴力がまかり通るのは個の主体性が欠けているからである。というよりもそもそも "個" という自覚が欠けている。主体性云々以前の問題である。このことは子供を大人より低く見てしまうことにも現れている。確かに知的水準は低い。だが人である点では何ら高低はない。知的、技術的次元と本質的次元との区別ができていない。このことは女性差別などへも反映している事態であろう。かくて両次元の明確化を行わねばならない。そうすれば自ずから人間尊重から暴力中止へと進むこととなろう。暴行のことばかり問題化しても、その根本的な原因への理解なしのままでは一時が過ぎれば再び暴行へと舞い戻ることであろう。本質的次元へ目が開かれてさえいれば、自分と生徒とは根本的に対等の地位にあると理解でき体罰へは赴きえない。体罰を行うような人の場合、そもそも自己自身が人格であるという自覚があるまい。日本では無我という考えが一般には無意識のうちに受容されている。体罰に対抗するには人は人格であるという明確な自覚が不可欠である。これは無我という自覚とは矛盾しよう。なぜなら人格にあっては善とか悪とかが不可避的に現れざるをえないから。かくて子供に体罰を加えることが正しいことかと自問せざるをえまい。無我であれば必ずしもそうはならない。ばらつきが生じよう。ここに問題がある。一様にそのことが問いとならねばならない。自分にそういう資格ありやとの疑問が生じよう。人が人に罰を加えること自体が問題となろう。ましてや体罰をや。人の罰は人を超えた存在にして初めてなしうる。人が人に対しては基本的に可能なことではない。人が恣意的にそのように妄想しているだけである。人は傲慢に陥っている。それをそうと認識していないので二重の傲慢に陥っている。体罰を加える相手と自分とは確かに社会的立場は異なる。しかもそう

いう相違がいわば絶対的相違であるかのように観念されている。そこが誤っている。相手は自分の指導を受ける立場にある。受ける立場と与える立場とでは前者は後者に対して低い立場にあるといえる。そうであるだけになおのこと後者は前者に対して慎重に対応せねばならない。受与関係があたかも逆であるかのように対応の要があろう。またそのぐらいに行った方が結果も好ましいのではあるまいか。受与関係をそのままむき出しではかえって相手の反発を招いて結果も好ましくない場合も生じよう。相手が真に指導者として特別に仰いでいれば別であろうが。むしろそういう場合は例外としておかねばならない。結果の問題ではない。結果は二次的なことに過ぎない。基本的な問題は人間関係としての考え方である。ここでの根本的問題は人間理解である。つまり人をどう理解しているかである。その点が表へ現れ出るのである。出ざるをえない。隠し切れない。人間の世界、社会である以上、どんなことでもすべての問題は結局ここのところへ究極してくる。当然過ぎるほど当然のことである。人の活動はすべてここから始まる。ここへ帰着する。アルファでありオメガである。

　日本ではスポーツ界では民主化の遅れがあろう。このことはなにもそこに限ったことではないが。例えば後でも取り上げる FC バルセロナが置かれている環境のような厳しさがあると、民主化の進展した状況では殴るような指導は不可能となろう。競争という厳しさが欠けているのであろう。体罰はやはり指導する側のわがままという要因ではないか。社会全体の民主化の遅れがこういう発想へ集中的に現れている。監督と選手は確かに立場上は前者が上で後者は下といえる。だが人間自身としては対等である。民主化の遅れの影響でこの点についての認識が希薄なのである。そこで体罰必要という発想になってしまう。他に方法があるはずである。体罰とは最も短絡的方法でしかない。しかもそれが最も効果的方法とも思われない。民主化進展と同時に競争原理が働く状況になってくると、成績が悪いと監督もくびになる。すると監督自身が体罰というやり方は考えるようになりはすまいか。そういう民主化に反するやり方へ固執し続けられるであろうか。それもまたくびの一つの理由になってはこないであろうか。褒めるときはめちゃくちゃ褒めると叱るべきときはタイミングよくきつい言葉が出ても、相手も聞く耳を持つし、これが師弟の信頼感の第一歩である [4]。確かにこのことはそうであろう。だが体罰は時代錯誤ではあるまいか。怖い人がいないと人間放埒になる

ので、叱ること、怖いということが教育の原点ではないか[5]。日本社会は民主化の遅れで社会全体に競争原理が働いていない。これを働く社会に変えねばならない。そうすればここでいわれているような怖さは不要になる。体罰の必要性は日本社会の競争原理導入を伴う民主化の遅れよりの結果である。したがってこれを正しい方法、つまり民主化進展という正攻法で除去せねばならない。体罰容認は邪道に過ぎない。不成功重視の減点主義では、人間は失敗を恐れ、やる気も自信をも失うので、逆の得点主義をとり今日失敗でも「明日がある」と選手にチャンスを与え失敗部分を挽回させていく[6]。確かにこれはよい。次のチャンスを与える余裕があれば得点主義でやれよう。だがいつもそうとは限らない。野球なら確かにシーズン通じて6割勝てば優勝もありうる。だが一般企業では一つの失敗が存亡に関わることもあろうから、野球のようには行くまい。かくてここでは減点主義とも得点主義ともいえない方針で行くしかないのではないか。だが業績を上げれば昇進するのだからやはり野球以上に得点主義といえよう。むしろこれで徹底しているのではないか。だからその反面業績不振なら左遷もありうる。

　かくて得点主義、減点主義自体が事の真実といえよう。こういう事情も各人が主体的になるきっかけとなろう。要は主体的という点が大切である。人からいわれてやっているのでは当人の資質が十分生きてはこないからである。何事につけ積極性が不可欠である。タイガースの新監督一年目のオフに、選手が一挙に24人、ファームのコーチ4人が整理されて話題になった[7]。日本では野球界でもこの有様である。これを見ても競争原理が社会全般に働いていない。だからこういう結果が生じる。この原理が働いてこそ公正な社会が形成される。人は競争を意識すれば同時に当然のこととして公平な競争を求めることになるからである。同じスタートラインに立っていない限り競争にはなってはいないからである。競争と公平（公正）とは不可分一体である。公平は逆に競争を求めよう。

　被指導者側から、こちらからすれば、ただ単に例えば野球が好きだからということではない。たとえ最初はそうであったとしても、スポーツ推薦に賭けて途中からは野球をやることとなる。かくて監督と馬が合わなくても止められなくなる。そういう条件さえないのなら止めればよいのだが。そこで暴力問題は一般に深刻な問題を引き起こす。止めたくても止められない。監督の方ではそういう生

徒の心情を分かって指導しているのであろうか。もしそうであれば暴力へは及ば
ぬことはないのか。あるいはそれは逆でスポーツ推薦で進学させてやりたいから
その分余計に厳しくなってしまうのか。ただ問題は厳しくなることがなぜ暴力へ
と赴くことになるのかである。どこにそういう必然性があるのか。またそうすれ
ば結果も出ると考えるのか。昔からの伝統であるとすれば、大いに問題である。
従来の日本では人を人格的存在として尊重するという精神的風土が根付いている
とは思われない。監督する側自身がこういう問題について徹底して反省したこと
はないであろう。しきたりを受け継いでいるだけのことであろう。どこかで断ち
切らねばならない。このことは日本に真の意味で民主主義が根付くことと一の事
柄である。ただ漫然と従来からのことを繰り返しているだけではきわめて不十分
である。ゼロから考え直さなくてはならない。指導を受ける側としても、例えば
スポーツ推薦にしがみつくのではなくて、より広い視野に立って考えねばならな
い。あまりにも私利私欲的になってスポーツの根本精神を忘れ、それから外れる
事態に陥らぬよう留意せねばならない。スポーツ推薦のような進学形式を止めて
はどうか。これがスポーツ精神歪曲に手を貸している一面は否定できない。少な
くとも一定期間、つまり暴力指導のほぼなくなるまで止めてはどうか。確かに一
般の受験でも競争があることは事実である。だがここには強制とか暴力とかはな
い。かくて本人が嫌ならいつでも止められる自由がある。

　もっとも止める前に止めた後どうするのかを考えておく必要はある。その点た
だ止めるということはできぬ。進学中止ならそれはそれとして肯定しうるにしろ、
ではどうするかが問題となる。しかし自由にそうできる点が大切である。ただ自
由とはいっても真に止める自由があるかという点には問題があろう。止めると社
会から排除されかねない状況が存しているから、ただ日本では競争とはいえ真の
競争なのかと思う。同一の体制の中での序列ができるだけでは競争ではない。そ
ういう序列廃止があってこそ真の競争が始まるといえる。その点あらゆる規制の
体制はすべて廃絶の必要がある。

　さて、スポーツ推薦の件だが、あまりに容易にそういうことを考えてはいけ
ない。この点を誤解としていると、後で予期しない難題に突き当たることにな
る。たとえ暴力問題がおきなくても、こんなはずではなかったということになり
かねない。スポーツはあくまでスポーツなのでその精神に則ってやらねばならな

補遺　個別界での人材育成　103

い。それを手段にして何かをしようとは考えぬことである。どこまでもそれ本来
の精神で励げまなければならない。横道へそれてはならない。そのような生徒側
の心構えを監督が感じれば、その生徒に関する限りあえて暴力行為をしてまでも
強くしようとは思わない場合もありはしないであろうか。こういう点から見る
と、何もこれはスポーツに限らず人の生活の全側面についていいうることだが、
何事をするにつけてもすべてそれ本来のあり方において追求せねばならないこと
が分かる。このことと個としての主体性確立とは一のことである。この点が欠け
ていると何事をでも容易に自分にとって好都合に考えてしまう。つまり自分に対
して甘い態度がいつもつきまとうこととなる。社会的甘えである。これがあるの
で甘えと甘えとの激突という事態が発生し、収拾がつかなくなってしまう。我と
我とのぶつかり合いが不可避的に生じてしまう。こういうところでは真の意味で
の民主主義は成立しえない。各人がお山の大将なのである。そうなりたがる。そ
ういうあり方を脱却できない。このように考えてみると、被指導者側にも大いに
問題ありといえる。甘えとは客観的自己への評価以上を期待することである。こ
のことは反面他の人々へ自分としては客観的に見たよりは低い評価をしているこ
とである。つまり自己を高く、他者を低くということである。そこで他者からの
自己への対応に納得できぬこととなる。相手に対して不満を抱くこととなる。こ
れが円滑な人間関係を妨げる。そういう要因がベースにあると、指導者側として
も必要以上に厳しくせざるをえなくなる。そういう思い上がった精神を正さなく
てはならぬから。だからこういう点はスポーツ以前の問題といえる。ただスポー
ツ指導の局面でそういう問題が表面化しやすい。スポーツ推薦のこともあり、指
導者側も被指導者側もともに実績が欲しいから。一般入試の場合、成績によって
各々がどこかそのレベルにあったところには入れる。無理さえせねば。そこでス
ポーツでのようにどうしても一定の成績にこだわらなくてよい。スポーツ推薦で
は数が限られているだろうし、そういうわけにはいくまい。ここで無理が生じ
る。もっとも心底からたとえば野球なら野球で上達したいと思っている生徒も多
かろう。むしろ大半がそうであろう。もしそうならどんな厳しい指導にも耐えよ
うという心構えを持ち合わせていると思う。そうであっても暴力には耐ええぬの
か。場合によってはそれにより怪我をするということもあろうと思われる。現実
にそうなる事案が一つ起きると、大きな不安が生じよう。怪我をしてはすべて台

無しだから。そこでたとえどれほどの情熱をそのスポーツへ賭けていても暴力だけは受容できない。結果、暴力は上達意欲を減退させよう。上達意欲が強いほど身体を健全に維持したいという欲求も強いであろう。ところが、暴力はこの点を阻害する。重大な問題となる。身体を健全に維持すること自体をも指導しなくてはならないと考えられる。にもかかわらずそれと反対のことをしている。そのことの指導に指導の半分を割いてもよいのではあるまいか。素人考えかもしれないが。かくて暴力なしであればどれほど厳しい指導にもついていきうるのではあるまいか。また暴力なしとは生徒への心理面への理解も進んでいることを意味する。そこで必要以上に厳しくして身体を壊すような結果を招くようなことはしないであろう。それだけ被指導者側としては全幅の信頼を寄せうるといえる。

　被指導者側でのメンバー間での競争。このことは個の主体性確立の助けとなろう。練習の結果、レギュラーに選ばれる者とそうでない者とに分けられることが必然的に生じる。たとえ自分が後者へ分類されても、その後もそこへ留まりクラブ活動を続けるにはそういうクラブのあり方を受容せねばならない。つまり能力に応じての仕分け受容である。この点が不可欠である。そのためには自分の側でのわがままは許されない。客観的な公正な判断を受け入れねばならない。これができねばそのクラブからは抜けるしかない。受容か離脱かの選択の前に立たされる。そのスポーツが真に好きならたとえ非レギュラー扱いになってもそこへ留まろう。結果、その分自我を離れて公正にものを見る見方を身につけえよう。そしてこういう態度は当人の全生活面に及ぶ。暴力なしのスポーツでの指導はこのように被指導者側での個の主体性確立に貢献しよう。こういう被指導者側の主体性確立に資する指導は同時に指導する側での主体性確立をも要求する。なぜならさもないとそういう指導ができぬから。結果に目を奪われたりしよう。そこで主体性あるし指導には目先の結果に惑わされないだけの心の自由が不可欠である。場合によっては被指導者側からさえ結果が出ないことへの不満が出かねないからである。指導を求めているのはどこまでも結果を求めるというより、多くの場合結果を期待してのことだから。その場合、指導という地位を失いたくないので結果を求めて暴力的指導という結果にもなりかねない。父母も少々のことは許容している。すると本人だけが犠牲になるという奇妙な事態になってしまう。世の罪が集中的に現象することとなる。個々の人が主体性を失うときにそうなることが分

補遺　個別界での人材育成　*105*

かる。罪的あり方を避けるには各人がその主体性に目覚めることである。生徒の側といえども、もしそれが既に高校生であるのならそういう事態への理解をも深めるよう努力することを要請されよう。各々が自己の主体性に立てばそれは各人がいわば同一の地平に立つことを意味しよう。各人は人間としては別人だが。

　主体性という事象は共通で、これには各人の色合いはついていない。そこで万人共通でありうる。かくて各人がここに立脚してこそ真の意味での和という事態が可能となろう。主体性は目には見えない次元に属す。それゆえ各人はここでは和しうる。目に見える次元では相互の対立などで和は欠ける。つまり主体性は目に見えぬ次元にあることにより、個という次元を超える。個を超えた個である。超個の個である。このように個人は個人を超えて初めて真の個人たりうる。そういう個人ゆえ真の実体ある民主主義を建設しうる。かくて真の民主主義では個という独自の存在は存しえないといえる。独自でありつつ独自ではない。メンバー間での競争によってより広い次元へ開眼するとはいえ、それは真に個を超えた個という次元へまで届いているのか。そういう方向へと向いているのは事実だが。なぜなら届くには本人が自己化から目を離しえていなくてはならぬから。だがこのことは容易ではない。少なくともそうなり切れてはいないであろう。一つの体系の中で自分を位置づけるところへ位置づけえているに過ぎない。その体系の中へ留まるためのやむをえぬ処置にしか過ぎまい。決してその体系という枠を外したようなより広い次元での事柄ではない。その限り従来よりの自我という制約はいわば健在である。根源的問題は解決してはいない。体系へ順応したに過ぎないから。

　真の解決には一度体系から出て体系を外から客観的に観察することが不可欠である。そういうことが十分なされているとは思われない。あえてそこまでのことをせねばならぬ必要はなかろうからである。かえって中途半端なところへ留まる傾向を助長する一面もあろう。不安定ながらの安定がある。人はそういう心境から出たがらないであろう。だがそれを敢行せぬ限る真の主体性へ至ることはできまい。半端な安定は自ら拒否することが必要である。主体的になるには主体的なやり方でそうなる以外ない。非主体的な主体的になる方法とてない。他律的である限り主体的にはなりえない。目的も方法もともに主体的でない限り行くべきところへは至りえない。人はそういう定めの下に生きている。その定めから外

106

れることは叶わない。真の主体性を確立した場合のみそういう定めは制約力を失う。そこで人の側に立っていえば、そういう定めから外れているともいいうる。また、そのことこそが人にとっていわば救いでもある。外れえぬにもかかわらず外れている。自ら外している。

　指導する側から。実績を挙げねば指導者として自分が無能だと思われよう。それは避けねばならない。当然そういう気持ちが働く。特に自分がそういう事柄を中心に生きようとしているならなおさらである。またそうだからこそそういう面での指導をしているのであろう。生徒が期待通りの結果を出してくれないと、腹が立ったりもしよう。だが高校野球の監督で甲子園へ出たチームを育てた人の中にはピンチになると笑顔を生徒の方へ向けている人がいた。すると生徒は監督が笑っていたので、思い切り投げられたと試合後にピッチャーがいっていたチームもあった。こういう事実を考えると、監督の側での人間理解が大きく指導法へ影響することが分かる。こういう監督の場合は暴力行使は生徒を精神的に萎縮させると考えるのではないかと思う。こういう状況ではよい成績があげられないことはいうまでもない。のびのびとプレーできてこそ当人の実力が存分に発揮されよう。それにはやはり自分は監督で、お前らは子分だという発想ではいけない。人間としては対等であるという人間理解が不可欠である。そうしてこそ監督の助言も生徒側の人々の心の奥底へまで届く。親分子分という意識では一見届いたかに見えるだけである。子分側は親分の言うことに何か疑問を感じてもそれに従うであろう。だが疑問を感じつつでは心底より納得がいって従っているのではないので、そういう方向で十全な努力をなしえまい。かといって疑問をぶつけて監督の機嫌を損ねることはしたくないであろう。最近はスポーツ推薦での大学入試などもあり、監督の意向は生徒側から見ても大変重要なのでなおさらそうなり易い。ということは無理なことが益々蓄積し易くなることを意味する。率直に胸襟を開くことができなくなってしまう。監督側は実績に囚われ、生徒側は監督の顔色を伺うことに終始する。これではスポーツ本来の精神に反することは明白であろう。ともに私利私欲に囚われている点が問題である。つまりスポーツが何かの目的のための手段とされている。このことは人格が人格として尊重されるのではなくて、何らかの世俗的目的のための手段へと下げられていることと並行した事態

である。スポーツも人格もともに世俗的事象のための手段と化している。こういう状況の中で正しい人間関係が維持されることはない。いかなることもすべてそのこと自体が尊重されるためにはいかなる他の事柄のための手段とされてはならない。それ自体の固有性を失うからである。

　特に被指導者側、生徒側ではもともと教師と生徒という関係なので、後者は前者に対して率直に疑問を出したり、異議を唱えることはし難い立場にある。それだけ益々ピンチになると笑顔を見せる監督のような姿勢が必要となろう。対等の場合以上に自分の立場をいわば「弱く」して生徒側に対応する必要があろう。そうして初めて生徒はいわば対等の立場にあるかのように感じて率直にものがいえるようになろう。さらに事柄そのもの、野球なら野球自体へ集中することができよう。人間に必ずどんな事柄でも他の何かの手段とせずそれ自体自己目的として見ていくことは、人格をどこまでも人格としてみていく民主主義的態度と一のことである。前者に関してそういう見方をしていないと後者についてもそういう見方を失っていくであろう。反対も起こりうる。すなわち後者についてそうでないので前者についてそうでなくなる。現実にはこちらの場合の方が多いといえよう。人格尊重の発想欠如なのでスポーツでもそれを反映しての暴力による指導が生じる。これでは指導する側こそ指導される必要がある。する側、される側というごとく世俗的に立場が分かれていることこそ正しいあり方とはいえない。当該スポーツを巡ってそれへの深い関心という一つの場の中で互いの人格的成長を目指すことこそスポーツ（スポーツに限らぬ）の根本精神でなくてはならない。それどころか暴力行使とは人格劣化を招いているとしかいえない。本末転倒である。ただ根本は人格尊重という発想の欠如よりであることは明白である。それにしてもなぜ暴力へ向かうのか。多くの場合でそうなっていることにはそれなりの理由があろう。人格主義的発想を欠くと人を馬車馬でもあるかのように思いなすことが不可避的に生じようからである。鞭を入れれば馬は走る。もっともこの場合といえどもそうする人とその馬との間では調教したり、えさを与えたりという関係を通じてそれなりの信頼関係が前提であろう。人—馬間でのそれと人—人間でのそれとではどう異なるのか。人は馬と違い高度に知的である。馬のように人のいうことを聞いてえさを追加して受けて喜ぶというのではない。知的次元のものをふさわしい仕方で受け取らなくては心底より喜ぶことはできない。この知

的なるものとは自己の今現在置かれている状況とそれを改善する方法に関する知的に納得のいく説明であろう。これなしではなぜ暴力扱いを受けるのかは真には理解できず、精神的に不安定になるのみであろう。受ければ受けるほどそうなろう。理解不可能では信頼関係は崩壊のほかあるまい。

　暴力行為はそういう状態を恒常化させよう。信頼関係は一度崩れると簡単に回復はできない。たとえその後、知的次元において納得できる態度をとってもである。なぜならまた再び以前のような暴力へ逆戻りするのではないかという不安が被指導者側に伏在するからである。信頼関係回復にはこういう不安の完全除去が必要である。残念ながら悪いことは一度生じてしまうと、容易に消えはしない。被指導者側には十分な経験があるわけではなく、事柄自体について十分な理解はもともとない。だからこそその不十分な理解を完全にするよう指導せねばならない。経験と理解とはここでは被指導者側にあってはいたちごっこであろう。教えられたことを実際に自分でやってみてなるほどと納得しつつ前進するしかないからである。しかも全員人間は各種能力、体力は異なり千差万別である。そこで指導において適切であったやり方が全員に妥当するのでもない。各人各様のそれらのあり方に応じて指導は個別であるほかない。それだけ指導側も大変複雑な対応を求められよう。すぐに自分のいうことを理解して実行できる生徒もいればそうでない者もいよう。そこで後者に対してついつい手を上げることにもなろう。だがそれをやってしまうとその生徒からの信頼を失う。それだけでなく他の生徒もそれを見ている。だから他の生徒からの信頼をも失う。結局全員から信頼を失う。一旦そうなると監督のいうことは怒られるので聞かなくてはならなくなる。自分として理解し、そうできたのでそれを自分の練習へ取り入れるのではなくなる。これでは真の上達は難しい。自分のやっていることに自分が理解できていないのだから。人は知的である以上、何事についても当該事象について自分が理解できていることが進歩の大前提である。これを欠くと一時的にはよい結果を出せても持続してそうはありえない。そのうち必ず破綻しよう。意識的にそのように行動できていることが不可欠である。人は知的なので何をするにも自分の行動について意識的に実行することを要す。決してこの条件を欠くことはできない。知的理解と暴力とが相反することは明白である。後者は前者を遅滞させるのみである。オープンにならないからである。前者は状況がすべてオープンであることを

補遺　個別界での人材育成　*109*

前提とする。たとえ暴力によって指導者側の意図を実現させようとしても、先に
もいったように各人の資質は千差万別なのでそのようになることはない。そうい
う点についての理解を欠く。千差万別状態に応じて千差万別の指導を要する。そ
こまで細心の注意を払わねばならない。そうしてこそチームの中で最も能力的に
低い生徒の力量を上げることもできよう。それを他の生徒も見ているのだから監
督があれだけ真剣にやってくれているのだから、自分らも一生懸命やらねばと自
ら思うようになろう。生徒相互間のこういう心情は大変大切である。互いに切磋
琢磨して向上していくであろうから。それには最も能力の低い生徒へこそ最大の
注意を払わねばならない。そうして力量が上がるよう仕向けなくてはならない。
それがチームとして最大の効果をもたらすのではあるまいか。特に集団競技の場
合には。能力ある者へもない者へも平等に指導することは大変大切である。前者
ばかりへ注目していると、後者は疎外感を味わう。するとそのことは対外試合の
ときなどに出てこよう。一体感を維持できなくなろう。この点も各人を各々固有
な人格として見てこそできることである。効率重視の考え方に立ってしまうとこ
ういうことはできない。結果的に見てそれでよい結果が出ている間はよかろう。
本当はそういう結果論中心の見方ではいけないが。何もスポーツに限らない。絵
画でもそうであろう。個々人の個性を伸ばすことこそ大切である。この個性とは
人格以外の何物でもない。まさに人格そのものである。

　スポーツ指導での暴力。取締りの場合にもいえるが、個という観念の欠如が根
本にある。このことは個人を何らかの集団の一員としてみることを不可避的に結
果する。このことは個人を何らかの目的のための手段としてみることをも伴う。
個人の人格の完成のためにというような観念は見失われる。個人は単なる手段と
化されてしまう。こういうところに個人の人格の尊厳などありえない。つまり民
主主義は必然的に否定されざるをえない。そうなるほかない。こうなってしまう
と暴力も否定される理由はなくなる。個人は手段と化して、手段として以上に大
切にする理由はない。目的 ― 手段関係での個人はこの人格としての存在を失っ
ている。人格はどこまでもそれ自体が目的でなくてはならない。いかなる他の事
柄の手段でもあってはならない。人格とは手段化拒否的存在であるし、またそう
でなくてはならない。益々そういう方向へ自己を磨いていかなくてはならない。

そういう観点を失うと、知らず知らずのうちに手段化の罠の中へ落ち込むことも生じよう。そうならぬように自ら留意することも人格という存在には課されている。手段化されては一つの物である。人格から物への転落である。しかもこれは単なる転落として済ましうることではない。きわめて深刻な事態であるから。ホモ・サピエンス廃業ともいえる。サピエンス（知性）放棄である。集団の一員としてみる場合、各種の集団に個人は属しているので、多くの集団の一員として見られうる。ある時期はＡ団体の一員として、また別の時にはＢ団体の一員としてという具合に。かくてここでは個人が一個の統一的存在として理解されることが欠けてくる。その場限りの見方の連続という事態が発生する。手段から手段への梯子である。そういう見方のもとでは個人は人として自己が真にそこにこそあるべき場をどこにも見いだしえまい。放浪の旅にあるごときとなる。本来ならば人格として自己自身がそのあり所である。全世界に先駆けての存在でなくてはならない。しかも重要なことは人からそういう見方をされると本人自身も自己自身をそういう見方のもとで見てしまうことである。人は社会を構成し、その中の一員として生きている以上、そういう状況になることは避けえない。ここでは自己が自己を尊重するという心情も生まれえまい。つまり必然的に主体性を欠くこととなる。一度こうなってしまうと、それを覆すことはきわめて難しい。

　各種集団といっても主たる集団（本人にとって）というものがあろう。そこでその一員として見られることが主たることとなろう。その場合でも他の要因がなくなることはないであろう。本来なら人格中心であればそれら相対的要因をすべて無化する力として作用しよう。だがそれを欠くためその都度の状況下での主要な要因が第一の集団的要因として観念されることとなろう。外国へ行けば日本人であることが第一の要因となろう。たとえその場合でも人格中心的見方が生きていればこちらを第一に考えうる。日本人であることはせいぜい第二のことなのでそこの外国人との間でもそういう人格中心的見方において共通的たることを第一と考えうるであろう。しかるにそういう見方を欠いていると日本人たることが第一となり、そこの外国人との関わりにおいて第一であるはずのことがそうでなくなってしまう。ここから種々の悲劇も生まれる。このように人格中心という点は国内においての個人の扱いのみにおいてではなく、外国人との関わりにおいても大変重要な契機である。例えば成長とともにＡの一員と見られていたのが、別

のＢの一員として主として見られることへと変わる。本人の自覚もそれに応じて変わる。だが人格中心という点へは至ることはない。手段として見られることに甘んじている。あらゆる手段を突破しえてこそ人格の誕生である。手段と人格とは二律背反である。人格自体を目的として観念しているとき、たとえそれのためとはいっても人格を手段化して受け取ることはありえぬからである。人格的世界の中には手段というものは存在しえない。通例ならいわゆる手段でしかないものでさえそういう世界の中にあることによってそれ自体までもが人格的性格を帯びてこよう。ＡからＢへと変わることは、しかし場合によっては本人の人格的あり方へ大きく影響する場合も生じよう。例えば高校は一流だが大学入学時には三流大学へしか入れない場合なのである。こういう場合本人は一貫した自己理解を持ちえぬこととなろう。ということは不可避的に統一的人格を欠く結果になる。もともと人格中心に考えていればそういう世俗的次元のことで人格中心の自己理解がぐらつくことはない。確固たることを持続しうるであろう。先のような場合はしかし自己を低く見ることを招く。そこから必要以上に卑下したり、反対に自己より下と見うる人間には傲慢な態度を採ったりすることともなろう。こういう事態が互いの人間関係を傷つけることはいうまでもない。

　取締り、調べでの暴力。根本的問題はいかなる犯罪人といえども良心を有しているという人間理解があるか否かである。これある限り相手も自分も共通要因を有するのだから、一方的暴力行為へ及ぶことは考え難い。自分と共通性ある相手に暴力を振るうことは自己自身へそうするのと同じことだから。いかなる人も自己自身へ暴力を振るうことはないであろう。そういう行為に及ぶのは相手をまったく自己とは別個の存在と暗黙のうちに観念しているからであろう。ここには連帯性（感）の欠如がある。かくて相手の犯罪に対しては自分はまったく何の責任もないと解している。だが同一社会の中に生きている以上何らかの責任はあると考えねばならない。さもないとその社会は崩壊しよう。否、既に崩壊していると見てよい。事実そうなのである。だからこそ犯罪人に対して連帯感なしに暴力的取締り、調べをなしうるのである。そういう状況からの回復には改めて良心という共通の場に至ってそこから考え直す以外道はないであろう。そこへ立ち返る過程において相手と自己との間に横たわる種々の相違はすべて捨象されるであ

ろう。そして良心という共通の場に立って相手を客観的に観察しうることとなろう。良心という共通の場に立たぬ限り、相手を客観的に公正に見ることは難しいであろう。なぜならどうしても捨象されずに残っている相対的な何かによって相手を見ることを避けえないから。そういうことをしている限り良心という共通土俵の上に上がることはできない。ここは二律背反である。良心の場に真に至ることはそのように最後の最後にしか出会わない事柄なのである。それぐらい難しいことである。人はどうしても目先の、いわば目に見える、見え易い物事に囚われるからである。良心は不可視的である。もっともそこから生まれてきた判断は目に見えるけれども、それだけに余計注意せねばならない。見過ごしてしまう。目には見えない世界こそきわめて広い、かえって広すぎて見えない。これに比すれば見えている世界はきわめて狭い。たとえ宇宙広しといえども良心の世界に比すれば狭い。有限と無限との次元の相違がここには存している。人はいわば罪のために広い世界を失い、狭い可視的世界の中に陥っている。こういう事態が根本にあるからこそ良心の場に立ってすべてを見ることができないのである。

　そうなるには心が可視的な諸事物から解放されることが不可欠である。そうなると良心という無限の場の中に犯罪人をも入れて観察できることともなる。ここで初めて相手の良心のことへも思いが及ぶことであろう。そこのところに視点をすえて相手に話をすることもできることとなろう。否、そうではない。それまでは良心以外のところを中心にすえて扱っていたが、自己自身が良心という場に至ると、そういう場に立つしかできなくなろう。なぜならそれ以外の場に立って人を見ていては不十分であることが自分自身に照らしてみて明確に認識しうるからである。相手自身が自己の良心に照らして見て自己の言動が正しくないという認識に至りうるように説得を続けなくてはならない。相手が自己の良心に目覚め気付くこととなろう。ここで初めて改心、改悛という事柄が始まる。かくてこれはどこまでも当人が自己変革していくことが根本である。否、変革というよりも自己の根源へ目覚めたのである。それまで眠り続けていた自己の部分に気付いたことを意味する。新たな自己の発見ともいえる。こうなるとそれまでの自分が自分ではないかのように思えてくることも生じよう。まるで他人である根源への目覚めはそれほどの意義を持っている。誕生と同じである。人の誕生は母胎から出てくることをいうのではない。自己の良心への目覚めをいうと考えなくてはならな

い。それまではまだ誕生したとはいえない。母胎ならぬいわば自然胎の中でまどろんだままなのである。調べる側の人間も相手を良心へと目覚めさせる言動を通して自己自身の側での良心へ目覚めると思う。相手に目覚めさせることは同時に自己の良心へも一段と理解を深めることとなる。相互に深まりあう効果をもたらそう。だからこそお互いに良心という共通の場に思いを致し相互理解もできることとなる。調べを行う側は相手を最初のうちは自分より一段低い人間と見て調べを始めることであろう。だが調べを進めていくうちに相手自身が自己の良心に目覚めることを知り、自己と同じ良心を有する存在であることに気付く。このことは人たる限り犯罪人といえども同じ地平にある存在であることを意味し、そのことを改めて知らされることとなる。このことは当人のその後の人生での種々の判断において影響を与えよう。しかもよいそれを。

　実際に暴行に及んだとしよう。互いに良心へ目覚める方向へはいくまい。むしろ反対に反目する方向へ行こう。つまり社会的立場の相違というところへ囚われることとなる。相手を犯罪人としてみることに終始してしまう。犯人は犯人として自己をそういうものとして考えてしまう。ここには対外的見方以外なくなる。相対的なことがいわば絶対的次元へ舞い上がってしまう。相手を犯人として見下すことが結果する。確かにその件に関する限りそうなのであるが。相手の人間存在にとってそれがすべてではない。存在の一つの側面に過ぎない。にもかかわらず、それがあたかも全面的真実かのようになる事態を招く。犯人にすれば現実に自分が何かの犯罪を犯しているのだから取調べ側からそういう扱いを受けると本当にそういう気にさせられてしまう。このことは本人をさらに追い詰めよう。むしろ反対にそういう点から目を離し、たとえそういう罪を犯していても人としてよい一面をも併せ持っていることに気付かせてやらなくてはならない。そういう面が脱落する。犯人は調べ側に対して心を閉ざすこととなろう。後者が相手へ心を開くことが先にない限り前者は心を閉じたままであろう。相手へも自己自身へも閉じたままであろう。後者が心を開いて接して初めて前者も心を開くこととなろう。なぜ自ら先に心を開かない、開けないのか。暴力で対応されては開こうにも開けまい。開きたくても開けない。本人には良心があるのだから自己の行為に対しては心を閉じたい気持ちであろう。そこへ持ってきて暴力ではそういう自己自身への気持ちをさらに強めてしまうであろう。良心的に自己の行いへ閉じた気

になっている心を開く方向へ向けるには威圧的姿勢自体が既に適切ではない。暴力に訴えればなおさらであろう。自他共に相まって益々閉じる方へ向かおう。一般的にいえることは暴力を振るう相手に対しては人は心を閉じるのが通例である。そればかりか自己の言動へ自己の良心的立場から判断していくことをも閉じさせる結果を招こう。人間関係の断絶を招こう。相互信頼を失わせよう。暴力振るいは戦争を行うのと同じだから。相手の気持ちや考えなど相手側の状況無視が大前提だから。そうでない限り暴力的処置へは気持ちが働かないであろう。つまり相手への理解の心構えと暴力行為とは二律背反である。かくて暴力行使の側が自分への理解を求めるのは本末転倒の極みである。自分への甘えでしかあるまい。自己反省の欠如である。自己が相手とはまるで違う人間でもあるかのように誤認している。そういう大前提がまず除去されねばならない。神から見ればいかなる大聖人もいかなる大犯罪人も所詮同じ穴の狢であろう。それをまったく異なるかのごとく思いなすこと自体も誤りであることはいうに及ばない。それはそれとして重要なことではあるが、社会的に置かれた立場が異なるだけである。どんぐりの背比べのたとえがある。自分が一どんぐりであるのにそうでないかのごとく思い上がってもいけない。罪という自己のどんぐり性に気付かねばならない。

　DNAの一体何パーセントが異なるのか。人間的に共通点がいかに多いかについてそれらを認識した上で取り調べねばならない。社会的立場が上にいる方こそが各個人の良心を信じるという公正な場に立たねばならない。人を調べる立場にあるのだから当然そうでなくてはならない。暴力行使はそうなれていないことの端的な告白でしかない。そういう自己理解欠如の露呈以外の何物でもない。正しい自己理解なしに他人、特に犯罪人を正しく理解し裁くことなどできはしない。自分をさえ理解できていない者がどうして他を理解できようか。夢のまた夢である。そしてその正しい自己理解を犯罪人へ伝えることをせねばならない。結果、犯人が正しく自己理解できることを目指さなくてはならない。ただ単に犯人を裁けばよいのではない。それでは取り調べ側の役目は半分、否三分の一しか果たせてはいない。是非役目を百パーセント全うせねばならない。それには以上述べてきた立場に立つことが不可欠であろう。そうなれば相手側も良心を有す以上それに応えた対応をすることであろう。結局、究極的には良心対良心である。調べる側は常に相手の良心へ語りかけるという心構えを必要とする。そういう心構えの

補遺　個別界での人材育成　*115*

できていない者は取り調べを行うべきではない。事態を悪化させるだけである。たとえ表面的にはそうと見えないとしても実体はそうであるほかないのである。そういう事態は具体的様相を一層複雑化させる。真の解決を深い暗い次元へ詰め込むこととなろう。解決には明るい層へと浮き上がらせなくてはならない。それこそが良心を上へと引き出すことである。

　暴力に訴えるのは対象となる相手を自己の存在にとって脅威と感じるからである。それだけ相手の重い存在性を認めている。場合によっては自己が滅ぼされかねないのだから。だがそういう認め方はあくまで自己中心的観点からである。決して相手自身の側に立ってのことではない。もしそういう観点に立っているのなら別の見方もあろう。その限りにおいて相手の存在をそれ自体として認め尊重しているのではない。存しないことにこしたことはないものにしか過ぎない。願わくば存しないことである。そこで暴力に訴えることも生じてくる。こういう状況では相手を人格的存在として自己同等の存在として受け止め尊重する姿勢は生まれない。自己としても相手が自己に対してそういう対応をしていると思えば同様の対応をせざるをえまい。そこで互いに暴力を行使しあうことも生じよう。悲劇の始まりである。しかもこういう状況に一旦陥ると歯止めが効かなくなることである。由々しい事態の発生である。こういう状況は個人間よりも民族間で歴史上よく生じることとなる。「目には目を」である。こういう関係に入ることは最初に留めることがいかに大切か分かる。一度入ると途中で踏みとどまることは大変難しい。疑心暗鬼という心境になるからである。相手を信じることが困難である。過去を振り返れば無理もないこととなる。過去での事実を度外視しての新たな判断は特に難しいから。それには人としてのまったくの根源へ立ち返って考えることがお互いに求められよう。つまり良心である。だが良心へ立ち返ることがそれほど簡単ではない。互いの過去の言動によって互いに良心が曇らされることが生じているからである。まったくの白紙から相手を判断するわけではないから。白紙の心へ返ることが難しい。このことは個人として個人同士よりも民族同士での方が難しいのではあるまいか。個人間での方が民族間でよりも良心への訴えが直接的であり、ストレートにそういう要因が表に出やすすいからである。個人の場合、どの個人もそのうちに良心を有している。個的な独立した存在である。一方、民族はそうではない。個人の集合である。そこで良心としてそれ自体

一個の独立した固有な良心が存しているのではない。その限り民族全体としては良心は存してはいないといえる。個々の事柄についてその都度考えねばならない。ここには良心としての持続性、同一性、固有性などは考え難い。

　このことは例えば日本にしても戦前、戦後では大いに変わった。別の国家になっている。かくて民族、国家としての良心も変わっていると考えざるをえない。たとえそうとしてもそれらの国情の下で暮らす個人としてはその良心は同一ではあるまいか。国の命令によって何かをせざるをえぬ場合でもそれが自己の良心に反しているとき良心の呵責を感じつつ実行することとなろう。つまりそれだけ個人としての良心は健在であることを表す。国家としての良心は傾いても個人としてはそうはなりきれない。それだけ個人の良心への信頼度は高い。そういう点から見ると個人の良心は民族や国家の良心（こういうものがあるとして）の見張り役を果たす。個人の良心が一次的良心であれば、民族などのそれは二次的良心といえよう。何事でもそうだが、第一次的なものが基礎をなすことはいうまでもない。二次的なものは派生したものでしかない。そういうものに独立的意義はない。だからこそ日本の戦前、戦後でのように大きく変更が生じたりする。もっともかつての旧約のころのユダヤのように例外の場合もあろう。ここでは国は預言者の言葉によって支配されており、個人よりかえって確固としてその良心に則って判断するとも考えられよう。こういう場合を考慮に入れても良心という点については個人を基礎として考えねばなるまい。なぜならここは永遠に変わることのない場であるから。人が神の像である限り変わりようがない。人も自己の良心を反対のものへとは変ええない。その点人は自己自身を自らが造ったのではない。造られたものである。一方、民族や国家は人がその都度の状況に合わせて造ったものである。永遠性はその限りにおいてない。すべての個人はこういう良心をそのうちに有している存在である。お互いにそういう存在として対等といえる。こういう認識があれば自己と対等な相手に対して暴力に走ることは生じまい。こういう事態が生じるのは良心という観点に立つという発想が希薄なことに起因する。こういう観点に立ってこそ相手も自己と対等という認識ができようから。他の観点からでは互いの相違が眼に入り、そういう相対的次元のことに基づいてすべてを判断することともなろう。これが間違いのもとである。真に絶対的次元のところへ目を開き、そこへ目をすえてすべてを判断せねばならない。その

絶対的次元は同時に普遍的次元であることを意味するから。これこそ具体的には良心というものである。人を超えた存在によって人に与えられ、定められたものであるので絶対的であり人たる限り全員に与えられており、例外はなく普遍的でもある。かくて人としては何事につけこれに基づいて判断せねばならない。

　ところで、良心は互いに目に見えているわけではない。そこで可視的状況に対して互いが必要以上に注目しないことが大切である。さもないと可視的な何かに注目しすぎて相手も自己同等な良心を有する存在であることを度外視してしまう結果になろうから。DNAのほんのわずかな相違でも見た目にはまったく異なるかとさえも思われるほどの相違をもたらしているからである。この点を明確に認識しておくことが不可欠である。教育の大切さが分かる。言葉の違い、肌の色の相違、経済的貧富などに囚われると良心という共通性を見失う。肝心要のところが抜けよう。それらの相違は世俗的利害関係が絡むことが多く、人がそちらへと引き付けられて判断することになるからである。それに対して良心に則って判断することは直ちに何らの利益をももたらすことはない。「あなたたちは人に自分の正しさを見せびらかすが、神はあなたたちの心をご存じである。」（ルカ16,15）といわれているほどである。人に見てもらって自己への見返りへそのことを利用しようとしているからである。あくまで施しはそれ自体が目的でなくてはならない。良心に則っての判断が人にとっていかに難しいかが分かる。妥協はない。これは良心を傷つけてしまう。妥協と良心とは二律背反である。

　最後に、日本のプロスポーツ団体と比較しての、スペインのサッカーチームのあり方を参照して考えてみたい。日本に比して国全体に民主化が進んでいること。また個の主体性が少なくとも日本とははるかに確立している事情が伺える。その結果種々の面で相違が生まれている。まず第一の面から。スペインサッカーでは以下の事情がある[8]。小学生のチームでさえ勝利に導けぬ指導者はくびになることが日常茶飯事。試合結果を最優先の勝利至上主義である。小学生でも選手契約は一年毎である。以上。こういう厳しい現実があればこそ人間教育を重視することも必要なのであろう。その現実が義に満ちた生き方を人々に選択させているのであろう。甘えは許されないのである。体罰などはまったく無用の世界である。このことはスポーツの世界に限るまい。人が活動している全領域においていいう

るであろう。公正な競争はすべての不正を排除する契機である。かくて不正がは
びこっている、はびこりやすい世界、領域へこそ厳しい競争を導入せねばならな
い。すぐ首になる厳しい点は選手のみではなくて監督もであることが重要である。
上から下まですべての階層においてそうである。会社でいえば社長以下全員であ
る。トップッだけはそれがなく、次のレベル以下でのみそうなのではいけない。
競争原理の働き方がいびつになってしまう。全レベルであって初めて公平となろ
う。ここでこそ義が貫かれよう。もっとも、一昔前サッカー練習は軍事訓練のよ
うで監督が鞭を振るって選手を鍛える鬼監督もいたが、現在は両者間で人間味、
公平性が増し監督も対話し、寛容、理解力を持たねばならぬ時代になった[9]。昔
はやはりスペインでも鞭を振るっていたのである。軍事演習もどきである。こう
いうやり方は民主主義社会に合わなくなってきた。時代が全体として変わった。

　日本ではこういう時代の変換への対応ができていない。これはただ単にスポー
ツ界に限ったことではなくて、社会全体においてのことであろう。さらに、ロッ
カールームには種々の性格、文化、国籍の人々がいるので、監督、コーチの務め
は互いに尊重しあうことと個人的関係がプレーに悪影響せぬよう選手各人を一
人ひとりに合った方法で対応することである[10]。日本でこういうことができて
いるのであろうか。全員を一様に扱ってはいないのか。たとえ全員が日本人でも
各人が各々性格なども異なろうから。FCバルセロナでは子供の学業や人間教育
を重視する[11]。こういう面重視とは予想外である。スポーツでもやはり人間が
行うことなので人間性が重要とのことであろう。そうであれば体罰無縁であろ
う。これは人間教育重視とは正反対であろう。次に、個ということ。特に子供に
は以下[12]のように重要なことがある。最重要なのは競争することを学ぶことで
ある。子供は勝利にも敗北にも直面するのがよい。敗北すればプライドは傷つき
落ち込みもしよう。だが相手への敬意は決して忘れないようにしたい。次は自分
たちが勝つぞとの気持ちが大切。敗北には敬意を、勝利には謙虚を。以上。これ
は大いに人格を磨くのに貢献する。日本でもこういう要素は生きているのではな
いかと推測する。次に大変重要なことがいわれている[13]。つまり、スペインサッ
カーではイニシアティブをもってサッカーに臨む、状況判断の力を磨くの二点が
重視される。日本では思うようプレーできぬとテクニック、体力不足のせいにす
る傾向がある。こういう精神はスポーツを超えて人生自体において身につけてお

補遺　個別界での人材育成　*119*

きたい。自分で自分の人生を切り開く精神である。サッカーが子供の心の成長に大きい関係を持つ。以上。人間性を育てることを意味する。また、試合結果と無関係に品格ある戦い方で自分の最高のパフォーマンスを出し切ることこそ真の勝利で、競り合うとは自己自身に打ち勝つこと、次に相手に勝つことで、よい競り合いの結果として勝利はある [14]。こういう方針で指導しているという。こういうことなら日本でも同じような考えを持つ人々も多いのではあるまいか。だが結果についてこだわってしまうので、こういう考えに徹しえぬのではないのか。スペインのように結果が出ないとすぐ首とされるようなところでは、そのことがかえってこういう考えで一貫することを可能にしているのではないのか。例えば日本でのように、もしくびにならないのなら、結果を出さなくてはならない。するとここからこういう理想的考えに徹しえず、ついつい近視眼的になるのではないのか。次に、選手だがチームメイトの前でしかった方が目覚めがよいのと、こっそりの指摘がよいのといる [15]。確かにしかることはあっても体罰はない。

第 2 節　経済界での人材育成

（1）　全体主義的

日本では新入社員教育と銘打って禅寺で修行経験をさせたりすることもある。だが禅では元来無我を目指しており、主体性確立へ至りはしないと思う。もっとも雑念から解放され、ビジネスの課題に直面するという点では有益な面はあるであろう。ただ、より積極的に対応するには人の側で主体性というものを要しはせぬかと思う。

個人を個人としてバラバラにしておかなくてはならないと感じているようでは、未だ個としての主体性が確立されているとはいえない。されていれば例えば家（系）という点を自覚しつつも各企業においてそれに基づいた社会的差別をしないことが可能となろう。ここに真の民主主義が可能となる。西洋式の個人主義ではまだ個の主体性が確立されてはいない。自分が例えばある企業の人事担当部長で新規採用のときは受験者の社会階層は無視せねばならない。だが一方個人的次元のことではそういう点を考慮してよい。何ら問題はない。そういう区別の許される、できるところに個の主体性が現れる。先の西洋式では未だ個の主体性

までいっていないといったが、このことは単に西洋のみではなくて、人類全体にとって永遠のテーマともいえよう。

　さて、追い出し部屋ができたりする。契約関係がはっきりしていないからである。権利、義務関係を明確にする必要がある。そうなるとこういう非人道的行いは労使双方にとって不要となる。人間としていくら下げられても、給料をもらえても、これでは人として生きているとの自覚をもてまい。それで心底からよいのか。やはり人が主体的であることは不可避的にこういう非人道的扱いを拒否することとなろう。お互いにそういう状況を拒むこととなろう。不況になればどの企業も人員は減らさざるをえまい。それを避けうる道はない。平素より失業保険を充実させておく以外ない。ここへ国の税金をいくらか入れるのも一つの方法といえる。社会的安定のためだからである。

　振り返れば、1960 年代教育は能力主義的多様化政策だが、結果は偏差値に象徴される学科間の内容的相違を捨象した高校間の一元的序列化であった [16]。教育の根幹に個としての主体性確立をすえておけば必ずしもこういう結果にはならなかったのではあるまいか。この点さえ明確なら社会の矛盾がそのまま教育界へ持ち込まれる [17] のではなくて、逆に教育での成果が社会の矛盾を正す働きを少しでもなしうるのではないのか。教育とはそういうものでなくてはならない。これはいうまでもないことである。また競争選択の継起的繰り返しからの格差の累積的形成による不平等受容の意識で経済的不平等が正当化される [18]。確かにこういうことはいえよう。だがこういう事情は現代の民主主義国家であれば大なり小なりいずれの国でも行われていることであろう。効果的な打つ手がないのが実情ではあるまいか。もし個の主体性確立を教育の根幹にすえておけば、不平等を適切な範囲内に留めるよう作用するであろう。

　次に、特定の関連性を所与的として自システムに包摂する関係体と、それを棄却しようと試み自領域を専断的に制御して行動する主体たる個我とのうち前者原型である [19]。こういう考え方全体が全体主義的である。人間についても自然的存在を基礎として考えることとなろう。啓示された神を信じて人格が生まれるというような考えとはおよそ異なる。ここには基本的にいって人格は存しない。関係体と個別体という区別をした発想自体が人格という発想とは異なる。人格として生まれたら、直ちに自己がその中に存している集合体の中での生を探求するこ

ととなる。それ以前はむしろただその中に存しているのみで、例えば集合体を積極的に正しい方向へ導くというような契機を個としては有しえないであろう。かくてここでは関係体と個別体という区別はありえぬこととなろう。さらに、大企業では長期安定雇用、年功序列処遇のため会社発展、労使協調が第一で職業別組合の組織という伝統は日本では確立しなかった[20]。こういう集団的体制が企業個々やその中の個人各々の自律的あり方を妨げている。その分独立的なものが育ち難い。つまり本当の意味での競争には弱いといえる。依存心がどこかでいつも作用しているからである。今後の本格的なグローバルな競争時代にあっては遅れをとることとなろう。

　ところで、2005年から30年間の財政状況で東京、大阪、名古屋中心の大都市地域、その周辺ほど高齢化の進展によって財政収支の悪化が著しく、地方地域ほど小幅な悪化に留まる傾向にある[21]。真の全体主義でないからこうなる。無責任な主義なしの全体主義である。放置主義とでもいおうか。そこで道州制ではこういう傾向に対応できない。中央の干渉なしではすまないからである。そういう点からも東西両邦制がよい。合理的である。大都市圏と地方圏との双方を含むから。東西二分なら自主的に中央の干渉なしに対応しうる。道州制では州相互間の利害対立で収拾がつかなくなろう。こういう厳しい財政状況が将来予想されればこそ競争原理の働く構造へ変えなくてはならない。無駄削減競争である。もとよりこれは民意を反映したものであり、そこから元来由来したものである。こういう無責任全体主義は日本の対米追随的政治姿勢、経済外交姿勢とも関わる。1987年10月の米国ブラック・マンデー後、独は短期のうちに公定歩合引き上げに転じたが、日銀は長期にわたり低い率を維持した[22]。こういう面は国連の常任理事国増加の件でも日本は米国頼みだった。その結果、日、独、印、ブラジル四カ国増加案には賛成しなかった。米国が多すぎるという意見なので米国は日本だけならよいということなので米国を当てにしていた。結果、実現しなかった。ここでも国としての主体性が大切である。それには個人が主体的であることがまず大切である。何事でもそうであるが、個が基礎である。ここへ目をすえねばならない。日本の官僚が主体性を欠くということ以外の何物でもない。税金の食いつぶしである。こういう悪い全体主義は、ライセンス生産と逆輸入の拡大とが日本全国を国内企業の独占市場に変えたが、反面国際競争力を失いつつある[23]。かく

て閉鎖的であることによって企業が守られている。偽りの国家主義である。個という観念の欠如がここにも見られる。これに呼応して、人材確保の内向きシステムが原因で日本製品の国際性が失われた[24]。外国からライセンスを得て国内で造って、それを国内で売って企業は利益を挙げるというわけである。全体主義は同時にいわば国内閉鎖主義であろう。個人から国に至るまで全次元で個の主体性を欠く。これがあれば開放的でありうるであろう。

（2）　主体的か

さて、1,000人以上の従業員数の大企業での労組加入率は2005年には47.7％へ落ちた[25]。かくて個の主体性が確立されざるをえぬ方向へ事態は動いている。護送船団方式の崩壊とともに企業も個人もともに個として生きる道を模索せねばならぬ状況に置かれている。こういう状況変化にも対応すると思うが、大都市地域が直面する経済、財政の巨大な環境変化の中で人口の都市集中が変わる可能性が大きいとの見解もある[26]。大都市がそうなるためにも、ためにこそ人間の精神構造の根本的変革が不可欠である。それなしでは世界中から人の集う都市にはなれないであろう。それには日本国内での二重構造といわれるような点の改革が必要である。その点を放置したまま期待した結果にはなるまい。なぜなら国内の都市、地方構造がそのままということは人間の精神構造もまたそのままであることを顕にするからである。沖縄への中枢設置はそのことの象徴であろう。日本が変わったことを世界へ発信できよう。今後人口減少しても、国全体としては各人にその持てる力量を最大限発揮してもらえるよう努めねばならない。

だが日本は自由主義の国である。かくて各人が自らの行く道を考えることが根本的事項である。そこでそれを支援するため大都市集中型の社会構造自体を変えてあとは各人の判断を尊重することを基本にすえなくてはならない。今後の少子化を考えると、その対策としての出生率向上政策だけでは対応しきれまい。あるいは移民受け入れが日程に上りもしよう。それには従来の日本の全体主義的傾向は改めることが不可欠である。社会的差別なく受け入れるには個たる主体性確立が必要であり、そういう教育が不可欠である。日本個別より世界普遍がより重要となろう。このためには日本人の間自体で個の主体性をまず確立せねばならない。それとともにいえることは、不得手分野を保護するのは資源の無駄使いな

補遺　個別界での人材育成　*123*

のでそういう部分は輸入にすべきである[27]。確かにそうである。だがそうできるには個々の人間の主体性確立が欠かせない。模倣しかできなくては駄目なのである。欧米色との相違は究極的には精神構造の相違に帰着する。ここを変えねばならない。企業のような組織が真に生きるためにはその中の個が生き生きとしていることが不可欠である。それには組織自体も個とともに人の心に宿る義によって貫かれていなくてはならない。それに基づいてのアッピールルであればその組織に属す全員が共鳴しうるはずである。つまり実現できなくてはならない。そうであるには個は組織の中の単なる個であるのではなくて、自己の心に宿る義に基づいて常に組織を点検していることが必要である。そうしてこそ組織も個も生き生きしていられよう。個は組織を超えていてこそ、その組織を生かしうるのである。だが日本での現実はむしろ反対であろう。アッピールするとすれば、それまで友好的な関わりであったのにそうした途端におかしくなることが起きる可能性がある。そこでそういう結果を恐れてアッピールはあまりしないのが日本的慣習である。組織内での自己の立場が居ずらくなってしまうこともあろう。日本でのようにどのレベルでも、またどの分野でも個より集団を優先して考える場合、その分余計にトップの恣意を防止するためにも個々の構成員の主体性が殊のほか大切となる。個体中心的発想の場合以上に個々の主体性が重要となろう。

（3）　主体的志向

　先の箇所において個の主体性がいかに重要であるかを考えた。そのことに関係するが、どんな経験も評価、課題、支援の三要素が入ると能力開発に大きい効果を持ち、経験、能力は相互に影響し合う[28]。こういう状況と個の主体性とはどう関係するのか。こういう機会があり、それに出会うことにおいて初めて個の主体性に目覚めるのであろうか。それとも、もともと目覚めているので、こういう機会を利用して成長していきうるのか。確かに機会がまったくなしでは主体性はまどろんだままであろう。つまり主体性だけを独自の事柄として問題として取り上げるわけにはいかないのか。抽象的なこととなってしまうから。人間関係の中でこそ主体的にもなるし、またそのことを自覚することもできるのではあるまいか。だがそうだとすればそういう主体性は真にそう呼びうるのか。なぜなら他者に相対して初めて存しうるのであるから。もっともその場合、いわば萌芽的には

124

事前に存すると考えることもできようが。こういう状況でリーダーシップ開発を行うに当たっての自信という問題。この点について、プログラム推進につれ、人は自己固有な能力に気付き、他者に提供すべき事項に関し確信を深め、また重要任務での成功、修羅場の克服などの挑戦的経験から自信を深める[29]。確かにそうであろう。表現は異なるが、自信を深めることは主体性確立を意味することとなろう。つまり主体性は何もせずひとりでにどこかから湧き出すのではなくて、ここにあるように挑戦的性格を有するプロジェクトへの参画が必要である。そうすることによって自己の主体性が確立していくと同時に自己でそのことを自覚できることとなる。かくて課題への挑戦がなければ、主体性はまどろんだままである。決して真に確立することはない。いわば胚芽的状態にある。もっとも反対に決してまったく欠けているのでもない。それでは人とはいえぬからである。そういう胚芽あってこその人である。この胚芽を胚芽のまま終わらせてはならない。ぜひ幼生とならせ、さらに成長させなくてはならない。そうしなくては人としての当然の権利を放棄しているのに等しい。なぜなら主体性があって初めて真に人といいうるからである。ではどの段階でのそういうプロジェクトへの参画において主体性は確立されうるのか。まったくの初歩的段階でそういうことが可能とも思われない。何回かのそういうプロジェクトの繰り返しでそうなりうるのか。ただの繰り返しでそうなりうるとも思われない。

　ここにあるように修羅場の克服といいうるように挑戦がそういう結果をもたらそう。つまりここでは不安を超えている一面がある。それまでの従来の自己へのこだわりを捨てている。自らが自らを捨てている。新しい自己獲得へ向けて決断した。ここにおいて既に古い自己は捨てられている。新しいという点が人の主体性を呼び込む。呼び覚ます。一度こうして主体性を得ても再び新しい課題へ挑戦すればそこで再び新しい主体性を獲得することとなる。かくて何か主体性と呼びうるような固定的なものが存しているのではない。人は生きているものなのでそれが当然ともいえる。あえていえばあらゆる事柄の判断においてその根源となる人格的義に至っていることがそれに当たるとはいえよう。こういう状況にあればいかなる状況にあっても判断においてぶれることはないであろう。他者から見ても、自己が自己反省してみても主体的と判断されよう。ここにあるのは義への心である。この心は義によって支えられ、また義を支えている。持ちつ持たれつ

である。義は個人の心を超えている。かくて個人を超えた次元のものが個人の心を支えている。もっとも無限の広がりを有しているとも考えられる。そこでどっちが広いかとはいえない。精神的次元のことなので広狭遠近を論じることはできない。本来そういう可視的次元を超えている。つまり義とか心とかは言葉の世界を超えている。なぜなら言葉は元来初めは可視的世界を表明するのに造られたのだから。確かに最初は生活上目に見えているものを呼ぶのに言葉を使ったことであろう。先の話に出ていた修羅場とはいっても、そこで義が特に問題となっているとは思えない。その場合には人の存在にとっての究極的真実がそこで問われてはいない。そこでそういう次元の事柄をいくつ経験しても主体性確立という点に真に至るとは思われない。というのも人にとって最も根幹的事実がそこで問われているのではないからである。そこでそういう場にあってはいわば暫定的に主体性が確立されているとも考えられよう。この暫定的ということは人の言葉が最初目に見えているものを現すのに造られ使われたことと呼応している。つまりそれらはどちらも根本的次元のところで考えられていないことを意味する。言葉は抽象的、精神的次元のところへ、例えば義というようなところへと進んでいく。つまり可視的次元のところから不可視的、抽象的次元へと進んでいく。そして主体性確立とは後者の次元において生起してくる事象である。

　修羅場が自信過剰を修正し、謙虚とのバランスをとらせる[30]。ここでいわれているビジネス社会での義―こういうものの考え方自体を表には出さぬが―という点で考えると、自信と謙虚がともに備わっているのが、それに当たると思う。傲慢では義ではない。神の義に反していよう。人間的にも義に応じたあり方になっている。修羅場を経験して人はようやくそういう境地に至りうる。かくてビジネスにおける成長が人間的成長を同時に含意している。もし人間的成長がなければ前者での成長もなかったであろう。このことはビジネスに限らない。人の活動の全領域についていいうることであろう。そういう意味では人間の全側面での成長は人格的成長へ究極するし、またそこから全側面へ波及していこう。修羅場経験の核心たる喪失感は人の目を自己の内面へ向けさせ自己の強み、弱みを反省し、新しい自分へと脱皮させる[31]。かくて修羅場は人を主体性確立の方へ一歩進ませる。だが真にそういえるのか。たとえ反省しても、それはあくまで自己が置かれていた外的環境との関連においてである。外的事象が関わっている場合、

そのことでその修羅場がいわば誘発されているので内面的性格といっても、十全にそうだとはいえない。そうである限り本人の内的成長もそれに応じて十全とはいえない。やはり真に主体性確立という心境に至るには問題自体が十全に内的性格のものであることを要しよう。その場合には真に主体性確立に至るので、その後は外的事象に対応していけよう。もとより先のような場合も傲慢にも陥らず他者の判断をも入れて対応していきえよう。ただ問題はあらゆる方向に対しての対応という点から見ると、不十分なところが残っていることとなろう。自己が真に関わる現実的、具体的問題は内的反省を迫るのは事実であろう。だがそれでもまだ何がしかの外的要因が関係する以上、十分内的だとはいえない。たとえ外的事象から始まっても（人の生である以上そういうことであるほかないにしろ）それがまったく内的次元へと転嫁されるを要す。そうして初めて当人の主体性確立へとその事象は役立つこととなる。企業経営とのかかわりで人の人格的成長を見ているときにはここまで深くは考えないのが通例であろう。それはそれでよい。次の機会には今回の上にさらに重なるのでさらに深くなるであろうから。回を重ねて人間的理解も深まっていこう。間違いを認め責任を取り、影響を受ける人々へ知らせる人は有能と見られる[32]。こういう対応をとることは、本人は主体的に判断しているはずである。失敗の公表を恐れてはいないのだから。たとえ失敗してもそれまでの経過が重要であろう。これに基づいてこれとの関わりにおいて失敗も評価されよう。そうすることが本人のためでもあるし、企業のためでもあろう。それまでの自分に自信があるのでこういう対応をなしうるのであろう。ここでもやはり他との比較も視野に入っていよう。これは人である以上当然である。だがそれではまだ主体性確立という地平へ出ることはできない。真に画期的な企画実行には主体性確立が要求されるのではないか。企業内では他者を助ける余裕はないであろう。小さい挫折ならよいとしても大きい挫折なら何らかの対策を要しよう。欧米なら多くの人々が教会へ行きキリスト教信者であろう。そこで宗教的観点からの支援も受けられよう。根本的解決はここにしかなかろうから。こういう次元へ立ち返った後仕事の面での対応へ移っていけよう。挫折が大きいほどこういう根本的対応を要しよう。どういう挫折に直面しても対応するだけの主体性の確立である。

人生の種々の試練、例えば病気、離婚、息子や娘の不始末などなど数えれば

きりがない。そういうものに対処して、新たな自己を発見することもある。このことが次の自己の人生のステップを形作る。こういう点で考えるといわゆる先にいった信仰は無関係であろう。ただ自分で対処しえている状況なので、まだしも救いがある。究極的次元での話ではない。まだまだ自分で対応しえているのだから、いわば余裕がある。少なくとも本人にとっては。本人にとって自己の処理能力を超えていれば自ずから他者へ助けを求める方向へ向かうであろう。たとえその困難が第三者から見ていかに小さいことであろうとも。この際第三者の目で見ての事柄の客観的大きさ、重大さは問題外である。主体的とはそもそういうことである。主体的でないからこそ主体性が問題となるのである。たとえあるとき自力で困難克服しても次回どうなるかは誰にも分からない。真に自己の弱さに気付くかもしれない。それが契機となり、他者の助けの方へ目が開かれるかもしれない。そして自己の弱さのうちでも具体的、現実的な能力、技能などでの弱さではなく、純然たる精神的な弱さであって、しかもその点に本人が気付けばその場合には誰も助けることはできない。結果、本人はそこではじめて人を超えた次元へ目を開かれることとなろう。気付くといってももとより何らかの具体的問題との関連で自己の精神的弱さに気付くのである。そういう点から見ると、自己で種々の問題を処理しえている場合は自己の真の弱さには気づいていないといえよう。つまり不幸中の幸いの状況に留まっている。たとえ自己を反省しても自己自身の精神性自体へまで反省は切り込んではいない。つまり反省の反省という次元まで深まってはいない。

　一通りの反省の次元へ留まっている場合、自己への反省を要する。なぜならそういう次元に留まっていてはまた何らかの問題に出くわすときには再び同様な心境に陥ることが不可避的に生じるからである。こういう次元に立っての反省がなくては真の主体性確立へは至りえまい。もっともたとえこういう経過を経て主体性確立へ至ったと本人が思っていても、再度決してそうではなかったと思い知らされる状況に立ち至ることもあろう。そのときはそのときで対処するほかないであろう。そういう意味では人生きている限り試練から完全に解放されることはありえない。もっとも試練により反省の反省を経てある一点に至った後ではそれまでとは試練も異なる意味を持つこととなろう。この「一点」こそが主体性確立の一点である。それまでは主体性は欠如していたといえよう。ただ問題はそういう

一点に至った場合にはその後はそういうビジネス界に踏みとどまってはおれなくなってくるであろう。なぜならそういう世界を人として生きる究極の世界と解することができなくなってこようからである。そこに対して十分な意義を感じ得なくなってこようからである。やはり人は人間的、人格的成長に伴ってその生きる世界も異なってこざるをえないのではないかと思う。もっとも決してビジネスの世界が価値が低いなどといっているのではない。そうではなく人各々の人間性に応じた世界があり、そこで生きることが当人にはふさわしいといえる。スポーツの不得手の人にそこで生きろといってもできはしないことも参考になろう。人それぞれである。よい悪いの問題ではない。適不適の問題である。ということは逆に考えてビジネス界に留まっている限り、まだその一点にまでは至っていないことを意味する。さらに今後の試練を経てそこへ至ることとなるであろう。あるいは幸いにもそれほどの試練には出会わぬかもしれない。この場合にはそういう世界に留まることとなろう。「わたしたちを誘惑に遭わせないでください。」（ルカ11, 4）と祈れとイエスは教えている。かくて人は各々の生き方を神より賜っている。そこでどういう生き方が一般的にいってよいかの問題ではない。各人には各人にふさわしい生き方が備えられている。かくてそこのところを見極めるところに各人の主体性が存しているといえる。それができないといつまでも他の人々の生き方へ注意が向いてしまって主体性確立ができないこととなろう。人によりビジネス界、スポーツ界、教育界、政界などと分かれることとなろう。かくてビジネス界に留まっている人にとってはそこが生きるに当たってふさわしい世界だと考えられる。その世界で自分の力を十全に発揮して生きるよう誠心誠意努力せねばならない。そういう仕方で誠を尽くさねばならない。それが人としての責務となる。

　ただ、これまでとは少々次元の異なることで、個の主体性確立という観点から見て一つの問題がある。性別、文化的背景、人種などが異なると同類以外の人々を居心地悪くさせるので彼らは非公式に排除される[33]。この事実は多重に現れる。例えば白人男性が有色人男性に対し集団形成していても、前者が非常に多くなると今度は英独仏というように各々で集団形成となろう。このことはこの事実が決して固定的な性格ではなくて流動的なのであることを示唆する。人であることで共通的であってそういう次元のことは絶対的ではない。こういう状況を特

に仕事の面で突破していく契機を提供するのが個の主体性確立であると考えられる。この契機は人が人たる限り普遍的存在としてみることを可能とする。そして各人にどの仕事が適しているかを公平に判断させる。そうすることがその企業のためになり、結果、本人も納得できよう。こういう対応において根本を形成するのは社会的次元と個人的次元との区別という事柄である。双方の区別は個の主体性確立の結果でもあるが、反対に明確化が後者へ至る結果をもたらしてもいる。そこでまず前者のことの徹底を目指すのも大いに結構であろう。

（4） 諸外国との関わりにおいて

さて、知的創造を考えるとき、真に画期的なものは個（人）からしか生まれないと心得ておかなくてはならない。周囲の反対などを押し切るだけの主体性を不可欠とするといえる。他との和など端からありえない。こういう点から見るとき、今は経済界での人材育成を論じているのであるから思うことだが、日本企業での考え方は日本のこれまでのキャッチアップ過程での企業活動についてと考えれば、理解は容易である。真に独創的なものを求めてはいない段階に属す話だからである。集団的あり方からは和が優先され、しかもそういう契機を無視できぬ以上、真に独創的、画期的なものは生まれないと思う。日欧の企業での新しいものの創造について以下の見方がある [34]。伝達容易な形式知と各人の体験に根ざす信念、価値システムなどの暗黙知双方の相互作用が企業による知識創造の鍵であると諸外国の人々は説く。

一方、日本企業がイノベーションを絶え間なく生み出すのを得意とする背景にあるのは組織的知識創造の能力である。以上。日欧でこのように差異がある。やはり日本は集団的なのである。何事でも集団でないとできないのである。個埋没である。最近での話だが、特許を個人にではなく企業に属すことにするという案が出たりしている。これなどもそのことを反映している。今後はしかしこういうことではいけない。先にもいったように真に独創的なものは個からしか生まれないのだから、もっとはるかに個を重視せねばならない。今までの日本企業ではここに書かれていることで用が足りていたのであろうが。個の尊重となると従来通りではすまない。もっとも個か集団かという選択だけでもいけない面はあろう。米国式の株主偏重資本主義に対して、ヒトとヒトとのつながり方にシステム

原理を求める人本主義は示唆に富み、行き過ぎた成果主義は多くの企業で撤回された[35]。成果主義導入では、各人が自己中心的になり、チームとしての活動ができ難くなり日本企業のよさが失われたからである。だがそういうことでよいのか。個の埋没で本当によいのか。チームと個がここでも二律背反である。偏狭な自己中心主義に立っているのでそうなってしまう。そういうことで真の創造性が発揮されるとも思われない。自己保存に汲々とするところから何かが生まれるであろうか。自己のすべてを賭けて望む場合、こういうことはないであろう。事細かな枝葉末節に頓挫しているようでは何も生まれはしない。他の人々が何を考えていようとそういうことにはあまり関心はないのではなかろうか。チームへのこだわりは自己へのそれの裏返しである。集団でしか行動できないのである。ツアーと同じである。こういう人のあり方は本人が真に何かを求めていることを欠いているからである。もしそういうものがあれば、それと直接関係のないチーム的なことに関心は向かないであろう。お互いにそうであってこそそこには生気が満ちた創造性が渦巻くこととなろう。欧米型に対しての日本型がよいので維持しなくてはならないと考えるのは誤りである。各自が個の主体性と並行して各々独自な技能を身につけそれに基づいて新しいものを創造しようとすることは双方の型をともにいわば突破したところにあると位置づけておくことを要す。双方をともに批判の対象とさえなすこととなろう。個の主体性を超えた原理は他にはありえないからである。チームとしてしか行動しえぬことは人が人としていまだ半人前でしかないことを表す。独り立ちできていない。もしできていれば逆に独り立ち以外できまい。これこそ二者択一である。半人前の人間存在から真に独創的なものが生まれることはなかろう。なぜなら半人前とは常に他の存在、例えばチームへ依存しているのであるからである。

　組織の中の個から個を生かす組織へシフトした企業が成果を挙げている[36]。こういう理解では組織より個が優先されている。個の創造性である。これまでも書いてきた個の主体性、独自性を身につけてそれに基づいて職に就くこととどう関わるのか。ここでの自発性とどう関わるのか。技能なしの自発性では真にそういうものではありえぬことはないのか。あるいは逆か。技能が企業内での自発的行動を制約するであろうか。西洋企業では終身雇用ではない。特定技能によって職に就くのが常態である。かくてこれによる自発性といえる。各人が各々の技能

補遺　個別界での人材育成　*131*

に基づいた自発性を発揮できるよう配慮することが大切である。日本でのように技能に基づいての就職でない場合、自発性といっても漠然となってしまう。企業という以上各々の持分がある。かくてあくまでそこでの自発性である。すると技能に基づかないと自発性も発揮し難くなろう。特に現代に近づくほどパソコンなど機器の発達もあり、技能による自発性を考えるほかない。かくて自発性を考えるにしても、機器に限らぬが営業分野での技能も含めて技能重視になるほかないであろう。これなしには主体性とか自発性は実体がなくなってしまう。

　トヨタの企業文化だが、結論先取りでいえば結局これは全体主義なのである。個の独自性を前提した上でのそれではなかろう。確かに自動車のラインによる製造ではそういう全体を統一する何かを不可欠としよう。従業員もそこで生活できていればそういう経営方針に対してあえて異を唱えることもないであろう。トヨタは一貫して規模拡大してきたのだから、今まではそういう方針でよかったであろう。だがいつまでもそういうことが続くとも思われない。一部従業員の解雇という事態に立ち至ったときどうするのか。同時に個人中心に考えておく必要がありはせぬか。というより個人中心に考えておかなくてはならない。トヨタの今までは企業中心なのである。個人は自動車製造になぞらえればその部品に過ぎない。しかるに個はいわば宇宙全体にも匹敵しうるものである。たとえトヨタが世界一としてもそれをはるかに異次元的に超えた存在である。人格自体絶対者たる神に類比するからである。トヨタ方式では個は埋没している。真の意味で個の主体性を明確化しつつ同時にこういうトヨタ企業文化が成立するということでなくてはならない。さもないと他者尊重もできはしない。個埋没の全体か全体脱落の個かの二者択一であってはならない。それらでは真の意味では個も全もともに生きてはいない。一方が他方の犠牲になっている。そうならぬにはまず個の主体性が真に確立されねばならない。全は個に先立っては存しえないから。全は階層的に複数の次元で考えうる。かくてどの次元を最も基本に考えるかは各個人に任されている。こういう多様性を一企業の立場から統一するのは難しいのではあるまいか。やはり各人の技能に基づいた職務に直接限定した領域において一体的に考えるべきであろう。それ以外の人生の領域へ企業が関わることは厳密に考えれば人権侵害に当たることとなろう。なぜなら企業としてはどうしても自己の企業性を第一に優先して考えざるをえないからである。かくて国全体の観点に立って

の思考と一企業の観点からのそれとでは基本的に異なろう。企業の立場からの人
間性陶冶と普遍的観点からの個の主体性確立とが一致するのかという問題が生じ
る。人を尊重する限り後者重視であるほかない。たとえ一企業の企業性を犠牲に
してもそうであるほかない。一企業が人の生のアルファでありオメガであること
はできない。越権行為というほかない。心底より人を尊重する姿勢ではない。個
の存在にとっては良心の判断が最も基本的であり、これと必ずしも一致すまい。

　欧米型雇用では就職は雇用契約に基づき、査定から契約更新へ、約束事が守ら
れねば契約解除（解雇）は当然であるが、日本型雇用では正社員とは雇用契約な
しで会社側が戦力に育てるので会社依存の人材の大量生産となる[37]。個の主体
性から判断して日本型は決して好ましくない。依存心を助長するから。生活全般
にわたって合理的に考えていく習慣を身につけることにとって決して好都合とは
いえぬ状況を作り出す。そこで生活が成立している限り、そこを外して物事を考
ええぬからである。合理的に考えることが阻害されれば良心の判断重視、義の尊
重、民主化の高まる方向へ考えるなどの合理的ということと一連の事柄へも関心
を高めることができなくなろう。あるいは掛け声だけに終わり実体を伴わなくな
ろう。全体的に自己の生活を先の良心などのことと一体化していくにはそこで生
活が成立している場をこそまず最優先で合理化せねばならない。この場合の合理
化とは企業の立場からの人員整理との意ではない。本来的意味でのそれである。
かくてそういう合理化は合理的でない場合もあろう。契約更新に当たっての査定
の結果は公表せねばならない。そうして初めて公正を期しうる。
　欧米型では各人がまず最初に自己の適性、個性、特徴、長所などを認識するこ
とが優先する。それができるには主体性がなくてはならない。それなしにそうい
うことはできない。しかもそれらに自ら気付いてさらに磨きをかけていくことを
通して主体性は益々明確になっていこう。こういう状況になってくると、自分の
適性に合う仕事に就くことしか考えなくなろう。どんな仕事をするか分からぬま
まの日本式就職にはかえって不安を抱くこととなろう。つまりそういう就職の仕
方は自ずから望ましくなってこよう。こういう方式の方が各人が各人にあった仕
事をする結果になるので社会全体として合理的に組織され、その分無駄が少ない
と思う。もっとも失業という問題はありうる。この点はしかし日本型にしても同

補遺　個別界での人材育成　*133*

じことである。むしろ日本型こそ合理的でないので不況時にも余剰人員を抱えたままとなり、追い出し部屋というような理不尽な事態を招く。こういうことは労使双方にとって決して好ましくない。

　日本式では個が欠落している。現実に雇用されたり、解雇されたりするにもかかわらずである。決して集団として採用するのではない。辞令を見ても一人一人である。しかるに個人との間には契約はない。実態、現実と法的関係とがばらばらである。一致していない。このことはこういう面以外でも日本では大いにいいうるのではあるまいか。建前ばかりが優先して実態が伴っていない。むしろこういうことが通例なのではないか。頭で考えたことと現実とが不一致なのである。例えば議員の選挙において公約として掲げておいたことが実際に当選して、その党が政権についても公約が実現されることはまずない。契約違反ともいいうる事態である。党として約束したと考えはしよう。だが責任を追及されれば、議員としての自分個人にはいわば無関係のことだとして開き直る場合さえ生じよう。それならそれで自分はその地区の党のいわば代表であるので公約実現へ向けて全力を挙げねばなるまい。そういう努力を行っているであろうか。一般にはそうではあるまい。本部任せが実態ではあるまいか。建前と実態とのかけ離れは日本では当たり前のことで誰も驚かない。このことも自己がまず主体的に個性を磨いて特技を身につけ、それに基づいて職に就くという考えとも逆に関係していよう。もし各自が主体的であれば選挙の際実現できもしない建前を並べたりもすまい。主体的に関わることが前提であるから。主体的であり、理、知性が働いていれば、建前へ流される方向へはいきえないであろう。主体性が歯止めの役を果たすこととなろう。個というものが厳密な意味では存してはいないのである。

　重要問題は自分の個性に合った仕事を身につけそれにあった仕事をしようという考え方になっていないことである。その上でのこととして不安定より安定志向ということなら仕方ない一面もあろう。一概に責められない。職の種類によっては大企業でないとそこにはない職種もあろうから。生涯にわたって一貫した職務を行い腕に磨きをかけていくという仕方で仕事を考えていけば人としての落ち着きのある人生を送りうると思う。好、不況とか就職の難易などとは次元の異なることとしてこのことはきわめて大切である。落ち着きある人生を送るにはその

時々の景気に左右されることなき自己の適性にあった仕事をすることが不可欠である。その仕事が真に自己にふさわしいものなら、たとえ一時的に不況のためその仕事への求人が少なくても再び好況になりその仕事への求人が増加するまで失業保険などに依存しつつ待つことができはしないのか。反対にたとえ職に就いてもそれが自己の適性にあわないと本人は幸せではなかろう。いつも心にわだかまりを抱いたままであろうから。むしろ失業保険でしばらく生活した方がよいのではあるまいか。こういう類の不満が社会的に増大するほど表面的には何事もないかのようであるが、その実、社会の深層へと沈潜していきある時点に至るとそれが爆発するという事態さえおきかねない。その点日本型では全体的に合理的にできてはいない。自分の仕事を確立することと自己の主体性を確立することとは切り離しえない。なぜなら仕事によって人は社会の中にあって生きていくのだからである。その点日本型では仕事中心ではない。雇用関係が先にあり次に仕事である。こういう仕方では仕事によって主体性を確立することはできない。人がそういう自覚を有していないから。むしろ反対に依存性を高める結果を招いている。この点こそがまさに問題なのである。欧米型では自分の仕事を確立し、それにより仕事に就けば自己の主体性を確立する結果になる。自己への自信を一段と深められよう。

　一方、日本型では依存心を強める結果、その反面として主体性を失う結果となろう。依存心と主体性とは二律背反である。前者は基本的にいって全般に民主主義的生活態度に反する思考様式を導きいれることとなる。個が集団から離れえない。生活のすべての部面でそうなってしまう。修学旅行、ツアー旅行、運動会、学芸会、忘年会、地区のお祭りなど。数え上げればきりがない。こういう場合由々しい問題は集団優先となってしまうことである。個は後ろへ退く。そういう状況で個を表に出すと悪く思われてしまうので益々そういう傾向となる。しかるに真に民主主義的に発想するにはまず個が優先されねばならない。集団（それがどんなものであれ）はその次にである。個から集団という順である。一方、日本では集団から個へという順である。しかもこの場合の個とはもはや真に個とはいえぬものでしかない。前者としての個は良心的判断や義とも一の性格を有するものである。個を真に個たらしめるところの個であり、集団をそれとしてふさわしいものに仕立て上げていくところのものである。そこでこういう個を欠くことと

なる。かくて人が人として生かされてはいないこととなる。主体性を欠いていることはいわば人としての魂を失っていることを意味する。魂の抜けた身体が動いていることとなる。仕事によって主体性を確立することはちょうど子供を厳しくしつけて子供が自立できるように導くことと同様の事態といえる。それが自己自身の一部となっているものを通して人は主体性を確立していく。仕事の実践において発揮される技能はそういうものになっている。他に依存しない。一方、日本のように採用後にその企業にあわせた技能はその企業固有である。まず第一に本人所属のものではない。企業優先の技能である。そこでその企業への依存がその技能の第一の性格である。かくて人の意識としては自分は自己の技能によって生活しているのではなくて、その企業内にいることで生活していると意識しよう。その分、他へ依存して生きていることとなる。これでは民主主義的自覚に至ることはできない。

　経済界では成果主義浸透の時代ゆえ努力した人が相応の処遇を受ける社会がよいとされるが、客観的評価基準による絶対評価と人格全体を考慮した相対評価とはどちらがよいかは決められない[38]。両評価法と個の主体性とがどう関わるかを考えなくてはならない。第一に、主体性が確立していればどちらの評価で対応されても、微動だにしないことである。絶対ならそこでの基準に合わしえよう。相対なら他に人々との関わりにおいて自己を冷静に反省し、自己にふさわしい評価に至るよう努力するであろう。決して他の人々に振り回されたりせぬであろう。以上はビジネスでの話ともいえる。一方、教育界ではどうであろうか。生徒としては主体性が確立しているとはいえない。そこを目指しての努力の最中である。そこで絶対にしろ、相対にしろ慎重を要する。弱者が差別意識に陥らぬ注意を要す。人は各々異なる特性を有していることを得々といて聞かせねばならない。国組織の最高位で競争原理の働く状況になっていれば、そういう説得もかなり有効なのではあるまいか。このことがまた主体性確立へと人の心を差し向けようと思う。国全体の政治的、経済的雰囲気がどうであるかがきわめて大切である。同じある一つの事柄でも人の差別意識を助長する場合とそうでない場合とがあるであろう。同一体制の中での序列決定だけなので差別意識が生まれる。同一体制自体がなく、そこが競争に取って代わっていれば、競争、例えば試験の結果に一喜一憂しないのではないか。なぜならそれが自分のこれから先をどれだけ支

配するかは不明なのであるから。かくて社会全体において真の意味で各種各様に競争原理が働いていなくてはならない。そうすれば人は各々自分にとって最も得手と思われる領域へ打って出ることがどの人にもできよう。このことは個としての主体性確立にも資することとなろう。かくて競争原理の働くことは差別意識を働かすだけだとのみ考えてはならない。真実はその反対である。単一の競争原理しか働いていないことが問題なのである。それによる序列形成しかなされない。封建主義が衣を変え、形を変えているだけである。多種多様な競争原理が働けば働くほど、その社会は民主化の度合いが高いといえよう。数が減るほど民主化指数が下がり、封建度指数が上がるといえる。

　国組織の最高位で競争原理が働いていると、それ以下のすべてのレベルでそこに属す人々が自らそういう原理を生み出しつつ生きることとなろう。決して消極的にではなく、自分の得意分野において打って出ようという気持ちにさせられよう。ここには積極性を見うる。消極性からは何も生まれないが、積極性からは本人さえそれまで気付いていなかったような本人の特性まで生まれる可能性がある。積極性が本人をして自己の特性に気付かしめるのである。それまでは本人へさえも覆われていたものなのである。こういう性格のものとは結構人にとって多いのではあるまいか。人は生きようとしてこそ自己の有する種々の資質に気付き自己の人生において生かそうと図るものである。しかるに単一の支配原理による封建的体制下では人は真に自己を生かそうという気持ちにさせられない。何かに依存して生きていくしかないからである。ここからの解放こそが人の人としての生に不可欠である。その点からいえば単一の支配原理下での人の生は真の意味でそうはいえない。人ならざる人の生なのである。

　自分の外の世界に対等な二者が対決折衝しているという現実がまず存している。そういう事態が個人の心にどう影響するかである。どの個人もすべて何らかの対立や反対の中でもまれつつ生きている。そこで人としては他者に対してすぐに屈してしまいたくはないであろう。しかも外ではそういう情景を毎日見せられていてそういう心情を刺激されていよう。そこで自分の意向を表へ出してくると思う。互いに出し合うこととなろう。つまりこれは国組織の最高位で行われていることのいわばミニチュア版である。確かに事柄自体も小さく社会全体から見れば些細なことかもしれない。だが本人たちにとってはきわめて大切で大きい問題

であろう。なぜならそのことをあえて表へ出してこなくてはならないのだから。そして国機関のやり方にならって自分らもやるであろう。国が模範を示すこととなろう。こうなると国機関に属す人々も一般国民の模範とならねばならず、無様なことはできなくなろう。その点そういう人々のためにもこういう制度はよい効果をもたらすと予想しうる。相互によい刺激を与え合うこととなろう。

　さらに、国民生活に関係深いことで東西で異なる場合、各人の主体性を刺激する結果をもたらすと思う。各人がどうしても考えざるをえないから。一方、全国一律では考えようがない。今出ている何かの数値が妥当か否かは、官僚が数字を握っており、自分に好都合に扱っても国民には分からない。一律でなくて初めてぼろが出る可能性がある。かくて国内に関することは極力東西で自由にせねばならない。このことは官僚の勝手気ままを封じるであろう。国がひとつの中ではあるが、東西という二権分立的構成になっていると、その事実は国民各自相互間にも分立的要因を付与して相互に主体的であるように促す。さらに個人の心情の中にも他者の権力にやすやすと屈すまいという心構えをもたらそう。ただ国自体が分裂してしまうのではないので、各人もそれに倣って互いにバラバラになってしまうという事態には至らないであろう。たとえ東西両邦制にしても、官僚による全国一律にしようとする力が働くであろう。なぜならそれが官僚には好都合だからである。二邦体制は不都合であろう。多くの事柄で統一的でなく、競争原理が働くようになると、何事につけ自分たちで決められなくなってくるからである。もう一方の邦はどう決めているか常に注意を払っていなくてはなるまい。恣意は効かなくなる。たとえそうして決めても両邦の国民は国民の立場から種々異論を唱えることがたびたび生じるであろう。そのたびに官僚は説明に追われたり、時には修正もせざるをえまい。文字通り国民へ奉仕の官僚となり、それ本来のあり方をとり戻すこととなろう。下克上である。というよりこれが当然のあり方なのである。現在こそが下克上である。

　国民各自は自分自身の利害得失に基づいて判断すればよい。そうすることが全体としては社会的公平、義を実現していく結果になる。決して難しいことを実行せねばならぬのではない。否、正反対である。自分自身の利害を声高に叫べばよい。「よい」のではない。叫ばなくては「ならない」。なぜならそういう一般国民各自の声こそが官僚の恣意を封じる結果を招くからである。国民としての義務で

ある。東西の邦民間で議論が沸騰すれば、自ずから官僚はそこへ引きずり込まれ
ざるをえまい。しかも実際に予算などを執行している手前矢面に立たされよう。
したいようにさせておいてはならない。国民が主人なのであるから当然である。
国民の出した税金で養われている人間がそういう性格の税金を自分たちの恣意
で使用しているのはどう考えてみても合理的ではない。こういうことが実現でき
てこそ国民各自の主体性が発揮されているといえる。この契機が活発であること
は官僚や行政関係者、またそれと一体の経済界にとっては好都合ではない。こう
いう表現はよくないが、国民をいわば蚊帳の外にしておくことが彼らには好都合
なのである。国民の方からこそ争いを巻き起こし、自己にとって好都合な方向へ
と予算などを差し向けなくてはならない。自分自身の出した税金なので自分のお
金なのである。もっとも今までは官僚天国ということであったとしても、今後は
官僚も含め公務員は例外なく全員例えば 10 年で解雇とすれば今までのような官
僚天国は過去のこととなる。そういう点でも公務員も国民も同じ立場に立って国
全体として邦としてどの道が最適かを考えることができよう。公務員も必要以上
に自己の主張に固執しないであろう。終身雇用だとどうしても私的利害優先とな
り、公正な判断が妨げられよう。かくて国民、公務員両者の意見一致の大前提と
しても公務員の有期雇用の条件は不可欠である。一致のベースとしてである。要
するにこだわらないという条件が大切である。

　米国で人事査定の前提となる職務評価について以下のようである[39]。「人でな
く職務を評価する。日本の人事制度のような曖昧さはない。正規雇用と非正規と
の差など不合理な待遇格差もない。事前に明文化された職務記述書に基づいて評
価。同一職務の基本給は同一。評価内容は常にオープン。日本より頻繁にレイオ
フがあるが、削減対象は職務なので、解雇対象の人物の職務への評価は揺るがな
い。」客観的に評価できるよう設計してある。評価者によって結果が異なっては
ならない。明文化された職務記述に基づく相対評価という点も大切である。こう
いうやり方で最も大切なのは職務を具体的、客観的に確定しておくこと。そうす
れば誰が評価しても同じ結果が出る。そうして初めて本人も納得できる。要は合
理的なのである。明確な基準による客観的評価なのでこういうことができる。こ
のように合理的であるには生活のすべての面で合理的に制度設計されていること
が不可欠である。個の主体性確立に呼応している。一部でも不合理なところがあ

ると、そこを原点に全側面へ不合理が波及して生活全般がそちらへ崩れていく危険性がある。人の本性は決して合理的にできっているとまではいえないから。人自ら不合理な方向へ動いていく可能性を有している。人の生は常に合理と不合理とのせめぎあいの中にあることを忘れてはならない。

　企業自体も人が動かしている。そこでそこにいる人間に主体性が欠けているので、日本企業で全般に見られ欧米企業では見られない状況の出現となる。例えば同時に採用活動を開始するのは無意味である。主体性欠如以外の何物でもない。一緒に渡れば怖くないという心理の表れである。

注

1 ）　大橋道雄編著『体育哲学原論 ― 体育・スポーツの理解に向けて ―』2011　42 頁以下には、体育は明治 5 年の学制で教科となり、担当の体操教師は退役軍人なので学校内で治外法権のようで、サーベルで生徒を殴ることもあった。さらに、45 頁以下には、「かつての軍国主義的メンタリティは運動部に生き続けている。社会と整合した民主的世界とは限らない。理不尽な学年間格差、逸脱行為への無感覚などが「わが部の伝統」となっている。」明治以来のこういう残像を改めねばならない。

2 ）　熊谷一乗『現代教育制度論』2007　120 頁

3 ）　山下康裕『指導者の器』2009　111 頁　さらに、112 頁には、「結論は私の考え通りか微修正に落ち着く。だが自分が決めたことになり意識が変わる。」また、186 頁には、「イスラムの人はアッラーの神以外に頭を下げない。欧米人は頭下げは詫びを意味するので抵抗がある。だが彼らも柔道を続けるうち「礼」の意味を知り、逆に柔道に深く傾倒。戦う相手がいるので自己を磨きうる。だからお辞儀して敬意を示す。」理解できる。だがスポーツに限定してならそれもよい。だがそれ以外では頭下げはやめるべきである。たとえ相手がいなくても人格的に自己を磨かねばならないことは変わらない。相手があって初めてそうなりうるのでは困る。自己自身に発してそうでなくてはならない。自律的でなくてはならない。そう考えられるので、やはり頭下げはやめるべきである。

4 ）　星野仙一『改訂版　星野流』2011　24 頁以下　また、16 頁以下には、ある時期、選手をよく殴り飛ばしたのは本当だ。……反省や向上心を点火させるには時には殴り飛ばすことも必要だと今でも思っている。

5 ）　同上書　21 頁以下

6 ）　同上書　32 頁以下

7 ）　同上書　372 頁以下

8 ）　アルベルト・プッチ・オルトネーダ　村松尚登監訳『FC バルセロナの人材育成術』2011　14 頁以下

9）　同上書　108頁以下

10）　同上書　71頁　また、77頁には、「試合のあった日にハーフタイムで間違ったので、二、三週間後その点を選手たちへコメントした。選手たちは私たちが完璧な人間でないと同時に謙虚、真摯でもあると知っている。」日本の場合、多くの監督がこういう態度を採りにくいのではないのか。こういう考えなら体罰など無縁であろう。

11）　同上書　4頁　さらに、35頁には、私はサッカーを教えているが、人生とスポーツに共通の価値観を教えることに重点を置いている。10～13歳の子供にはサッカー選手としての価値観より一人の人間としての価値観の方が重要である。

12）　同上書　110頁以下

13）　同上書　18頁以下

14）　同上書　50頁

15）　同上書　72頁　さらに、26頁以下には、「プロになるのに重要なのは完璧を目指すのではなく、長所を生かしつつチームメートと最高のハーモニーを奏でることであり、これは社会へ出て生き生きと人生を歩むのにも求められよう。個と組織との共存という普遍的価値観を身につけることはすばらしい。」ここでも人生の生き方に直結する事柄が大切とされている。日本ではこういう点の認識が不十分であろう。

16）　乾彰夫『日本の教育と企業社会』1991　6頁以下

17）　同上書　15頁　資本主義社会では精神労働と肉体労働との分裂など格差差別があり、そういう矛盾が学校制度内へ持ち込まれ社会的差別反映の差別問題を引き起こす。

18）　同上書　20頁以下

19）　浜田恵俊『世界のなかの日本型システム』1998　15頁以下

20）　同上書　102頁以下

21）　松谷明彦『人口減少時代の大都市経済』2010　31頁以下

22）　並木信義『日本社会の癒着構造』1995　194頁以下

23）　松谷明彦『人口減少時代の大都市経済』2010　150頁以下

24）　同上書　69頁

25）　大西広　碓井敏正『格差社会から成熟社会へ』2007　162頁

26）　松谷明彦　同上書　212頁

27）　同上書　196頁

28）　金井壽宏監訳『リーダーシップ開発ハンドブック』2011　6頁以下

29）　同上書　19頁

30）　同上書　200頁

31）　同上書　201頁

32）　同上書　205頁

33）　同上書　306頁

34）　宮川正裕『組織と人材開発』平成22年　58頁

35) 同上書　60 頁以下

36) 同上書　64 頁以下

37) 森和昭『日本人はなぜ海外で通用しないのか』2012　42 頁以下

38) 高橋潔『人事評価の総合科学』2010　58 頁以下さらに、53 頁には、「日本では成果ベースの米国式評価を取り入れようとしているが、一方、米国では伝統的職務観から脱し、人事評価でも人物よりの要素を強調してきている。こういう相互影響からすると、将来の評価のあり方は国情、企業特性を超えた普遍的次元へ収斂していく可能性があろう。」企業自体のグローバル化に応じて評価もそうなりつつある。

39) 森和昭　同上書　152 頁以下

第 3 章

志向すべき道（未来）

第1節　道の有する諸特質

（1）　はじめに

　人には自我が根本に存している。これは簡単に人に対して頭を下げる如き存在ではない。かくて人前においてそうする態度は自己の内面を偽った虚偽のそれであると判断せざるをえない。自己を偽ったそういう自己への不忠実からは真実は生まれない。したがってそういう態度は止めねばならない。そこにおいて自己を偽っていると、それを契機として次々と他の虚偽が広がっていくからである。自己に対してより誠実でなくてはならない。

　だがこういう態度と良心とは矛盾しないのか。無碍即良心での良心と矛盾しないところの素直な態度である。むしろそういう素直さこそ自己が無碍に到達する可能性もあろう。無碍と頭下げとは矛盾する。傲慢である自己を偽っているのであるから。良心に対して忠実でなくてはならない。そうして初めて反転する可能性がある。お辞儀をして自己をいわば隠蔽している。そういうところからは如何なる積極的なものも生まれ得ない。傲慢なので、だからこそ頭を下げるのであれば、それでは二重に傲慢になっているだけのことでしかない。主体的であることによって良心へと開かれる。このことによって主体的であることは真に超主体的であることが判明する。主体的であることによって個たる主体性を超えている。個の主体性ということも良心という契機が表に出てきて初めて明確になってくる。双方を切り離して考えることはできない。このことは幼少時より自己の良心へ忠実たるよう教える、というより自覚させることを教育の第一の課題とするこ

144

ととも一体である。

　男女の共同する社会を目指すことについて、社会制度のことばかりが取り上げられている。だがそれ以前のより根本的な問題として人の個としての権利の尊重をまず第一に論じねばならない。その点に目を向けることなく社会制度のことばかり取り上げても解決は難しい。女性が働くことも個人の権利の重視の一環として取り上げられるべき事柄である。こういう人間理解における根本的事項が日本では欠落している。個の自律と責任の自覚とは不可分一体である。個の自律確立のための方策として頭下げの挨拶は廃止せねばならない。如何なる者に対しても頭は下げないことは個人が自ら自己の自律を他に対して表明する行い（ないし行わない）である。

　女性の就業率が他の先進国に比して低いことに気を取られて現象的次元のことばかり追いかけているのは主体性欠如の一環である。個人の権利尊重というという根源へ立ち返らねばならない。また平成26年6月下旬都議会での女性蔑視発言はただ単にそれだけのことではなく、より根本的次元において個たる主体性を欠いており、人を人格的存在として認識することが欠けているからである。次に、日本では犯罪において被害者よりもむしろ加害者の人権が注目されている。さらに、最近母子が餓死した事件があった。何故生活保護の制度があるのに申請しなかったのかと思う。こういう面でも個の主体性が要請されよう。

　もっとも悪い面ばかりではない。職務評価において規定を明確に決めそれに基づいて評価しようという考え方の背景には社会的、個人的次元の区別という発想が存している。職務評価という前者次元のことに個人的関わりや感情などが入らぬようにするためと解しうる。

　また憲法第九条に関連して軍備のことばかりいうが、物事全般を社会科学的次元でしか考えず、人間の本質へまでさかのぼって問うことをしていないからである。それでは不十分なことはいうまでもない。人間理解の根本が脱落している。憲法問題でも個の良心が究極の権威である。

　社会改革はただ単にそういう次元に留まることはできない。なぜならそういう改革には精神構造の改革が不可欠であるから。これこそ革命といってよい。かくて革命の第一の意義は何といっても精神革命の意である。社会革命の方向はそこ

から自ずから出てこざるをえまい。しかるに一般には後者の意味が外面的には目立ち易いので、そちらへばかり目が向く。実にそういう精神性をこそ変革するのが第一の目的である。

人の心は自由を失っている。目には見えざる紐で繋がれていると考えてよい。この紐を断ち切ることが不可欠である。見えないからこそこれを断ち切らねばならない。見えればすぐに誰しも気付く。見えぬ紐を切るには見えている巨大なものの消滅が必要である。それにはいわゆる首都という発想の廃棄を要す。世界中の国々でそうすることである。結果、世界中の人々の心を見えざる紐から切り離さねばならない。

類、種、個という考え方がある。これら三種の根本を構成するのはそれらがすべて人間による構成である以上、人類全体にとって共通的である心に書かれた律法に則って形成されるほかないであろう。いわば赤い糸としてそれら全体を貫いている。こういう全体を貫くものがあってこそ類は類、種は種、個は個としてその真価を発揮しうる。さもないと、つまり一貫したものが欠けていると、その反対、すなわち類は類にあらず、種は種にあらず、個は個にあらずという事態に陥る。同時にその結果それら三者間での反目その他の事情が生まれよう。三者は相互に支えあい、批判しあい、そうして相互を高めあうという関係になる。たとえ種同士、個同士が反目しあうことが生じても、心に書かれた律法に基づく義がそこを支配している限り、必ず落ち着くところへ落ち着くことであろう。我々日本人の考えていることは、何事につけ根本的なことを見過ごして現象的次元のことばかりに心を奪われている。そういう姿勢では真の改革はできない。無碍即良心とは努力を要す。万人、万国共通なのは事実だが、直ちにそのことが妥当するのではない。各人の努力にかかっている。だからこそそういう理念に基づいた日本の民主主義の構築も難度の高いテーマであり、やり甲斐ある仕事である。

全体主義は国際的世界では評価されない。しかるに個人主義が欠けていると、必然的に国家主義を結果する。西洋諸国でも完全に国家主義を克服できてはいない。その制度のうちに全体主義の残滓を色濃く残し、完全に個人主義へと移行しきれてはいないから。もとよりここでいう個人主義とは国家を解消するとの意ではない。個人が自己を無碍にすることを通して自己の属す国家をあっても、なき

が如くするとの意である。国家が自らを自力で無碍にすることはできない。国家主義は国際主義とは二律背反、反対である。個人主義こそ国際主義と合致する。一見の観とは逆である。その理由はひとえに個人および国家主義の理解が西洋的では浅薄であることによる。

　個を自己の良心に目覚めさせることが教育の第一目標で、しかもそれがすべてといってもよい。そこでこのことを全教科の種々の折に自ら気付くようするのが教育である。一方、特定教科を作ると今の日本であれば、国家主義的なことを注入しようとする教育を行い、そのことが守れているか否かで評価しようとするであろう。それではいけない。他教科は注入式でよいかもしれぬが、だが良心的なことは各自の心の中に既に存在している。注入とは反対である。良心に気付き、すべてをそれに基づいて判断していくと、そのことは官僚や経済界の人々にとっては好都合ではない。生徒たちはいずれ大人になり、自分たちへ批判の矢を射ることとなろうと予測するから。かくて道徳教育の教科化には反対せねばならない。支配階層は自分たちにとって好都合な人間の要請に憂き身をやつす。そういう類の教条注入が第一となる。過去を見ればこのことはすぐにも分かる。自分たちにとり不都合な人間養成に本格的に取り組むであろうか。自己の世俗的「利益」ではなく、「良心」に従えばそうなることが不可避なのであるが。個欠落だと、つまり個の主体性が欠けていると、世俗的世界のことがいわば絶対的次元へと祭り上げられ、お互いに人格としては対等であるという観念が薄れていく傾向が生じよう。これは民主主義にとって重大な問題である。かくて実質のある民主主義実現には個の主体性確立の教育が不可欠である。

（2）　明治以来から今後の道

　1890 年発布の教育勅語に現れている基本的考え方も要は国家主義である。国家主義と個人尊重主義とは相反するのか。反対ではないのか。相即してはいないか。個々人が確立していてこそ真の意味で国家としても確固としうるのではないのか。矛盾するかに見えるのは個の確立が半端だからであろう。かくて国という観点に立って考えた場合、個確立半端な国家、次が国家主義、そこからさらに個確立の国家という順で国家としての確固さの進展を考ええよう。明治初期で考えた場合、欧米先進国自体がまだ個確立の国家という段階にまで至っておらず、日

本的な国家主義と個確立半端な国家との混交したあり方に留まっていたのではないかと思う。否、今現在においてさえ個確立の国家という段階にまでは至っていないであろう。こういう国家は人類全体にとってそれを追求すべき永遠の課題といえよう。

　人が既得権益に固執するためにそういう方向へ進み難いのがその理由であろう。真の民主主義制度とは既得権益を有する社会層が存在しないことである。だがそういう社会体制ができうるのか。人の心の中を反映するからである。ここでは人の心の中での罪的要因を逆手にとって社会的な罪のあり方（既得権益）排除達成を目指すのである。それが例えば東西両邦制である。二つしかない相手方と比較して自分のほうが不利にならぬよう誰しも望むであろう。そこのところが着目点である。そこのところを逆手に取る。結果として罪を反映した既得権益ある体制ができないようにしていくのである。逆手にとることさえもせず、ストレートに罪排除の社会体制をつくろうとすればユートピアのようなこととなり、非現実的となる。現実的であるには罪という現実を逆手に利用することが必要である。罪を抑えるのに罪を利用するわけである。マイナスとマイナスとを掛けてプラスに転換するようなものである。罪と義との対決ではなくて、罪と罪との対決である。結果は義が罪を制した場合と同じである。否、むしろそちらの方により一層の徹底を期待しえよう。なぜか。ガチンコ勝負になるからか。一方が義であれば、誰しも自分の側がもし罪の側なら引かなくてはならぬと内心感じていよう。そこでガチンコ勝負にはならない。しかも義の側も自分の側の主張を全面的に相手側に受け入れさせようとはしないであろう。なぜなら義とはそういう性格のものであるから。そういう一面を持っていよう。主張を控える一面があろう。相手の罪性を考えれば簡単に受け入れ可能とは認識し得ぬからである。それだけ人の罪について深い認識があるのである。ところが双方ともに罪の立場にあれば、自己主張することにいわば専念しよう。そこでガチンコになる。だがそのことがかえって深く事柄自体への認識を行わせる結果になろう。同時に自分たちの限界へも目を届かせる結果になろう。互いに対等な立場に立っているからこそ、そういう結果にもなるといえる。もし一方が有利、優位な立場に立っていれば、そうはなるまい。そちらのほうにとって有利な体制を結果しよう。そのためもう一方の側は不満を抱えたままとなろう。これでは既得権益がそのまま温存される

こととなる。それでは国としての真の一体性構築は困難となろう。対外的にも弱体となる。国としての一体性確保には２つに分かれていると同時に対決した上で相互を対等な立場で承認しているという２つの要因が不可欠といえる。端から一極的中枢が全体を統一している体制は封建的である要因を残しているといえる。たとえ民主主義を標榜している国家においてもそうであろう。なぜならそこには既得権益層が存在しているからである。ところが先のような対等な二つが対決する構造ではそういう層はできにくい。その分民主主義は徹底する。人の罪を考慮した上での民主主義制度といえる。

　もとより個人が努力して得た適切な範囲内での権益は認められねばならない。さもないと誰も努力しないこととなろうから。だがその場合には「既得」とはあえていわないであろう。そう呼ぶのはそれが度を越えているからであろう。

　義罪対決では義は無理強いはしない。なぜならそうすること自体が義に反するからである。かくてこういう対決ではどこまでも罪的あり方の排除は徹底できないであろう。罪罪対決では悪くすると戦争になってしまうかもしれない。だがそこまで自己主張をすることによって人としては納得がいくであろう。理性がある以上、一国の中でのことであり戦争にでもなれば他国を利することは目に見えており、そのことが抑制要因として働くであろう。そこで互いに主張を出し合った上で互いに譲歩するという結果を期待しうる。度を越えて争う方向へは進むまい。だがその一歩手前までは既得権益排除のためには進まねばならない。真の民主主義実現のためには不可欠な施策といえる。対決しつつの和平である。簡単にいえば異和である。異があるからこそ和があるといえる。異なしの和は和といえない。単一中枢的支配の和は異を欠き、それは真の和ではない。封建主義、社会主義などは個々へ属す。民主主義国家といえども単一中枢という性格が強ければ強いほど個々へ属すこととなろう。つまり真の民主主義国家とはいえない。

　義罪対決では真の対決にはならない。互いの立ち位置が異なるからである。明らかに義は罪を理解した上で対応していよう。一方、罪の方は義の内心までは解しえまい。義は自己の義に固執はすまい。罪に対して自己を抑制してあえて自己主張はすまい。だがそのことはかえって社会的正義の実現を危うくしよう。罪の主張に譲歩するからである。そのことが特に犯罪的要因を孕んでいない限り。そういう意味では真の民主主義的体制はでき難いといえる。たとえ同規模二つで

第3章　志向すべき道（未来）　*149*

あっても一方が他方に対して必要以上に譲歩すると結果的には義罪対決の場合のような結果となろう。かくて義に立って言動することは個人としては立派なことといえるが、社会的立場に立っての言動としてはあくまで必要以上の譲歩はしてはならない。社会的義実現を阻害するからである。やはりここでも社会・個人両次元の区別は重要である。心を鬼にしてでも自己主張をしなくてはならない。

罪罪対決では互いに相手を倒そうと試みる。もしできればそうしてしまうであろう。だが東西両邦体制ではそういうことはできないよう最初に設計されている。そこでどれほど対決状況になってもお互いを倒すことはできない。そこでどこまでも話し合いを行って互いに納得いく点を探す以外にない定めにある。そのことが互いの民主主義的自覚を高めるよう作用するであろう。しかも互いに自分が不利にならぬよう知恵を出し合うこととなるので、その結果お互いに相手の心の内までをも知りうる。相手を倒そうとばかりしていても埒が明かないことが分かろう。互いに悪い面を出し尽くしてこそよい方向への反転も生まれよう。前者を出し尽くさぬことにはあきらめきれないからである。ただそういうことをしている間に最初から相手を倒しきれない設計になっていないと本当に相手を倒してしまうでもあろう。これでは民主主義ではなく封建度指数向上となってしまう。相手を倒そうという意図を出し尽くしても、そうできなく設計されていることこそ大切といえる。罪的行動へ端から歯止めがかけられている。もし同規模二つでないとある州が他州の草刈場になったりして相手に倒され上下関係となり、封建主義へ逆戻りしてしまう。簡単にそうなってしまうであろう。現在の日本の現実がそうなっている。民主主義とは単なる外見に過ぎない。内実は封建主義そのものである。こういう状況では真の意味での競争はなくなってしまう。その結果、多くの非効率的な社会的側面がそのまま存続することとなる。

最初に同規模二つに分けておけば、互いに相手を倒して自己の都合に合わせさせることはできないと端から感じよう。そこでそういうことは考えまい。自ずから針はそこのところへ振れていくであろう。もっともある部面で一方が優れても他面ではもう一方が優れているという事態は生じよう。だがそれはそれでよい。全体のイメージとしてほぼ対等だと互いに感じていることが大切である。各人がそう感じていることは自己の心の中以外どこにも都を求めないという事態とも呼応している。こういう心のあり方こそ何かを創造していく元となるので

150

ある。活力もここから湧く。そこへ固着するところがあると心はその分活力を失い、創造力を失う。かくて国全体としてそういう要因を失う。結果、他国に遅れをとる事態となる。同規模が２つの場合、個人としては自己の属す邦の方へ無条件的に「都」意識とか帰属感情を持つことはないであろう。それだけ心は自由である。なぜなら同規模の相手方があり常に比較させられているからである。よいと感じる面とよくないと感じる面とがいつもあるであろうから。単一国家の中であればこそ、そういうことが存在するであろう。それだけ個人としては自律、自立的傾向を強めることとなろう。その分主体的になれるといえる。目に見えてる世界の心が留めつけられていないといえる。しかもただそれだけのことではなくて、他方と自己の側とを比較して少しでも相手方よりもよくしていこうという気持ちが自然に芽生えてこよう。もっともその分心が自己の側に留めつけられているともいえよう。だがこれは留めつけと離れていることとが一つの事態である。こういう心のあり方が最も適切ではないかと思う。なぜなら悪い面からは離れ、よりよくしようという意向が働き、反対によい面にはそれを大切にしてさらに発展させようという心が動くであろうからである。べったりくっついているのも、反対に離れ一方というのもともに前進させるという契機を欠くであろう。このように目に見えている世界に心が留まっていないことが心の自由であり、そこから何かが生み出されてくる元であろう。しかもこういう心の自由さは自己自身への批判、反省をも生む。この点も大切である。なぜならそういう点が人の創造性をさらに高めるからである。多へ目を向けるのみではなく、自己自身へも目を向ける。実はこの点こそが最も大切なところといえよう。自己による自己向上へのドライブである。そういうモティーフがここには秘められている。このように同規模二つは心を地、世から離させることを通して、自己自身へと目を向けさせ人の創造性を高めるのである。人が何か新しいもの、ことを生み出すのは心の中からである。

　さて、1872 年学制公布から 1880 年までの間、教科書は自由発行、自由採択であった[1]。明治最初の自由発行、自由採用へ戻すべきである。なぜなら個の主体性はそれに呼応しているからである。そのことは特定の人間や集団、組織などが検定者ではなく、国民が検定者であることを意味する。まさに民主主義の基本に徹しているといえる。国民に権利と責任とがあるのだから、これが最もふさわし

い。その背景には国民への信頼がある。そうであってこそ国民もその責を果たそうという心情になる。特定の組織（それが国であれ何であれ）が検定を行うことは国民を信頼していないことの一現象といえる。この点をこそ改めなくてはならない。まず信頼することがなくてはならない。教育への権利としては受ける権利と実施する権利とが考えられる。後者は国が国民に対して責任を持って実施することである。だが政党、官僚などによる支配が起こりうる。そういう事態を避けねばならない。日本では特にそうである。明治以来日本の国家体制は封建主義さながらの全体主義である。先進国に追いつくためという目標がある以上、そのためにはということが念頭にあったことであろう。非効率的であろうから、確かに分権的にはなれまい。その限り人間一人ひとりの人権というような要因は二次的なこととなろう。国という面が前面に出てこようから。1871年12月日本を近代国家として発展さすための効果的教育制度確立のため学者などに学制草案起草に着手させたが、これは集権的な仏の教育制度を範としていた[2]。かくて明治最初期は教科書は自由だったが、学校制度は集権的だったことになる。いずれにしろ何事につけ個より全が先に観念される。それには宗教も無関係ではないであろう。なぜなら仏教では原理は空とか無である。個人は自然の中に存している。つまり自然という全体の中に個は存在している。自然なしには個もありえない。そこで全をまず最初に観念する。キリスト教ではそうではない。個々人がキリストを主として告白する。そうして初めて信仰は成立する。かくて個がまず先である。決して集団を無視するわけではないが、個人が信仰告白せぬことには信仰不成立である。そこで個人が意識の表面へ出てくるといえる。結果、個人を先に考えることとなる。こういう宗教的相違も関係していよう。だがそれを口実にしてはならない。民主主義である以上、これに徹さなくてはならない。民主主義はこの自立、自律が大前提である。かくてもしその点が不十分であれば、十分になるよう全力を挙げねばならない。それが民主主義国家としての使命である。そういう弱点を官僚的立場から自己の利益になるよう利用するに至っては何をかいわんやである。もってのほかである。現実には教育制度は明治以来全体主義国家の政策実現のための手段となってしまった。政党、官僚による国民排除の独断的専制が起きるのである。このことはそれらが経済団体と結託して後者が推進したい資本主義、国家主義へ奉仕するためでもあろう。教育制度までもがいわば独占資本

への手段へと地位を下げられている。本来からは逆でなくてはならない。人間はいかなるものの手段であってもならない。常に目的そのものでなくてはならない。民主主義は国際的次元で見ても普遍的意義を有している。だがそれが資本の専横的な主義主張を凌駕しているか否かは大いに問題であろう。このことは日本ではいうまでもないが、たとえ欧米先進国においてもである。

（3） キリスト教と良心や義

　1995年5月ハーグ世界平和市民会議でのアッピールには「各国議会は日本国憲法第9条のような政府が戦争をすることを禁止する決議を採択すべきである。」とある[3]。だが真にそうありうるには覚悟がいる。つまり周辺国が戦争を仕掛けてはこないという甘い期待を持ってはならないことである。万が一仕掛けられても戦争はせぬというほどの覚悟である。滅びるのをも覚悟せねばならない。それには国民の一人ひとりがそういう決断をしていることが不可欠である。本当にそういうことができるのかという問題がここには横たわっている。この一線を超えねばならない。フォークランド紛争のような事態さえ起きかねない。社会的正義のためにも戦争をせざるをえないことはないのか。戦争を政府が一切しないというのはあまりにも非現実的ではないのか。国が滅ぶような戦争は国際的な目もあるのでやり難いであろう。むしろ小さい小競り合いのような事態こそ問題となろう。

　こういう問題では考える次元がずれていると思わざるをえない。人類にとって最大で第一の問題は各国が真に「実体」ある民主主義的体制になれているか否かである。そうなれているのなら自ら戦争を他へ向けて仕掛けることはない。まず各国のすべきことは自国が実体ある民主主義国家となれているかを反省することである。もしそうなれているのであれば、そういう体制維持のためたとえ世界一優秀な核兵器を有していても何一つ問題はない。自分の方が先にそれを使うことなどありえぬからである。そういう体制の問題をうやむやにしたまま戦争する、しないを問題にしてはならない。順番を間違えている。実体ある民主主義体制構築こそ最も困難な課題である。そこから目を離してはならない。戦争云々ということで目をそこから離されてはならない。ただどこまでも民主主義実現が先で戦争云々はその次であることを絶対に忘れてはならない。

　日本では良心ということがそれ本来の重い意味、働きを持つものとして認識さ

第3章　志向すべき道（未来）　153

れていないのではないかと思う。だからこそ良心に磨きをかけるという発想も生まれてこないのであろう。伝統的に無、空とかあるいは儒教的発想ではそこまで良心を重視する考えは生まれなかったのであろう。そういう自覚が生まれない。良心と無碍、どちらか一方のみでは人は機能不全に陥ろう。このことは例えばキリスト信仰はそれ自体から良心を解放させる契機を自らのうちに含んでいることを意味している。そこまでに至らない場合、真にキリスト信仰に実存的、実存論的に関われていないことを意味する。いわば道徳、倫理を含めての文化としてのキリスト「教」に関わっている段階に留まっている。この場合にはこの根底を突き破った超個としての次元は開かれてはいない。信仰は世俗的次元の種々の事柄から心を引き離すことを通して良心を自由にする。かくて良心による判断をそれまで以上に行い、実行することができることとなる。他の宗教も当然のことながらこれと同様な効果をもたらすはずである。そこでそういう点で共通している。ここに国、民族、宗教などの違いを超えた真の和の可能性を見いだしうる。平素の状態では真の宗教外の状況下、広い意味での迷信下、世俗的次元のことへの囚われも一種の迷信として、そういうものの下では良心は何らかの仕方、意味においてある特定の桎梏の下にあるといってよい。そこから良心は真の宗教によって解放されるのである。そういう効果を持つ宗教が真の宗教といえる。だからこそローマ2, 15でのように信仰と良心とが弁明しあうといえる。自らの良心のみに従って判断せねばならない。良心はそれ自体自足的次元の存在であり、他から何かの指示などを必要とはしていない。自らの内よりいわば人が生きるに当たって必要なものすべてを生み出して生きうるような、そういう性格のものである。良心の判断に合うような制度が民主主義制度といえる。このことは自ら達成していかなくては誰も導いてはくれない。そういう立場に置かれている。弁解は許されない。人としての最優先事項である。さもないと人が人であることより何かが優先することとなってしまう。

　明治以降の日本のキリスト教が欧米のキリスト教思想の模倣だといっていたら、日本の仏教、例えば禅は中国の模倣ということになりはせぬか。そうとはあまり思わないのは現在中国は社会主義国であり、宗教は決して社会の中枢を占める一要素という地位にないからでもあろう。事実、日本の仏教界との交流があるという話はあまり聞かない。そこで例えば禅は日本固有の仏教であるかのように

思うことを許容するような客観的状況が存しているといえる。仏教は日本へ入ってきてから既に1500年近くたっている。一方、キリスト教は200百年足らずなので止むをえないことでもあろう。いわば土着化以前である。土着化せねばならぬが土着化してはならないといわれるが、前者の意味での土着化さえしてはいない。仏教1500年キリスト教150年、この相違は大きいのではないか。もとより年数だけの問題ではなかろうが。国民のうちどれだけが信者であるかという点は特に大切であろう。広く受容されぬ限り、その民族の従来の精神と一体にはなりえぬであろう。つまりその民族の精神となって新たなる理解を生み出すこともできぬであろう。

　パウロはアレオパゴスでの説教で「知られざる神」を拝しているギリシャ人に向かっている。同様に日本文化の中にある義を思わせる種々のものはここでのそういう神に該当するといえる。そういうものを伝道の取っ掛かりにしてもよい。これはあくまでキリスト教の立場からの対応だが、他の宗教はすべてキリスト教の代替物、補完物と考えうる。そういう宗教を用意することによって啓示の神は義、良心などの超人間的価値を維持するよう努めたとも解しうる。かくて人間の立場から見れば、明らかな迷信は別としてどの宗教も同価値的と考えてよい。ただ神の立場に立つと価値は異なることはいうまでもない。義、良心の立場に立つことは現存する各宗教への批判原理をも提供すると考えうる。より根源的なるものである。そしてこの原理に基づいて判断していけばどの宗教が究極の真実を反映しているかが自ずから明らかになるであろう。ただそのためには当人が真に義、良心の場にあり、世俗的私利私欲に囚われぬことが不可欠である。

　良心、義へ関心を持たすことは個々の具体的宗教（キリスト教、仏教なども含めて）への批判的精神をも養うことを意味する。つまりより根源的な人の存在への思索を深めるのである。こういう次元から見れば、個々の宗教はいわばそういう根源的事態のための舞台装置と解することもできよう。前者が各々の歴史的状況の中でいわば発芽した姿である。かくて舞台装置に心を引っ掛けたままでは不十分でより根源的次元へ目を開いていかなくてはならない。このことは同時に人を超えた次元へ目を開かせることでもある。個々の宗教の具体的現象、事実へ目を向けるだけではそういう一次元深い超人間的地平へは目を開きえないであろう。ただ単なる知識習得に終始するであろうから。

第3章 志向すべき道（未来）　155

　人への神の愛という考えだとそれと矛盾する事態に必ず出くわそう。そうい
う状況からそういう信仰のあり方は真実ではないことに目覚めよう。結果、た
とえどういう状況にあっても自己の良心に従うことにおいてキリストの道を見い
だす方向へと目を向けるであろう。ローマ 2, 15 が示すように。ここに十字架の
道を行くことにおけるキリストとの共同という事実を自らが見ることとなる。キ
リスト「教」とはいえてもキリスト信仰とはいえまい。またそういう共同におい
てこそキリストによる罪の贖いという事態にも気付くといえる。なぜなら自己の
罪に目覚めるからである。キリストは先達であると同時に救い主でもある。前者
であることを抜きにして後者だけということはありえない。なぜなら実存的に考
えて後者の事態がそこへ関わってくる拠点を見いだしえぬからである。良心とい
う観点に立たない限り十字架の共同という事態は生まれないであろう。良心の声
に 100％従いきれない事実において自己の罪に気付かざるをえなくなるのである
から。イエス自身いっているように「自分の十字架を担ってわたしに従わない者
は、わたしにふさわしくない。」（マタイ 10, 38）ということである。世界観や人
による文化現象とは基本的には何の関係もないことである。

　「虎穴に入らずんば虎児を得ず」という場合でも、虎児とは世俗的に価値の高
いものであるという意味ではないのか。それに対して良心の判断に従うとは何の
世俗的利益もなく、むしろ反対の場合が多いのではないのか。脱価値的なのであ
るか否かという点が根本的に異なる。身を捨ててこそ立つ瀬もあれということも
同様ではないのか。つまり世俗的に有価値的なものに達するのに一旦捨てるとい
うことでしかない。もとよりそのこと自体も難しいであろう。確かに聖書でも
イエス自身「わたしのために命を失う者は、それを救うのである。」（ルカ 9, 24）
という。だがこの場合は神への信仰のために捨てている。日本のはそういう大
「義」を欠く。ただ単に得るという結果のために捨てている。聖書のはそうでは
なく、捨てること自体において良心の自由を得ているのである。個に徹すること
は自ら超個の次元を開く。これは民族とか、国家のような中間的な存在を真にそ
ういうものたらしめ、人類全体へそれらを奉仕させるべく作用するところのもので
ある。逆に考えれば、そういう次元を開かない「個」は真に個とはいえないこと
となろう。半端な個でしかない。かくてこそそういう個は国、公と相容れないこ
ととなろう。真実の個の主体性とは西洋でいう個人主義とは異なる。これは全体

主義とは相反するものである。真の意味での個の主体性はそうではない。個の根底に無碍と一体の良心という点において超個的要素を見ているからである。これがよい意味での全体主義へ通じていく。つまり全を全たらしめる個なのである。かくて西洋的個人主義ではない。無碍と一体の良心でない限り、各人が正義とはこういうことであるとして各々が自己主張するだけのことになる危険がある。かくて教育の一部として良心が自ずから働き出ることができるように、邪魔物を取り除くことをも組みこんでおかなくてはならない。

　良心に従うことを教育の第一原理とすることはそうする側自身にとっても一種の負担になる可能性があるので、そういうことはし難いであろう。だがそこをあえて越えていかねばならない。それが国内融和や国際平和へ通じる道である。利益誘導によって真実を歪めることは良心に反する企てであり、許されない。人としてこれぐらい恥ずべき行いはない。意図的に反良心的方向を選び取っているのだから弁解の余地はない。

（4）　日本固有な事情に関連して

　（原理的なこと）自己中心的で人間関係を結べぬ浮遊した若者とか人前に出るのが苦手な中高生割合が米約16％、日約63％であること、お金を何より大切とする青少年は米2割弱、日4割などが示されている[4]。こういう事情の根幹は米国ではキリスト教がある。一方、日本では仏教はあるが、空とか無とかでは人格的内容はない。もとよりこれだけがその理由とはいえぬが、大いに影響はしているであろう。要は人格という要因の脱落なのである。この点については幼少時より、つまり小学校時より、さらにはもっと早くから、早いどよいと思うので、先生を「あなた」と呼ばせて、自分には「わたし」を使用して、自立心を養うよう心がけねばならない。そうすることがここでいわれている数字の改善にも大いに貢献するであろう。子供が生来有している資質が引き出されてくるような結果をもたらすであろう。先のような呼び方は大いに子供らの心を刺激するであろうから。個の主体性という事態を言葉で説明しようにも幼少過ぎではまだできないであろう。その代わりに実行させればよい。自ずからそういう結果を伴うであろう。何事も論より実行である。資質の芽がふき伸びていくであろう。幼少よりそういう教育を受ければ周囲の雑音に妨げられない自由さを保持するであろう。

第3章 志向すべき道（未来） *157*

　1958年の学習指導要領改定で日の丸を掲げ、君が代を歌うのが望ましいと初めて書き込まれた[5]。戦後すぐの教師が自分たちで教育を作っていくという体制は変更された。さらに、東京都での日の丸・君が代強制が取り上げられている[6]。こういう点については、日本がその国土を全体としては外国軍によって占領されたことがない。そういう体験の欠如のゆえに各人に外国に対して自分は日本人なのであるという自覚が低い、ないしは欠けているという事情が大きく関係している。もしそういう体験があれば、国旗や国歌 — それがどういうものであれ — に対して敬意を払うことに対して、抵抗のあろうはずはないのである。つまり各人の良心上での自由と敬意表明の行為とは一になりうると思う。主体的に参加しうるのである。外国軍に占領され、地下組織を形成し、君が代・日の丸の下に結集して占領軍と闘争して祖国を回復したという体験があれば状況はまったく異なっていたであろう。諸外国ではこういうことは珍しくはない。日本は島国なので海が障壁となったことが幸か不幸かそういう体験なしでこられたといえる。そういう意味では我々は不幸ではなく幸であったといえる。人としての誇りを失わずにこられたのであるから。人はプライドで生きる存在であるという[7]。それならなおさら主体性が要求されよう。たとえどんなに社会的対策を講じても、それから不幸にして外れる人々は存在しよう。たとえそうなっても希望を持って生きるにはそういう対策だけでは不十分である。自己の周囲の社会的状況に惑わされずに生きうるような主体性こそ大切である。社会的対策はどこまでもいわば全体主義的視野で考えられている。またそうであるほかない。後は個々人の問題となろうから。自由主義社会である以上、最後は個々人の問題となる。ここのところでこそ個の主体性の確立という倫理的、宗教的次元のことが出てこざるをえまい。

　（日米比較から日本での格差社会）米国では単純労働では相対的には日本以上に低賃金である[8]。確かにそうであろう。米では単純労働は移民や黒人が行っている。日本のようにほぼ単一民族構成にはなってはいない。世界的視野で見れば、異民族を抱え込んでいるのが通例であろう。だが日本がいわば成熟社会に近い状況にあるのは民族的観点から見て、アイヌ族のこともあるが、ほぼ単一的状況からのみ由来するのではないであろう。個としての主体性欠如ということも無関係ではない。上からの指示に対して従順なのである。指示待ち族という用語が示唆するようにである。そういうあり方は高度成長の過程にあってはきわめて好

都合といえる。このことはほぼ単一民族的ということとも無関係ではないであろうが。民族的に単一的であるということよりは、個の主体性欠如という契機の方がより重要であろう。もっともたとえ個の主体性という契機が保持されていても経済的に豊かな方向へ向かうのであるから大多数の人々が同調することができたであろうとは思う。

　さて、世代間での格差の再生産という問題が存在する。これは確かに大きい問題である。奨学金などで対応するほかあるまい。親の所得を支給額の反映させるなどする。国の責任はすべての人がその努力に応じた報いを受けられるような社会を構成することであろう。是非そうでなくてはならない。そのためにはいかなる競争にもどの人も平等に参加しうる条件を整備することである。だがこの点を徹底しようとすると、社会階層の解体まで視野に入れなくてはならないことはないのか。現実問題としてそのようなことが可能なのか。できもせぬことをいってみても仕方ない。空しいのみである。空論になってしまう。封建社会や共産社会と異なり、民主主義社会では収入のあり方も多様である。確かに学力が秀でているのも一つの道だ。だがスポーツや芸術で秀でていても、それはひとつの道となりうる。しかも後者の世界では政治や経済の世界でよりはるかに多様性がある。かくて何かで秀でていれば大いに出世の可能性がある。豊かな社会では出世も複線構造となっている。こういう構造は人間存在自体が多様な側面を併せ持っていることより由来する。学校教育を見ても、英語や数学もあるが、音楽、芸術、体育、職業と多様である。豊かな社会ではどれかの分野で秀でていれば出世できよう。20世紀前半ぐらいまではそういう余裕はなかった。いわゆる学力は政治他経済の世界での成果へつなげて考えやすい。また事実そうであろう。そこで学力ではなく後者の種々の世界に対して個々人が目を開きうるように各人の主体性の確立へ向けて幼少より教育していくことも大切であろう。決して学力偏重の教育体制とならぬよう努力せねばならない。この点こそが大切であろう。小中学での授業時間にしても英数国理社の5教科偏重にならぬよう時間割を工夫するなどを心がける必要があろう。それらの教科ばかりができる人間の重視が一種の差別であるという考えを持つ必要があろう。その点を制度化する要がある。選択制にするとかして。スポーツの得意な人はそれでよい。そういう科目重視でよい。芸術方面の得意な人はそういう方面重視でよい。そういう方向へ改める必要

があろう。スポーツ、芸術といっても多様であるから、そのうちに得意なものを中心にやればよい。もとより社会人として最低限の英数国理社は履修せねばならないが。個の主体性確立教育は必然的にそういう方向を要請することであろう。五教科重視は経済団体の人材養成の要求とも無関係ではあるまい。業界にとって役立つにはそれらの科目ができなくてはならない。野球やサッカーができても何にもならない。そこでそういう結果にもなる。かくてこういう結果は官僚と経済界との結託によって国民が迷惑していることでもある。彼らによって国が私物化されている。英米では職業的地位と学歴との関わりでは日本に比べ学歴の重要性は 1970 年代と 1990 年代との比較ではより高まっている [9]。日本に比べ米英では学歴が重要である。このことはやはりビジネス環境の厳しさが影響していよう。つまり競争の激化である。だからこそ労働市場参入後再び教育制度の中へ舞い戻ることも生じるのであろう。確かに制度をより柔軟に作っておく必要があろう。社会的、家庭的背景がある方が有利とはいえ、多くに人々にとってはこの点は大切であろう。本人の努力を受け入れる社会的体制がその分整っていることを意味するから。日本では何といっても米英に比べ閉鎖的な面が強いのではないか。そこで米英ほど学歴重視にはならない。日本の教育制度は単線型であり、米英でのように複線型ではない。そのため一度労働市場へ参入すると再び教育制度の中へ戻って資格を取得するのは難しい。こういう事態の結果として、学歴の相対的重要性が米英に比べ小さい。確かに米英の教育制度は日本に比べ開放的であろう。このことはそこの人々の考え方が開放的であることを反映している。そういう点は経済でもそうであり、内外二面で開放的であって、その分競争も激しくなることであろう。開放的であるとは人としての普偏的次元へ出てそこに立っていること意味する。日本がそうでないとは日本独自の特殊な事情に囚われていることを意味している。普遍的次元へ出ないことには公平な競争にはならないであろう。ただ日本で考えれば上層の職業階層へ達する手段として学歴はより重要となっている [10]。

　OECD 加盟国の国内一人当たりの GDP 資料によれば、日本の所得格差は小さいとあるが、米国、ドイツ、カナダなどは州単位、日本は北海道、東北などのブロック単位なので単純比較はできない [11]。ただ米、独などは国土構造が多極分散になっている。英仏にしてもロンドン、パリでさえ日本での東京圏一極集中ほ

どではない。統計はどういう基準を取るかで大いに異なってしまうほどで、どこまで客観性があるのか分からないが、仮にそうとして格差もさることながら、一点集中のあり方が問題であろう。そこへ連なることばかり考えて、人の心が自由を失う。しかも一点集中するとその一点内にいる人間の方がむしろ自由を失っているという点である。先の意味で国内に競争相手がいないという状況が人の心に影響しないはずはない。そこへ連なっていることによってどこか心が満たされたような心境になり、創造的方向へのインセンティブがその分働かなくなろう。そのことは日本全体にとって大きなマイナスである。一点集中の一点が大きくなればなるほどそのマイナスは大きくなろう。今現在の集中程度ならまだ他地域の状況を見ていると変革への意欲を見て取れる。放置しておくと一点が益々肥大化してそういう意欲を失わせる事態にさえなりかねない。そうなればまさに日本沈没である。そうならぬうちに経済、政治構造の根幹部分の変革を行わねばならない。そういう点から考えて、それらの集中もさりながらそのことが精神の一点集中を引き起こす結果になって、その分、人の創造力を減退させるという目には直接は見えない効果の方がむしろより大きい問題であるとも考えられる。

　英国では親の所得の関係で十分な教育機会の恵まれぬ子供の多い学校へはより多くの財源投入を行い、教育の質を高めている [12]。英国でこういう政策が行えるのは国民全体がそれを承認しているからである。はたして日本でできるかは問題である。例えば独ではスーパーマーケットに早いレジというのがある。日本でもあったが不評で廃止された。つまり日本人は自己中心的に考える。少数品目しか買わないのに長く待つのは気の毒だという配慮を欠く。こういう考え方は生活の全側面に及ぶであろう。教育も例外ではない。このこととロンドン、パリといえどもその一極集中は日本よりずっと程度が低いこととも無関係ではない。そこで英国でのような政策は取れなくはないのか。東西両邦制ならそういう芽も出てはこないであろうか。自己中心的という点だが、こういう自己中心は真のそれではない。なぜならここでは真の自己は存してはいないからである。これが存していればこういう判断はしない。こういう誤った自己という局面は他でも見る。例えば日本では自殺でも保険金が出ることである。夫がいることはただ単に金の問題ではない。夫は精神的支柱でもあろうからである。各人の主体性を確立する方向へ向かうことを阻害しかねないから。どこまでも自分自身に対して責任

第3章 志向すべき道（未来）　*161*

を持つという生活態度を貫くことを社会的にも推進せねばならないからである。自殺でも保険金が出ては、困れば困るほど自己放棄すれば周囲の人々は助かるということで、誤った自己放棄を助長することとなろう。どこまでも世に留まっていてこその自己放棄でなくてはならない。自己放棄という言葉の履き違えである。こうしてこそ真の自己放棄へ向かうであろう。

　（社会保障）少子化進行は日本全体で一様ではなく、沖縄と東京では 1.7 倍の開きがある [13]。女性の社会進出の度合いの相違を反映しているであろう。だが今後の動向はそういう方向である。そこでそういう環境を整え易くするためにも多極分散型にしなければならない。沖縄では大学進学率も所得も低いという格差があろう。こういう格差をまず正さねばならない。これは国全体の民主主義の推進を阻害するからである。と同時に出生率が下がらないようにせねばならない。両者の同時達成には多極分散と女性の社会進出の容易化との同時推進が不可欠である。格差があればあるほど低い地域の人々の高い地域に対しての主体性を喪失させる傾向が生まれよう。その分その地域が全体として自律性を失うこととなろう。このことは国全体としては由々しい問題である。こういう状況をそのままにして各地域にマッチした少子化対策を施したのでは根本的に是正すべきことをしないまま二次的対策のみを行い、根本的対策を放置したままという根本的誤りを犯すこととなるであろう。普通交付税は最大の島根県は東京都の一人当たり地方税総額を上回る額が配分されているが、最下位の東京は不交付団体である [14]。後から再配分されるのではなくて、そういうこと自体が不要となる状況を創出せねばならない。再配分に甘んじていてはならない。貧しい地位に居続けることに等しい。個としての主体性確立とは明らかに矛盾する。自律的に物事を判断するには自主財源でなくてはならぬことはいうまでもないであろう。地方財源の安定には地方の税収が上がるような政治、経済の政策が不可欠である。そうして初めて税源移譲も可能となり、分権改革も可能となる。つまり経済的面での種々の施設、たとえば工場などの移転を必要としよう。税制の変更といういわば上部構造ばかりいじくっても問題解決には程遠いのである。経済の下部構造の変更を同時に行わねばならない。この点が不可欠である。つまり片極集中を是正し地方自治体にも各種の税の増大が期待できる経済構造を創出することが先行せねばなるま

い。税制いじりはその次のことであろう。順番を間違えてはならない。

(5) 国際的視点

　日本ではどのような次元においても個より全が先行する。例えば市町村より県、県より国である。一事が万事こういう調子である。これだから個の主体性など考えられてもいないのが実情であろう。本書でも書いたが、人よりは自然が先行する。自然なしには人間は存しえぬのだから。自然はいわば全の代表格でもあろう。自然の中に人間社会も存している。その中に国がある。そして国の中に県以下の組織が存している。個は最後の最後にしか出てはこない。人の人としての言動も自然との関わりの中で理解する。そこで個たる人が自己の意思で自己の決断で何かを起こすという発想は出てき難い。むしろそういう要因をも自然からの刺激、示唆などによって起こされていると解する。仏教的、禅的発想はそうであろう。だから人の人格的決断という契機は生まれては来ない。自然という人を超えた次元のものがいわば主である。人は従であろう。このことはやや飛躍するが、会社での稟議制度にも現れている。責任の曖昧化である。要は人全員に主体性ができていないのである。こういう状況なので、集団の成員が社会的に非難されると、当該集団も外部からの非難に同調するが、これは外部の上位集団の原理が内部に侵入、集団の代表者が上位集団の代行者として振舞う構造ができているからである[15]。欧米社会のみならず日本以外での通例が日本では妥当せぬ。代表者が上位の原理に従うことは当人の個としての主体性確立ができていないことの反映であろう。社会的に主体性を欠いているからである。なぜならそういう事態以前では当集団の利益を代弁していたのだから。いわば変節したのである。つまり自己自身の事柄としてそれまでにおいて深く追求していなかったことを顕にする。個より全先行は保険の掛け方にも出る。米国での職業賠償責任保険は個人に掛けられるが、日本では個人にではなく医師会、公認会計士協会という団体に掛けられる[16]。医者の場合は具体的内容が分からないと、個としての主体性との関係については何ともいえない面もあろうかと思う。だが日本では何事につけ秘密主義である。公開しない。これはもう主体性を欠くことは明白である。自己を他に対して顕にしないのであるから。真に主体性が確立していれば顕にできよう。全先行ということを隠れ蓑にしている現実がある。日本の場合、明治維新が

第3章　志向すべき道（未来）　*163*

外圧で生じたことでも分かるように、内から市民意識が発達してそれが旧体制を倒したわけではない。そのこと一つでも分かるように人の意識が民主主義に合うように発達していない。そういう意味では市民革命以前なのである。明治以来特に経済で追いつき、追い越せでやってきた。その一方でそういう意識の発展には目をつぶってきた。だから未だにそういう意識は低空飛行を続けている有様である。

　ここで少し諸外国の状況を参考までに見ておこう。英国では必修教科「シティズンシップ」において社会的・道徳的責任として生徒は対人関係で相手が権力を持っていてもいなくても、自信を持ち社会的にも道徳的にも責任ある行動を教室内外でとれるようにする[17]。これは特に大切である。民主主義の基本である。権力に媚びないことである。生徒にとってはもとより権力を持っていてもの場合が問題である。差し当たり問題となるのは目の前にいる教師であろう。自分を悪く採点もできる。そういう権力を持つ教師に対しても人としてはいわば対等な立場に立って対話しうるかである。ここが問題である。そうできるよう教育せねばならない。

　米国では個性が重視されてきたのであろうが、それは必ずしも良心による判断の重視を意味しない。このことは合理的考え方、民主主義の根本をなす契機であり、この点の教育を重視せねばならなくはないのか。学力や技術面での教育を重視すればするほど、それと並行してこの点を重点的にやらねばならない。さもないと目先のことばかりに注意するようになり、人としての根本精神が抜けるであろうから。それはいずれ学力、技術の面での教育へも悪影響を及ぼすであろう。こういう問題点は日本の教育についてばかりでなく、欧米の教育についても同様にいいうることであろう。良心重視によって個人をも集団をも超えた万人、万国共通の地平へ抜け出ることができるといえる。こういう観点に立ってこそ教育を施さねばならない。米国社会は個が単位で自己をどれだけ主張でき、相手を論破しうるかに価値を置くが、日本では集団の和優先なので自己抑制したり、我慢したり、逆方向へ行動化する事例も少なくない[18]。日米ともに一長一短であろう。各人の良心に基づいた判断重視こそその点を改める機会を提供することとなろう。個か集団かという選択肢は正しくはない。このことは西洋は個の大道、日本は無碍の大道、だが一方のみでは機能不全に陥ることと軌を一にする。

164

独では例えばバイエルン州の場合、世界観多様化に応じ宗教科では自分自身の立場を自覚し深化させることが社会的諸問題に取り組む際の支柱になると明言されている[19]。まさに個の主体性がいわれている。実存的、主体的であるように迫られよう。ただ同じ個人主義といっても独型と英米型とでは異なり、あるべき人間とある人間との対立が生じ、前者重視は人格主義、理想主義に傾くが、これよりは日本国憲法での理性、意欲を欠いても個人の尊厳はあるとする考えの方が徹底している[20]。確かにたとえ人の現状がどうであれ、どれほど見苦しい状態にあっても心に書かれた律法を失っているとは考えられない。その限りそういう表面的次元のこととは無関係に人間の尊厳を考えねばならない。

仏では個人が抽象化のフィルターを通るのを拒むとき、その個人を問題にすれば社会統合を目指すシティズンシップ教育は破綻しよう[21]。難しい問題である。個先行か全先行かである。こういうところでもローマ2, 13以下が参考になろう。良心ということが文化的異質性を超えた共通項として浮上してくる。無前提の良心に背くことは迷信とせねばなるまい。この良心は特定宗教と結びつく以前のものである。そういう良心と結びつかないものは相対的なものである。そこでそういうものに絶対的に関わってはならない。なぜなら良心に背くからである。ここに排他的実践へと転落していかぬ契機を見いだしうる。自己の宗教を一段と深く理解し、その内実に迫り行くためにも他宗教との関わりとか、何が自己の宗教の絶対的要素かを理解していくためにもそういう状況は大いに有益なのではあるまいか。お互いに有益であろう。迷信的要素から解放される可能性をも秘めていると考えられよう。こうして例えばスカーフについてもただかぶっていればよいのではなくて、その深い意義に目覚めよう。その上であればその精神が理解されてかぶっているのだから、他宗教の人々もその行いを理解しうるであろう。さらにまた自己の宗教にもそれに呼応したものをどこかに見いだしうるでもあろう。さて、ストラスブール市のある学校では生徒代表達は指導員とともに全員に適用される行動の規則などを記した「憲章」を作成するが、これは「私は……を認めます。」「私は……を許可します。」という文体で書かれ、全員に発表され生徒は読み、署名し、守るよう行動せねばならない[22]。このように「私は……」という文体であることは重要である。主体性が要求されている。日本では「私」ということを前面に出さない。全先行主義であるからである。これではいけない。民主

主義は育たない。

　アジアでは日本だけではなく出生率が下がってくると、国民の一人ひとりの判断がその分余計に重要となってくる。かくて一人ひとりが主体的でなくてはならない。少子とはすなわち親から見ると子供が少ないことである。つまり親から子供への期待が少ない子供にその分余計にかかることとなろう。そこで子供は自らの主体性を確保するのにそれだけ奮闘せねばならない。こういう状況は考え方によっては人が自己の主体性を確立するのに好条件ともいえよう。だがそれはなかなか実現には種々の困難が伴うことでもある。そういう困難を克服してこその主体性といえる。そのことは決して親に対しての単なる反発であってはならない。真に本人自身の心の内での、心の内から芽生えてきたところのものでなくてはならない。そうであってこそ他の人々の主体性にも共通的要素を含みうるからである。また東南アジアでも経済成長に伴い農地が縮小などして社会が流動化してきている。そういう時期であればこそ、それだけ余計に主体的にそういう状況変化に対応せねばならない。さもないと自己を見失う結果になろうから。つまり状況が人が主体的であるよう要求している。結構なことといえる。反対に安定しているときであれば、人は対比していえば決まったことを決まったようにしていればよい。そこで個としての主体性はあまり求められはしないであろう。さらにアジアでは今後中国が大きい力を各方面で発揮しよう。かくてわが国としては環太平洋共同体志向であるべきである。その方が日本の主体性を維持しうるであろう。それにこそ国民一人ひとりの主体性が要求されよう。少なくとも現時点では中国は民主主義国家ではない。もしそうなれば状況はまったく変わるかもしれない。共同体という以上、どの構成国も最低限民主主義国家であることが前提である。米国からの離脱傾向を強める東アジア共同体構想へ日本が戦略もなく入るのは危険である[23]。

（6）普遍的次元

　（理念の探求）制度という点で考えれば、政治、経済、その他どういう分野でも、決して永続的なものがあることはない。具体的制度として考えれば、どちらがよいかはそれほど簡単に判断はできないであろう。だが制度はどこまでも歴史上ある時期に成立したものであり、決して永続するものではない。今存在してい

る制度としてそれはそれとして尊重すればよい。そうすることが合理的である。よりよいと思われる制度はそれの下で生きている人々自身が状況の変化などに応じて求めるべきこととなる。かくて社会科学的次元で考えていただけでは不十分であろう。より根源的に人間という人格的存在を考えなくてはならない。先のような次元で考えていると、目に見えている世界しか眼に入らぬので、ある場所で妥当している制度を他の場所でも妥当すると考えることは難しくなろう。そこである制度を世界へ一律的に当てはめて考えることはできなくなろう。そこで普遍的妥当性を有する制度は困難となろう。

　画一的教育打破の試みは米国での場合、子供の出身階層が偏った学校では成功するが、全州規模に拡大適用すると現場に混乱が生じて路線転換になるという[24]。こういう事実があることはそれとして知っておく必要があろう。社会階層が同じなら個性化も有効だが、階層が異なると各々の階層で考えることが異なるのでバラバラになってしまう。結果、再び画一的方向へ回帰せざるをえないこととなる。そこでそのようなことになる前に、良心の判断重視ということを教えておかなくてはならない。そうすれば怠慢肯定を個性の名の下に行うことをある程度防げはしないか。教師に向かって「あなた……」と呼ばせることで自分が大切な一人の人間であるという自覚を持たせることになろうから。そのことが自分を大切にしなくてはならないという自覚を生むであろう。それが学びから降りることをある程度防ぎはすまいか。なぜならこのことは自分を大切にしないことから結果しているのであるから。だが例えば米国のような英語の国では当然教師を you 呼ばわりしているであろう。それでも先の記述のような結果であれば、それから判断してそういうことは何ら効果的ではないこととなろう。しかしこの点は単に言語の問題ではない。教師がそういう心構えで子供に対応しているかが大きいであろう。だが子供の家庭環境も問題となろう。家に帰るととても勉強するような雰囲気ではない家もあろう。確かに子供の良心へ訴えかけるだけではそういう点の克服は難しいであろう。父親が自分や母親を殴ったりするようなら、教師が仲裁もせねばならなくなろう。そういうことをも行いつつ良心の判断重視を教えねばならないであろう。そうすれば子供は教師のそういう態度を見習うであろう。このことからは個性重視ということも生まれてこよう。だが怠慢肯定を個性重視の中に含めてしまうことをしてはならない。それは教師自身の良心的判断に背く

こととなろう。教師が自分の怠慢を自己肯定することとなるであろう。

　平和という観念は自分らが傷つけられるのは嫌だから、他人をも傷つけまいという互酬性に基づくという[25]。これを逆にした場合の論理はそれ自体が既にひねくれている心情の現れである。つまり、自分が傷つけられてもよいという判断自体が良心的判断ではない。率直な気持ちではない。そのようになる前に良心的判断の大切さを教えねばならない。こういう教育欠如の結果が先の逆転した論理といえる。そういう教育の欠如は実体ある民主主義体制になっていないことの反映でもあろう。

　こういう具体的状況に対応するには人権、平等などの抽象的次元のことでは不十分であろう。例えば十戒にあるように具体的に挙げなくてはなるまい。各人が自分の具体的状況に合わせて好都合な解釈をしようからである。そういうことを防がねばならない。先のような解釈をしないことと、こういう問題を自己自身のこととして考え抜き、自己自身の心の中にのみ「都」を求めることとは呼応するので、このことを各自が行うよう徹底指導、教育する必要があろう。すべてはこの一点に尽きるといっても過言ではない。

　この点にも関係するが、人格の完成ということを抽象的に考えているのみでは適切ではない。理念たる人格の完成の解釈権について天野貞祐に明確な自覚はなく、子供の教育を両親の自然法上の権利、またそれを基盤に国家の教育権を認める[26]。こういうことに結果的になるのは人格の完成という事態についてその具体的内容への認識が欠けているからだといえよう。抽象的議論の段階に留まっているからである。このことはすなわち自己自身のこととしてこの問題が考え抜かれていない状況より由来している。

　人類には3つのタブー、すなわち人が試験管ベイビーなどのように人を造ってはならない、人類は宇宙を極めつくしてはならない、人は核兵器で分かるように原子をもてあそんではいけない、があり、これらをやめるには良心しかないことが指摘される[27]。確かにそうであろう。前二者は現実には実現は難しいであろう。これらを良心的に止められれば大いに結構であるが。3つ目は現実となっている。人の良心が止めさせねば他にそういう働きをする何かを人類は有してはいない。

　（無我的たること）政治、経済両世界においてどちらも国際的関わりを持って

きているので、無私ということが大切という[28]。確かに広い視野で見て、考えることは重要である。だがそうであればこそ無原則ではありえまい。それでは右往左往するのみであり、振り回されてしまう。その場限りの私利私欲に囚われてしまい、後で顰蹙を買う結果になる。日本企業が東南アジアでこれまでそういうことを繰り返してきたではないか。ここでこそそういう事態を事前に阻止するための原則を要する。それが義という事柄である。この原則を一方で携えつつの進出でなくてはならない。無原則な一方的利益追求は長い目で見れば決して自分らにとって利益にはならない。

　このことは、カント的意味での先験的次元を認めつつ多様と統一とは矛盾することなく同居しうると考えること[29]とも通底しうると思う。心に書かれた律法というものもこういう先験的内容に属すと思う。先験的なので、これは各個人に属しており、決してそこから離れてもありうるものではない。そうであってこそこれを基礎にして民主主義が成立するのである。ところが日本では必ずしもこういう原則が活きてはいないのが現実ではないのかと懸念される。このことは例えば人の話に対して、その内容に対してそれを肯定するとき、「はい」と肯定で答え、否定するとき「いいえ」で答える点にも現れている。相手中心なのである。自己の主体性は欠けている。つまりそういう人付き合いの中で主体性は見失われている。この点が由々しい問題となる。社会性の中に埋没して主体性が消えている。これは真に消えていることを現している。これは悪い意味での自我が消えているのとは次元が異なっている。消えてはならないものが消えている。その反面消えねばならぬ、消えて欲しい自我はいつまでも頑張っている。これら両者はまさに一体である。

　さて、遺伝と環境が相互影響して人を形成するが、人は自ら自己形成する存在でもあり、自我は事物への対処能力を発達させて自由な決定をなしうるようになる[30]。確かにそうである。こういう三者のうちに生きることにおいて人は心に書かれた律法に目覚めるのであろう。またそうでなくてはならない。環境のうちには当然家庭生活も入るであろう。最近は日本でも子供も自己の部屋を家庭の中で与えられるようになってきた。ただ悪事を行った場合、お仕置きの仕方は日米で異なっている[31]。日本式の家から追い出すのと米国式の子供部屋へ閉じ込めるのとで子供の心理への作用はどう異なるのか。日本では例えば夜暗くなっ

て、外に出されると、家族との関係を切られたため、子供は怖くなって家の中へ入ることを第一に思ってしまう。何はさておき家の中へと思う。親のいうことを聞いていい子になれといわれている。依存心を助長することとなってしまう。一方、自分の部屋への閉じ込めなら家から出されているのではない。そこで家族との関係から切り離されてはいない。個人としてのあり方をためされているのみである。自己反省して家族の他のメンバーに迷惑のかからぬようにすれば、家族との交わりは元通りに戻される。ここには特に親への依存心を助長する要因はない。むしろ自己自身の心に自己のあり方を問うことが求められている。大人的にいえば良心的反省である。個としての自律を促す方向へ向いているといえる。子供が特に何かを恐れるという契機は存してはいない。今までの日本の住居では個人の部屋はなかった。最近はそうなってきたので、欧米式にしつけることもできるようになってきた。かくてしつけの仕方も時とともに変わるであろう。子供だけ家の外へ出すのは特に夜になると危険すぎるからである。交通事故、人さらい、通り魔など危険が一杯である。最近は女性も妻、母としての後再び個人として生きる期間が以前よりずっと長くなったため家の中に自己の部屋を要している[32]。個の主体性を考えるとき、人の半分は女性である。だから女性が自分の部屋を持てば、子供はそういう母から影響を受けよう。女性、母はこういうものだとして幼少より理解していると、大人になったとき女性観もそれに応じたものとなろう。子供部屋があるのだから母親部屋があってもよい。各々の部屋があってこそ個としての主体性という観念も身についていくであろう。

　（多様と主体性）人間がその価値を見極められるのは当人が人間としてそれが望ましいとされる次元へどれほど大きく接近できるかが決め手であろう。その場合、当人はそういう次元から見られており、当人自身として評価されてはいないこととなろう。ここでもそうだが、個より全が先行である。全から個を見ている。個を個自身から見なくてはならない。そうでない限り個は個として生きていることにはならない。色にたとえていえばどの個にもそれ固有の色がない。すべていわば灰色である。高くも低くも、熱くも冷たくも、深くも浅くもないのである。これでは人格ではない。人格は生きている。そこである特定のことへは熱くか冷たくかである。どちらでもないということはない。またそうであってはならない。人格であるとの自覚が欠けていると、残念ながらそういうことにならな

い。そうでないようにしかならない。こういう状況にあるからこそ、個と集団との調和も可能となる。例えば一般の工場でそういう事態が見受けられよう。ただ工場だからそれでよい。否、それどころかそれこそまことに結構であろう。流れ作業などはそうでなくてはなるまい。だがしかし他のところでもそうなので困るわけである。個の埋没である。個ということを積極的に出さなくてはならないところでも個を出さないからである。否、出そうにも出しえないという状況がここには支配している。それでは困る。あるところでは個を出し、また別のところでは出さないということができ難い。真の主体性があればそのようにできよう。必要に応じて出し入れ自由である。そうできなくてはならない。できねば主体性確立とはいえない。こうして初めて真に民主主義が成立する。

　自律的良心は他律的良心から徐々に発達していく[33]。では自律性はまったくないのであろうか。そうではないであろうと思う。親からの教えを受け入れるような心が存していることは、ただ他律的ではないといえる。打てば響くということは響く側にも相手に呼応する何らかの要因あればこそであろう。人は一人で存してはいない。人類は人類として誕生している。端から集団として生まれている。ここに自とも他とも決められない要因の根拠が存している。子供側に自主性、自律性のあることが前提でこそ、親の子供への主権はいわば威力業務妨害とはならない。正しい扱いが可能となる。

　（人の道徳性）当然のことだが、個人は人間社会の中に生きている。そこで個人は一人の人間として生きているという一面と、もう一つは社会の一員としての一面である。もとよりこれら二面は別事象ではありえない。個人はあくまで社会の中に生きているのだから。また別であってはならない。なぜならもしそうなってしまったら、そこでの個人は抽象的な存在となってしまうからである。例えば正しいこととは何かという事柄一つを取ってみても、他の人々との関係の中で考えうることである。仙人のように一人で暮らしていればそういう問題自体が生じてはこない。個人として正しく生きることを貫こうとすることは必然的に社会生活を正しく送ることを意味せざるをえない。こういう点から見ると、具体的内容はともかくとしても、人は社会生活を正しく送らざるをえないのだから正しい方向を目指すようそちらへ向いていると考えるほかない。心に書かれた律法という発想（ローマ2, 15）もこのことに呼応していよう。ただ内面的規律を持つ個人

は神の前でしか成立せぬ[34]。だが同時にそういうものを持たぬ個人は真の意味では神の前に立つこともできないといえる。いわゆる神の前に立つ個人がすべてそういうものを持っているともいえない。このことは旧約聖書を読めばすぐに分かる。これらを考え合わせて見ると、内規を持つことと神の前に立つこととは別次元のことではあるまいか。ただ分かることは殺人はいけないとか盗みはいけないなどは万人の心に書かれているということである。社会的次元を考えると、人の社会の中での公徳心はきわめて大切であろう。ただ個人と社会とをまず別次元で考えて各々の領域で必要事項を探し、次にそれらを人の心の中に置き入れるというのでは順番が逆になってしまう。心の中から種々の必要ある徳を見いだしてこねばならない。その根幹に据えるべきものが良心である。ここよりすべてが生まれ出づる。こういう方向へ徹するためにも人間社会へ囚われるのではなくて、より大きい世界、すなわち自然へ目を向けるのも重要なことであろう。社会とか国家は人が基礎であり、自然に比べれば規模が小さい。そこでそれらからの制約を突破して、自己の良心へ帰するためにである。それには子供達が少しでも多く自然に接しうるよう都市を分散配置しなくてはならない。自然が人の心の中へ映し出されることで人の心の中にある律法が浮き上がらされてくることも起こりえよう。

　良心重視の教育は基本はあくまで心の中にあるものを育てることである。ただその点について具体的対策としてはそれが種々の機会にいわば発芽するように妨げる要素を除いてやることも大切である。例えば教師に対して「先生、あなたは……」と呼ばせることはそれら双方の働きをなすこととなろう。現代社会にあっては子供たちはテレビのみではなくて、ネットを通じても種々の刺激を受けよう。それらが教育上好ましいものなら結構であるが、反対であれば規制が不可欠であろう。さもないと野放しでは子供達は悪い方へ誘導されてしまおう。そういう可能性があればこそ、良心の判断を大事にすることを篤と説いて聞かさねばならない。テレビ、雑誌などからただ受身の立場で種々の情報を仕入れていると、かえって主体性を喪失しよう。そういう情報で操作される結果としてである。非主体的な人間性へと転落してしまうであろう。こういう事態が好ましくないことはいうまでもない。国、社会、学校はそれに対して対策を講じねばならない。倫理的徳目は子供達を自覚させ、人生のいかなる局面にあってもそれらを実行しう

るだけの主体的力量を獲得しうるよう指導せねばならない。それには徳目の根幹は良心であり、それは各自の心の中に元来ある点をまず自覚させねばならない。本来自己のものであってこそそれを大切にする心も芽生えようからである。他からの借り物ではそういう心は生まれないであろう。このように道徳も外から与えるという考えではそれはすぐには子供達のものにはならない。外形を整えることが中心となってしまうからである。例えば態度を養うことを重要視することともなろう。そういうものはいざというときに役立たない。確かに行いと心自体とは区別の要があろう。だがあくまで前者を後者から生まれ出るよう導かねばならない。両者の区別ということ自体が本来倫理、道徳においてはありえぬことである。

　（異常とメディア）社会的逸脱行動は社会が必要としており、逸脱者の存在は集団を一層団結させ、道徳的アイデンティティを再確認させ、人々は逸脱へ抵抗して集団的まとまりが強化される[35]。確かにそうであろう。ただ逸脱は悪い方へとは限らない。平均以上によい方への逸脱もありうる。個人としてそういう逸脱の状況に置かれ、それらのうちどちらかの道を選ぶことをなしうれば、つまりそれだけの主体性を有していれば、当人は精神的病を患うことも生じないであろう。その場合は種々の社会的不利益を蒙ることを覚悟せねばならないであろう。それにしてもそうできれば結構といえる。だが不幸にしてそういうことをなしえぬ、そうするだけの勇気を持たぬ場合はどうであろうか。困った事態が生じよう。自分で自分をコントロールできなくなる。こういう場合でも結局は当人の心にある律法へ帰る以外救いはないのではあるまいか。種々の障害を除去してそこへたどり着くことである。病いも解消しよう。人として精神がまっすぐになることによってである。

　今日のメディア・コミュニティは自由なコミュニケーション空間の形成で重要な手段を提供し、ネットを権力や資本が支配するのか、市民の連帯が人同士の対話の新世界を作り出すのかの抗争の中にある[36]。確かにネットで情報交換しうるので、自由主義の社会である限り大企業による情報統制などを防止しうるであろう。さらに、そのコミュニティは生命的コミュニケーションの再生で創出されるエコ・コミュニティにリンクし、その形成契機として機能するよう方向づけられねばならない[37]。その通りであろう。パソコンなどによるバーチャル・リア

第3章　志向すべき道（未来）　*173*

リティの世界は現実から遊離している。多くの人々がそういうことに関心を持ってのこういう世界の一人歩きは自然環境維持のためにも好ましくはないといえる。確かに自他が共通に持ち合う世界は自分にとっても周りの他者にとっても必要であろう。だがそういう世界の中で、否そうであればこそ個々が主体的にそういう世界へ関わっているか否かである。個性埋没であってはならない。このことと主体性欠如とが一の事態なのである。個性埋没と同時に個の責任もうやむやになる。個の責任うやむやでは近代社会、民主主義社会は成り立たない。そういう意味では日本は近代化以前の世界である。

　（自立とは）普通の人には我執があり簡単にはとれず、命が惜しく医者に診てもらったりで精神活動が悪くなる[38]。これは主体性確立にとって重要な点である。経営者にとっては遠く、近くともに見ることが必要だが、こういう状況でこそそれが可能であることを示唆する。このように考えると個が大切となる。ただ自由主義は個人を完結的で他の個人や集団を要せぬとするが、民主主義は人を社会に関わる存在とする[39]。ところで人を人格的存在として解するほど民主主義的考え方、反対に人を単なる自然的存在として解するほど自由主義的考え方になってこよう。社会的正義、善悪という倫理的価値のような人格的内容は人が集団として生きていてこそ問題となる。その上、人間は現実には集団として生存している。かくて個として完結との考えは実態に即さない。だから集団を前提として考えねばならない。やはり自然的存在としても人格的存在としてみても集団として生存している。ただ後者としてみるとその人格的という要素が加わる分集団的という性格もその分強くなってこよう。それだけ逆に個の主体性も強調されねばならない。

　ただ自立といっても障害者については問題なしとはいかない。障害者自立支援法の背景には社会保障制度の一般化で新たな理念設定の必要が高まり、保障財政逼迫化で濫用の歯止めが必要となった、心がけ次第で自立生活可能という認識が浸透してきた[40]。こういう社会状況の変化は個としての主体性確立と無関係ではない。特にここに挙げてある最後の状況は甘えは許されないことを示唆する。社会全体、国全体が豊かになると、こういう結果をも伴う。ところで、機会の平等から人が置かれた具体的条件の平等へと平等観が変わる[41]。英国の学校制度で各地域での学校予算に差をつけているのもこういう発想からであろう。だが完

全実現は難しい。各人が両親から受け継いだ遺伝子は異なっている。この点の条件を同じにすることは不可能である。遺伝子以前に立ち帰って考えねばならなくなる。これでは現実の人間ではなくなる。そこでせいぜいあとから経済的条件を同じにできれば関の山であろう。それでしかし条件の平等といいうるのか。だから遺伝子的には有利と考えられる人々を経済的には不利な条件へと落として初めて条件的に平等といいうる可能性が出てこよう。だがこういうことを強制することは不可能といえる。人権侵害となってしまおう。かくて条件の平等ということは現実にはありえぬことといえる。ここは個の主体性確立でもっての克服しかない。例えば米国などでは多人種なのでその分日本に比べ余計にこういう問題が意識されよう。それだけ大いに個という自覚を明確に持たせる教育を要する。そういう意味では多様性を突破して普遍性の次元へまで出ることが必要である。だからそういう教育をせねばならぬのだが、そうできているのかと思う。つまりそれだけきびしい状況に置かれている。ということは個の自覚達成にはそれだけ有利な状況にあることを意味する。遺伝子による決定という論理の克服でもってこそ個の主体性、良心による自己判断を重視せねばならない。そういう決定を超えてさらに、自己中心的判断という悪い方向への決断をも超えることを含む。

（社会連帯）人はあらゆる場面で常に理性的に行動はできないであろう。誤る場合も起こりうる。例えばストーカー的行為である[42]。かくて人には二面があると考えざるをえまい。だがたとえそうでも良心へ立ち帰って自己反省すると、それでよいと、つまりそういう行為をしてよいと良心は判断すまい。やはり良心重視でなくてはなるまい。良心は常にありのままの人間である自己を反省する。ただ人により良心の強弱という問題はある。誘惑に負けて何か悪事を行うことが生じる。良心は後でそのことを反省して悔いる。こういう考え方にあっては各人がいつも正しい合理的判断や行いをすると前提してはいない。そうではなくたとえ誤ったことをすることがあっても、良心という場に立ち返って反省するという点へ信頼を置いているといえる。

（障害者）障害者基本法改正で設けられた障害者差別禁止規定は訓示規定であり実効性が期待できず、2006 年 12 月国連総会で採択された障害者の人権規約批准に政府も積極姿勢なので今後は国内法整備が必要となる[43]。障害者を差別しないことの徹底のためにも、社会的次元と個人的次元双方の区別の徹底をも同時

第3章　志向すべき道（未来）　*175*

に推し進めなくてはならない。そうすることが障害者を差別せぬという結果をもたらすであろう。

　（福祉）日本で死の自己決定という考え方が導入されるのは死の共同受容という死生観の希薄化で生じた空隙を埋めるためとの見解がある[44]。こういうところでも集団主義、全体主義的考え方を改めなくてはならないと思う。だが人はまったくの個として生きているのではない。つまり人は共同体の一員という面と個人という面の両面を持つ。かくて前者の面では各人が平等に扱われること。そして個人という面では自己決定という意志を貫くこと。このような状況へ至ることであろう。こういう死の自己決定という段階の前段階としてだが、逆抵当融資（リバース・モーゲージ）といわれる制度[45]が登場した。連帯保証人が必要であったり、期間が3年と短いなどの制約があろう。医療、福祉のサービスが税金で賄われる北欧では状況はまったく異なっている。日本も是非そういう方向へ向かわねばならない。日本の現状がこうであることもわが国が官僚天国であることと無関係ではなかろう。経済団体優先なのでこういう結果になることが不可避である。国民は後回しである。官僚、経済界タッグによる国民無視といってよい。

　個の主体性確立、良心重視の教育は欧米でも公立学校では行われていない。教会で行っているからということであろう。だがそれは無責任ともいえる。大人である自分達自身がそういうことを十分実行はできないのに子供達に教えることはできぬからであろうとも解しうる。そこでそういう教育を学校で行っていれば、もとより日本とは現在の欧米をも上回る個の主体性の確立へ至りうるであろう。ホモ・サピエンスを超えたホモへと成長しているであろう。こういう人のあり方に応じて、例えば公務員のあり方（官僚天国）をも変更できよう。現時点ではこの地上には存していないホモともいえる。そういうホモを前提としての話なので残念な話ではある。学校で良心云々のことは教えないのは教会で行っているからというのはこちらの推測でしかない。真実は分からない。欧米人自身にとってもそうではないかと思う。悪く考えると、言い逃れとも解しえよう。是非正面切って分からねばならないことである。公立学校で行っていないのは教育内容についてコンセンサスが得られないからではないのか。得られるよう努力することがまず第一に来るであろう。だがこのことがそれほど簡単ではないのではないのか。

簡単なら学校でそれを行っていなくてはならない。裁判でも手を挙げて宣誓しているようにである。宗教の相違を超えることが難しいのではないのか。日本のような実態は無宗教な国になればこそありうることではないのか。かくてこそ是非日本で良心重視の道徳教育を行い、世界に対して模範となるよう努力せねばならない。

　いずれにしろ公立学校で良心云々を教えるか否かは大きい相違を生むであろう。教える側である大人自身が襟を正さなくてはならないからである。そういうことを子供に教えつつ、非ないし反良心的な諸行為をすることはできなくなるからである。むしろこちらの方の効能のためにこそ良心云々を公立学校で是非教えねばならない。かくてこういう教育実践で人のあり方が根本から変わる可能性が開かれよう。大人自身の生き方へ、その種々の方面へそういう教育は影響を及ぼすことは間違いないであろう。

　世界は言い逃れで満ち満ちている。このことが人間世界の根底を形成しているといえなくもない。良心教育の点で模範となると同時に大人のあり方の変更でも模範となりうるであろう。

　欧米の宗教はキリスト教とはいえ決して一様ではない。そこで良心云々を公立学校で教えることになると、かえってその内容について一致が得られないのではないか。大いにありうるであろう。この点では日本でと同様であろう。日本は無宗教なのでそういう良心云々の教育をしていない。欧米はキリスト教があるのでしていない。したくてもできないのが実情ではないのか。宗教の有無は正反対であるが、結果は同じであろう。日本の場合、良心云々を公立学校で教えるということならあえて反対する人はいないであろう。

第2節　道を行く心構え

（1）　国造りと人造りは一つ

　究極的問題とは日本では人格（人間）が何らかの手段（例えば国の経済的成長とか国家の発展とかのための）として見られていて、それ自体が目的として見られていないという欠陥をあらゆる場所、企画、政策などにおいて共通して有していることである。基本的にそうなので考え方が二元的になることが避けられな

第3章　志向すべき道（未来）　*177*

い。人格自体を一元的に陶冶していく、そこからすべてのものを導き出さなくて
はならない。そうすれば二元的発想、手段—目的的考え方にはならない、なり
えない。これらは根本的にいって人格侮辱である。人はそれ自体自己目的でなく
てはならない。決して何らかの他のものの手段的位置へ位置づけられてはならな
い。かくてすべては人間自身から出発した発想になっていなくてはならない。他
の事柄から見たりしていたりではいけない。他のすべての事柄が人間自身のため
の手段となっていなくてはならない。決して本末転倒は許されない。そうでない
ものはすべて注入式性格のものであろう。真に人間自身に馴染むとは思われない
ものである。例えば愛国心のようなものでも人の心の中に自ずから湧き出るもの
でなくてはならない。決して外から押し付けるものであってはならない。それに
は国の体制が人の良心に則ったものであることがまず必要である。

　日本では、特に何か頼んだりするときに頭を下げることをよく行う。こうい
うやり方は合理的判断に基づいていないことを顕にする。お互いに合理性に基づ
いて判断するのであれば、頭を下げる行為は不要である。情に流されているとい
える。是非改めなくてはならない。選挙の際、車で名前を怒鳴って歩くのと並行
した行為である。政策本位でないのである。ムード選挙であり、人気投票といえ
る。

　人と国とはともにいわば無でなくてはならない。そうであって初めていわゆ
る同心円的になりうるからである。そこまで徹底しうるのである。だがその無が
一種の有であるとそうはなれない。否、むしろ逆に同心円的になりうるか否かに
よって互いの側が無となっているか否かが判定されよう。片極集中のある限り、
そういう体制依存の精神を有する人間しか生まれない。これでは日本は永久に他
国の先を行くことはできない。真に創造的な人間を生み出すにはぜひ真に競争原
理の働く体制構築が不可欠である。片極集中のままではいかに一大学が努力して
みても不十分である。根底的体制自体の転換が不可欠である。片極集中的体制の
ようなことを一方で求めつつ他方で独創的な学生を作り出そうとするのは自己矛
盾というほかない。国という障壁のある限りそうであるほかない。基本的に東西
対抗となれば、全国で一つの組織の中にもそういう緊張が走ることとなろう。こ
のことはその組織の活性化にも貢献するであろう。またそういう方向へことが動
くのでなくてはならない。緊張と同時に成立する和こそ真の和である。個として

の主体性があればそうであるほかあるまい。これさえあれば他のことはすべて二次的次元のことに過ぎない。悪い意味での「お山の大将」とは正反対の意味でのそれである。つまり自己の周辺に仲間、部下を要することはないのである。真に自立しているからである。国内にある体制として十分競争原理の働く状況になっていてこそ外国からも多くの人が法的にも人間的にも入国に当たり障壁がなくなっている状態といえよう。外国の大学を目指したりする学生が現れたりするのは日本の大学に活気がないからであろう。理由は国内大学相互間での競争が十分働いていないからである。このことは片極集中の反映であることはいうまでもない。働くような制度に早急に変えないと、日本はそういう面以外でも活気を失っていこう。国は衰退へと向かう。大学でのそういう現象はその一つの現れにしか過ぎない。

例えば、筋萎縮性側索硬化症である。こういう難病については行政改革によって生み出されうる税金を当てるべきである。国の責任において治癒を行うべきである。たとえどういう状況に陥っても主体性を維持しつつ生涯を送りうるように国は国民個々に対して責任を持つことが必要であろう。こうして国自体が主体性を確立することとなるといえる。こういう問題を放置していては、外から見ても国として主体性確立のある状況とはとても思われないのである。たとえどういう状況にあっても国民一人ひとりが誇りを持って暮らしていけるように配慮する責任が国にはあるといえる。そうしないことには国としての責任放棄である。こういうところへ光を当ててこそ国家としても輝いているといえる。華やかなところで光っていてもそれは見掛け倒しに過ぎない。真の中身は欠けているものでしかない。仏像を造って魂を入れていないようなものである。魂が入って初めて個としての主体性確立という次元が現れてくる。

（2）　国、社会と個人

首都という発想は封建主義的考え方そのものから由来しており、廃止しなくてはならない。人の持つ主体性の欠如した、依存心を露呈した心のあり方を反映したのが、首都という発想である。どこの国もそういう傾向にあることは人はどこでもそういう心のあり方から自由であることが難しいことを現す。だからこそそういう自由を求め外へ現すことを目指して、世界に輝く星とならねばならな

い。壮大な都を建設し、一方ではその日暮らしの難民がいるというのはただの少しも誇るべきことではない。民主主義に反する封建主義そのものであることを暴露しているといえる。旧約においてバベルの塔を建てたことと並行したことといえる。人の罪を表しているに過ぎない。どちらかといえばむしろ恥ずべきことであろう。なぜなら必ず陰の反面の存在が不可欠であるからである。そういう特定地域の都を廃止して全国の「都」化という発想に立ち、世界の先駆けて実行し、世界の模範とならねばならない。スカイツリーはまさにバベルの塔であろう。こういうことはやめねばならない。バベルの塔は人の力によるとはいえ天国へ至ろうとしてのことであった。それでも人の力を見せようとしてのことだから認められていない。つまり神の力を無視してのことだったからである。まして人の力の誇示自体が目的で天国へ至ろうなどとはまったく考えてはいないのだから、二重に罪深い。バベルの場合は一重の罪深さでしかない。つまり倍の罪を犯しているといえる。二倍許されないこととなる。東西両邦の上層部にとってももう一方と比較することが生じる。中層以下の人々にとってほどではないであろうが、待遇改善の要求も出ることもあろう。単一の体制ではこういう要求そのものが生じない。もっとも自分らにとって好都合に決めているのだから、生じなくても不思議はないが。かくて両邦あわせれば四つ巴の争いとなろう。このように変動が生じやすいシステムにしておくことが是非必要である。これが不公平是正への契機となるからであり、活性の源でもある。

　首都と地方という二元的発想の廃棄、すべての地域は公平に地方である。首都という考え方は大和朝廷以来の全体主義的、封建的発想の賜物である。首都は自己の心の中にのみ存するのでなくてはならない。東京という都市誕生の前に国際国家日本がまず生まれねばならない。そういう国家たる国の中ではただ単に一都市のみが真の意味で国際都市であることはできない。東京がそういう都市になる前に日本を国際国家にせねばなるまい。だが今現在のような狭い視野の中では日本はそういう国家にはなりえないであろう。歴史的長期にわたる国家主義によってこういう人の心に本来内在している個による良心的判断の重要性が埋没させられてきた。したがって国家、個人を伴う根本的逆転が不可欠である。我々日本人が行わねばならない第一の事柄である。種々の現象の追っかけまわしも結局国家主義から由来の副作用であろう。最近、東京は介護施設不足なので高齢者の地方

移住を政府は考えているが、まったく本末転倒である。現役世代が地方移住できるよう地方での働き口自体の増加を推進せねばならない。結果、高齢者は自ずから移住する。それには「首都と地方」という発想自体の廃絶が不可欠である。早い話、東京を元の野原に戻す覚悟なしに日本の本格的改革は望み薄であろう。

　同規模二つに分けてもそれがそのまま自動的に持続はしない。あくまで国民がそのことを望んでいるという事実が大切である。そうありうるように平素よりありとあらゆる手段を駆使していかなくてはならない。これこそ一度できたらそれでよいのではない。むしろ人の罪という点を考慮すれば、そういう体制はいわば最も辛くて厳しいそれといえよう。そこで楽な方向へと移ろうとする力が各所で働くであろう。それを常に厳しくチェックせねばならない。そうしてこそ日本が世界に冠たる民主主義の模範となれよう。楽な方へ堕ちれば堕ちるほど楽な分だけ国として輝きを失うこととなる。しかしここでの辛さはただの辛さではない。人としての誇りを賭けた辛さである。その限り真の活力を保ちつつの事態である。安易な道をいけばそれとは反対の状況になることは当然である。中枢、東西両邦という三者体制は国民各位の個人としての主体性確立を促すという観点からも重要である。片極集中に心底より反対するためには自己自身が主体性確立という境地に達していることを要する。なぜならそうでないと片極の存在がそこへ依存していれば何となく安心感が湧くのでそういう片極をあえて否定するという決断はしにくいであろうからである。

　常任理事国入りの件で日本は米国による支持にばかり注目していたが、実現しなかった。今から2年ほど前だったかと思う。一方で日本、ドイツ、インド、ブラジル4か国を常任理事国とする案へは日本は同意しなかった。独の代表の誰かが朝日新聞紙上でこの案なら150カ国以上の賛成が得られたのに残念だったと書いていた。このように特定の国への依存心を払拭しなくては道を見誤ることとなろう。もっともやはりこういう迷うときこそその主体性が試されるといえる。主体的な判断ができるか否かである。だからといって戦前のように状況を見誤ってはならない。これはかえって真の意味では主体的ではないことを反映している。何者にも囚われないことと主体的ということとは同じなのである。戦前の日本はそうではなかったであろう。

　北方領土問題でもポーツマス条約に日本が調印した後でソ連軍が4島を占領

第3章　志向すべき道（未来）　*181*

したと聞く。そうであればこれは不法占拠である。かくて義という観点から返還を要求すればよい。場合によっては国際司法裁判所へ訴えればよい。面積で半々に分けるというのは正しくはない。義を基本に考えていくべきである。国内的にも国際的にも日本の「風林火山」「六文銭」は「義」でなくてはならない。その代わりそれと同時に他の事柄で自分の側に義なくば引かねばならない。

　全世界のすべての国で良心重視の教育を行えば、そのことは万人、万国共通なので平和の基礎を築くこととなるであろう。しかるに個別の国家の利害得失に関わることを教えるので世界平和の基礎を自ら崩していることとなる。真に世界平和を望んではいないのである。自己、自国が世界のヘゲモニーを握ることを狙っているに過ぎない。罪の発現そのものである。良心的判断に背くことは明白である。良心重視こそ小から大までの人間集団の根底を成すのでなくてはならない。小は家庭から大は国連まで。これにより教育は小から大まですべてが同心円的構造となり、不要な振れがなくなろう。単に教育的領域にとどまらず、政治、経済など人間の活動する全分野に及ぶであろう。全世界が人も組織も含めて同心円構造になっているといえよう。国と個人のこととが2つの別のこととなり、楕円構造となってしまうという不始末は生じない。

　大多数の日本人は従来の慣習によって全体主義的に考える傾向が強く個の主体性が欠けている。そこで権威や権力に弱く、自己を正当に主張することになじんでいないという習性を持っている。いわば懐柔されている。そういう精神構造にされている。そこで主体性を確立して自己が持つ当然の権利を主張する方向へと人間性を変えなくてはならない。そのことが日本全体を歪んだ方向へ赴くことを防ぐことにもなるのである。そこで民意がそういう方向へ向くようにと民意を喚起することが必要不可欠である。日本という国は多種多様な無数の団体、組織、これらは他への差別の温床ともなる、で成立しているのであって、基本的にいって個というものは欠如している。企業別組合などもその一つであろう。こういう場合団体自体もまた個という性格を失っている。個の主体性確立を目指すことは不可避的に画一的なことは廃止することを含まざるをえない。一方で主体的であれと唱えながら他方で画一的なことを実施しようと求めることはできない。二律背反である。これまでの日本ではその人個人の主張は重んじられない傾向にある。むしろそういうものがあると、かえってどこにしたところで居辛くなって

しまう。今後は反対に幼少時より自己自身の見解を持つようあらゆる手段を使って導かなくてはならない。ただ単に自己の属す団体や組織の主義、主張の受け売りをするだけであってはならない。ぜひその人固有のものを持たなければならない。そういうものを持っていて人から責められることを恐れてはならない。ここでこそ主体性確立が要求されよう。主体性と自己自身の主張とは一の事態である。愛ということと自己主張なしということとを混同してはならない。自己主張あってこそ何かを愛することもまた生じうるといえる。ともに真の主体性確立が前提である。これがあって初めて当人の意思というものも生まれてくる。愛する意思である。義を愛し、反対に義に背くことを拒む意思である。そもそも意思とは義を志向するものである。人の意思とはそうでしかありえまい。そうでなければ人廃業を意味するであろう。

　歌舞伎、舞踊などの伝統文化、茶道、華道などにおいても後継者、代表者を会員全員による投票で選ぶように制度変更してはいかがであろうか。例えばテレビを見ていても親子二代続いた俳優、女優が優れている場合はごくまれである。そのように親子二代が同じ技芸において優れているのがまれであることが真実であろう。そうすれば人の意識が民主的方向へ変革されていくという結果をもたらそうと思う。つまり日本の伝統文化が我々日本人の民主主義的自覚の進展の足を引っ張っている面があると思う。こうして主体的に判断、投票ができるようになると、人気投票のような傾向も減少し、真にその職に適した人を選ぶことができるようになっていくと考えられる。もし金銭その他での買収事件などが起きて、そちらへ決まるとしよう。そういうことをしていたら、自らの評価を落とし、その会が社会的信用を落として自分ら自身が長い目で見れば損をするだけである。下手をすればつぶれる可能性もあろう。公務員の世界ではないので法的に規制はできないが、そういうこととなろう。いずれにしろ世襲制は合理的ではない。伝統文化が世襲制のままでは日本人全般の民主主義的意識、自覚の改革を妨げる要因となるので、あえてこういうことを申し上げる次第である。その点を誤解なきようお願いしたい。日本も変わったということを内外に印象づけられるであろう。だがしかし我々日本人自身がそのように感じることがまず何よりも第一に大切なことである。そのためにいうなれば日本変革の象徴として一肌脱ぐ心構えはないのであろうか。

第3章　志向すべき道（未来）　*183*

　日本では個人の権利が尊重されていないが、そのことの一環として華道、茶道、能などの伝統文化の世襲制が行われていると理解できる。例えば華道などの世襲では本人自身がそのことを望んでいるとも限らない。その場合には本人の資質や意向を無視したことにさえなるであろう。そういう世襲制は日本人の島国根性とも一のことであろう。さらにまたこのことは天照大神を祀る神社信仰とも通じていよう。日本人の精神を狭溢な国家意識の中へいわば閉じ込める機能を果たしているであろう。日本での全体主義、国家主義は日本文化における家元制度とも関連する。伝統文化では封建制度そのものである。基本は世襲である。家元が絶対的権力を握っている。そういう制度のあり方を根本から変更する必要があろう。世襲制は日本語の言語構造が民主主義に合うようにできていないことと平行したことである。ただそのことを我々日本人が自覚できていないことが大きな問題である。一旦そういう心境から解放された後でそのことに気付きうるのである。民主主義的発想と調和させるには家元などは会員全員の投票によって選ぶのも一つの方法である。いわゆる社会主義の国でさえトップは世襲ではないのに、日本ではいまだに伝統文化では世襲である。前者のほうが世襲ではない点ではまだましであろう。さらに、本人自身が必ずしも家元になることを望んでいなかったり、その適性を有していないとも限らない。こういう場合には人権侵害にさえなりうるであろう。日本人全体の意識改造にはこういう面での改革も考えねばならないであろう。そういう面が旧態依然ではそれらが変革の足を引っ張るから。それらが日本の伝統文化であればこそまさにその点を率先して変革せねばならない。関係者全員による投票という改革はより優れた伝統の後継者を選ぶことができよう。多くの人々の目が選ぶのであるから。

（3）　個と社会

　会費を徴収する町内会のような組織も全体主義的傾向を有する。村八分という考え方もそうである。全体的な枠が先にあってその中で個人は言動が許されている。逆でなくてはならない。各人には心に書かれた律法があるのだから、そういう枠は不要であろう。少なくとも民主主義国家においては。自分から率先して何かをいったり行ったりするのでなく、待つという姿勢が目立つ。また漠然としたものに寄りかかって究極のものにまで、自分の納得いくまで問うことをしないこ

とも主体性欠如を表す。このことは選挙の際に名前を車で怒鳴って歩くだけということとも関係する。どんなことでも自分として納得いくまで問うことは個の主体性にとって不可欠といえる。そうしてこそ主体的判断ができるからである。さらに、子供の世界でのいじめということも特徴のある子供がその対象とされているのではないのか。漠然とした全体的雰囲気の中に埋没していれば、対象とされることもないのではないのか。このことは子供の世界だけのことではなくはないのか。子供のときからの教育によって大人になってもそういう精神は続きはしないのか。また、かつてハンセン病患者を集めて収容したことも医学の未熟ということもあるが、ものの考え方から由来する面もあるであろう。断種したりと人権侵害的なこともあった。確かに旧約にもあるのはあるが……。異質なものを排除する心情とも関わっていよう。区別はするが、差別はしないことが必要であろう。異なったものを異なったものとして区別することはすべての事柄において不可欠のことである。科学の第一歩である。主体性欠如は特徴的なものの排除を結果する。

　サラリーマンの衣服などを必要経費として落とす―こういうことでも社会的公平の観点から自らが声を上げるという主体性なしには実現しない。いつまでも不公平税制が続いてしまう。こういう不公平も種々の面での人々の考え方、決断に不都合な影響を与えるであろう。

　尖閣諸島周辺でのビデオ流出を行った自衛官にしても自己の責任を明確にその重大性とともに認識していたのであろうかという疑念が生じてしまう。個の主体性の自覚が明瞭でない場合、責任の自覚も明瞭とはいい難いからである。神戸海上保安庁保安官逮捕の方針が出ている（2010.11.11 朝日新聞）。ネット喫茶からの投稿ということである。尖閣映像流出。守秘義務違反の疑いである。こういう事件も個としての自覚欠如と無関係ではあるまい。自分が国を防衛する第一線に立っているという自覚―これにはその前提としての個としての自覚が不可欠である。先のことはそういう個の自覚の内容として存していることである。まず最初にそういう内容とは独立の個の自覚が不可欠である。強いていえば無内容の個の自覚の内容としては心に書かれた律法にのみ従うという自覚といえる。たとえ上官の命でもそれに反していれば従わないということである。今回の場合、漏洩させるのが心の律法に従うこととはとてもいえない。守秘こそがそれに従うこ

とといえる。本人が国民が知るべきことであるというメモを残していた。確かに
すべての情報を原則としては公開すべきである。さもないと国民が正しい判断を
できないから。秘密にしようという考えは国民を信用しないことを意味する。国
民一人ひとりが個としての主体性を確立して、国家からも信用されるようになら
ねばならない。国と個とが相互に信頼しえてこそ国としても安泰である。

　さて、弁護士のような職には誰でもはつけない。専門教育を受けねばならな
い。しかも問題は世代間での再生産という事実である。そこで所得的に下層の
人々もある一定以上の所得はあるように自ら努力しうる制度にしておく必要があ
ろう。個人の自由がある以上、先の再生産は不可避であろう。東西両邦制はそ
ういう低所得層の人々の自己向上努力を刺激して高めると思う。互いに比較する
ことによって。時には東西で競争し、また時には協同することによって自己を高
めていくと思う。規模が同じという状況がそういう効果をもたらすであろうと思
う。人々のそういう努力（悪くいえば私利私欲）を刺激しようから。3つ以上に
分けると、そういう効果は生まれまい。この場合は例えば年金にしても全国一律
であるから邦の独自性はない。それに応じて人としての個の主体性も生まれな
い。今まで通りの人間性であろう。自己向上努力あってこそ、そういう人々の人
間性を向上させることとなろう。同時に所得の向上により社会的地位の一定以上
の確保が可能となる。その分社会的にも評価が高まろう。社会的差別排除へ自ら
貢献することとなろう。あえて弁護士、医師などの高度な教育不可欠の職にあえ
て就こうともしなくなろう。また就く必要もなくなろう。少なくとも社会が全体
としてそういう方向へ向かう可能性が芽生えよう。現代日本での子供の塾通いは
異常も異常である。これは片極集中、一元支配、同一体制という超封建「主義」
の反映である。こういう体制の廃絶は民主制実現にとって不可欠である。

（4）　国際的視野にて

　日本でのリベラル主義は本当の心の強さを持ってはいない。せいぜい市民運動
レベルでしかない。その上、当事者自身がそういう考え方の根底をなす信念を十
分身につけてはいない。実はこの点が最大の欠点、問題点である。要は信念欠如
なのである。その一語に尽きるといってもよい。そこで何かがあるたびに右往左
往することを避けえない。この信念は究極的には結局良心的判断の重視というと

ころへ帰着しよう。これが普編的だという確信がないのである。一方、米国では
そうではなく [46] 反対である。日本のような海洋国家は国際的システムの形成力
に依拠して、ロシアのような大陸国家は資源、軍隊で国家の影響力を保持しよう
とする [47]。こういう区分からいえば、世界に範たる民主主義国家を構築するこ
とを通して世界をリードするという発想はどちらでもなく一次元異なっている。
人の存在の根底を正すことを目指しているからである。真の民主主義制度の確立
は世界中のすべての国、地域の人心の中にある暗黙の目標であろうからである。
それを外の世界に実現して見せていることは大変な影響力を持つのではあるまい
か。こうして初めて日本は世界の最先端をいくこととなり、米国の民主主義のさ
らに先をいくこととなる。あくまでその結果として、民主主義実現への注意の集
中を起点に逆に世界へ向かって発言し、世界的視野に立って種々の点で世界（も
とより米国をも含めて）を説得しうる力量を保持することとなろう。だが現在の
日本はそれとはまさに正反対のところに位置している。なぜならこれはいわれて
久しいが、目指すべき国家像が不明確であるからである。模範的民主主義実現の
国家を目指すのであれば一本筋が通る。こうなるとまずは国民一人ひとりが精神
的に確固となる。こうしてこそここからすべては始まる。国の活動があらゆる面
で強くなろう。政治でも経済でも、それに何よりも精神的諸活動において。先進
国に追いつくつい最近まではそのことが頭から離れなかった。だが今ではまだ少
し残ってはいるが、やっと離れかけてきた。そこで心の中が空虚になってきた。
追いつこうとする情けないといえば情けない悪いものはなくなったが、よいもの
もないのが実情である。よいものを自ら生み出さねばならない。そういう状況へ
いわば追い込まれている。無から生み出すを要す。無とはいえ人は人格である。
そこで文字通りの無ではない。何もなしではない。人格の根源は良心であり、無
である。良心もなしでは何をも生み出しえない。逆に無でなければ仮に生み出し
ても碌なものは生み出しえない。無と良心が同じでこそ世界に範たりうる永遠
的価値あるものを生み出しうる。我々日本人はそういう観点に立てば今こそ千載
一遇のチャンスに置かれているといってよい。この機会を絶対に逃してはならな
い。もし逃せば永久に戻ってはこないと覚悟せねばならない。

第3章　志向すべき道（未来）　*187*

（5）　合理的制度か

　原子力保安院でも独立していないことで分かるように合理的に制度ができていない。管理し易いようにできている。官僚の都合第一である。一元的で封建的である。競争的でなくて非効率にできている。封建度指数が高くて民主化指数が低い。一元的ということは縦割り行政ということでもある。各々の省がかつての藩なのである。これもすべて個の主体性欠如と関連している。かくて必然的に無責任体制となる。

　フランスについて聞いたが、富裕層が出国していくとのことである。こういうことはどこの先進国、例えば北欧でも起きていよう。自分の国に対して誇りをもてないからであろう。ただ単に税金が高いのが馬鹿らしいだけではないであろう。人の良心はそこまで地に落ちてはいまい。そのためにも真に実体ある民主主義国家にならねばならない。中枢沖縄設置、東西両邦制はその点不可欠と思う。こうして実体あれば国民各自が自己の国へ誇りをもてよう。他国もそういう目で見るからそういう国からただ金だけのために出てはいかないであろう。もし仮に少数の富裕層が出て行ったとしてもそれはそれでよい。世界に冠たる民主主義国家である国の国民であるという人としての誇りをまで捨てて金銭のために出国するということならさせておけばよい。もっともそういう人間に対してはそれなりの対抗処置を講じるもよかろう。いずれにしろそういう人間の出国にとって国内がいわば掃除される結果になるのではあるまいか。人としての誇りをとるのか金銭を取るのか、二者択一である。国としての統一が取れることになるのではないか。たとえ一部の人が出国するとしても、世界に冠たる民主国家という国の本質は決して曖昧にしてはならない。それこそが国のよって立つゆえんのところであるからである。出て行く人間がいる代わりにそういう国の本質に共鳴して入国してくる人もいるのではないかと思う。たとえ税金として徴収されるとはいえ、そのお金は決して無駄になることはないのである。国のため、あるいは直接に貧しい人々を助けるために役立っている。ただそうであることが本当であることが誰の目にも分かるようにしておかなくてはならない。曖昧であってはならない。税金の無駄使いのないことを明確にしておかなくてはならない。つまり人の良心を反映した税の使い方になっていなくてはならない。そうなれば国としても益々輝きを増すであろう。一部の富裕層が出国するにしろしないにしろ、国の税システ

ムが合理的にできていることが必要不可欠である。そしてその合理性が真にそうであるにもかかわらず一部の人々がその利益に反するため出国するのであれば止むをえまい。そういう人々を自国の利になるという理由で受容する国があっても恒久性があるのであろうか。そういう利害打算にのみによる結びつきが永久に続くものであろうか。日本が世界に冠たる民主主義国家になれば、税を嫌って出て行く不心得者がいたとしても逆にそういう国家なるゆえにその国の国民になりたいと思い、たとえ資産があっても入ってくる人も生じることであろう。日出国となる。ただここでの日出るの「出」は良心が表に現れたような性格を持っている。かくて「日出」の「日」とは良心といい換えてもよかろう。そうあってこそ人類の未来が開けているといえる。さもないと闇であろう。日本がそういう国になれば、例えばフランスから出て行く人々のうち日本へ入ってくる人々も出現しはすまいか。同じ課税なら有効に生かされていることが明白である国に住みたいという希望を持ってである。

　犯罪者の取り調べでも米国ではどんな凶悪犯でも一日二回、一回当たり二時間、それ以上はやらない。それ以上やっていると犯していないのに自白してしまうからと聞く。犯人についてもこのように人権は認められている。ここには個の主体性を尊重するという原則が別の形で出ている。各人の良心を尊重している。外的圧力によって良心の判断を歪めることを避けている。日本にそういう科学的、合理的判断に依拠した原則があるのであろうか。ここには合理的に考えることの徹底が伺える。このように合理的に考えることも、そういう考え方という他なるものに対して自己を譲っていることを現しており、個の主体性確立をその分表している。かくて主体性欠如は合理的精神の欠如をも招いていることとなろう。合理的精神は万人共通のことであり、それの尊重は個がそこへ依拠する判断の根拠をも提供しているといえる。共通な根拠を欠いていると、個がそこへ依拠するものの欠如を結果する。そのため個はどこにも依拠しえないこととなる。そこで主体性欠如という結果を招く。一見依拠するもののないことは個の自由を意味するごとく見えるが、実際はそうではないこととなる。客観的根拠が欠けていると、個は依拠するものがなく、かえって自由ではない。無制約な自由というものは人には許されないことである。真に依拠しうるものを有することと自由とは

第3章　志向すべき道（未来）　*189*

同一のことである。合理的精神はいわば心に書かれた律法の一環を構成している。かくてこれは各人の判断を超えている。そこで自己を超えたこのことに依拠して初めて人は自己を自由と感じうるといえる。良心的「主」を持たないことは不自由と同じなのである。持つべき「主」を欠いていると、個は主体性の確立を達成しえない。所詮根無し草でしかない。「主」なしではその場合、その時々でふらふらするほかないからである。多くの場合、利害打算によって振り回されることとなろう。利害打算を超えて良心的判断に従うことは生じてはいない。こういう状況では個は主体性を確立しえない。良心的判断に従うことはその場、その時で揺らぐことはない。一方、利害打算はその場、その時で揺れ動く。ここでは主体性の確立は成立しえない。主体性の確立にはいかなる状況でもその判断の根拠を一定のところに定めておくことが不可欠である。

　もし良心が種々の制約から解放される地点に至っていれば、宗教的次元でいえばたとえ教義内容は字句表現上は異なっていても、そういう相違については人を超えた存在へその解決を委ねることができよう。良心の解放は自己への囚われからの解放でもあり自ずからそういう契機を含むし、また含まざるをえまい。つまり人次元の理論的辻褄合わせのような企てを行う必要はお互いに感じないであろう。このことはまた良心的判断に従い社会的差別はしないことと同時に個人的次元のことでは各人の良心の判断に従い考えていくことを可能にする。かくて同じことについて各人の判断に従うことを可能にする。かくて決して同一の判断になるとは限らない。たとえ同一的方向でもバラつきが生じよう。それに対して社会的次元のことについては社会的差別はしないということなので、各人の判断に先行して差別してはならないという規則が適用されている。確かに日本の諸制度は欧米の模倣が多いので個人を前提にしてはいる。だが実態は異なるのではないか。なぜなら各人が個という自覚を欠いていていわば全体の中に埋没している傾向が強いから。

　制度をいくら個の主体性が促進されるように造っても、個々人がそういう心構えを持っていないとその制度が正常に機能しなくなってしまうであろう。心構えがまず第一に大切といえる。このように個としての主体性の欠如はすべてのことを歪めてしまう。もんじゅ、談合、ごね得などには悪のもたれ合いともいうべき

現象が見られる（人の組織と構成員との関係において）。

　いかに機会の平等とはいえ、人間生まれたときに既に平等ではない。各々が両親から生まれており、かくて両親の資質を受け継いで生まれている。平等な人間なんて現実には世界に一人としていない。両親が同じでも兄弟によって各々異なっている。両親が異なればなおさらである。後天的な、例えば経済状況によって不平等が生じるのではない。平等ということは原則としてありえない。人間に向上心のある限りそういう状況を根本的に是正することは不可能である。そういうところから社会保障とか慈善活動とかが入ってくるのであろう。

　機会の平等から実質的平等へについて。例えば経済的資力が理由でそうならないことは社会保障で補うほかあるまい。それをいうのなら本人の知的資質についても本人のものではなくて、親からのものである。この点についても平等にせねばならないことはないのか。要は人間は種々の観点において決して平等にはつくられてはいない。

　個人の権利を尊重するのなら相続において遺留分などという日本独自の考えはやめるべきである。全体主義的であろう。よほどの無茶をせぬ限り例えば父の意思に反してさえ相続できることになる。父にしてみれば自分の財産を没収されているのと同じであろう。いかに国家権力とはいえ、否、そうであればこそ個人の権利を侵害してはならない。個の主体性尊重に反している。欧米は個人主義的である。例えばビートルズのジョン・レノン（英）、ケネディ大統領（米）、イブ・モンタン（仏）などの死亡時でも遺産について相続に絡み日本でのように遺留分という考えはなかったのではないか。ここでも日本は全体主義的である。何かにつけ日本では全体を優先して考える。そういう考え方の反映である。こういう全体主義的発想は廃止せねばならない。個人の意思を尊重すべきである。しかも個人の権利が尊重されて初めて公は真に「公」となり、国は真に「国」となりうることを忘れてはならない。そうでない限り公や国は一部の人間達によって私物化されたものでしかない。

（6）教育権

　国民の教育権という考えは人間の個としての独自性という発想と一致する。一方、国家の教育権という考えはそうではない。国民各自の主体性を尊重しない、

第3章　志向すべき道（未来）　*191*

上から国民をある特定の方向へ導いていこうとする発想である。こういう考え方は時代遅れといえる。国民蔑視の考え方である。封建時代さながらである。自分達だけをことが分かった人間として特別視している。そういう人々こそ何も分かっていないことを反省せねばならない。もっとも自分たちだけが決めるのではなく、有識者による審議会が決めているということでもあろう。ではそういう人達は特別の人なのであろうか。笑止千万というほかない。むしろ悪い意味で特別とはいえるかもしれない。人としての個性を重んじることはすべての事柄において個を重んじることへ通じる。なぜならそうでない限り人たる個を重んじることはできぬから。考え方全般としては一点集中式ではなくて、多元的発想を意識的に行わなくてはならない。教科書検定などは明らかにそれに反している。自由発行、採用でやっていけば悪いものは淘汰されると考えねばならない。このことは一般の商品と何ら違いはあるまい。そこまで今現在の国民の知的水準は上がっていると理解せねばならない。識字率は男子で約半数、女子で約15％との明治初期でさえ自由発行、採用だったのだ。主体的ということと多様性、多元的ということとは不可分である。

　児童、生徒を個性ある存在として育てるにはまず教師がその模範を示さねばならない。それには教師側が多様でなくてはならない。教師側がそうあってこそ生徒側もそうなろうと努力しよう。努力目標となりえよう。教師側が紋切り型の画一的人間となってしまっては生徒の「個」は育たない、育てえない。上から画一的なことをしようとするのは人間が全般に有している良心や義への信頼という感覚を欠いていることが根本にあろう。その点をこそまず改めなくてはならない。「上から」を考える人間自身がまず自己のそういう感覚への信頼を取り戻すことが先決問題である。そういう人々は究極的には自己自身への信頼をこそ欠いているといえる。この点こそが根本的問題となる。自分自身が信じられていない。そこで他の人々をも信じえない。結果、「上から」という企画の登場と相成るのである。自分自身が信じられていれば、他の人々の良心、義への思いをも理解しうる。そこでそういう企画とはならない。自由に任せるという国民の教育権という発想となろう。結局、官僚とか役人とかという人種は自分自身が信じられていないのである。採用試験に合わせることを第一に考えてきたので、そのことが最優先する。そこでそういうこととなる。自己への信頼が第一であれば試験最優先と

はならない。この場合にこそ国民の自由を認める国民の教育権という考え方になりえよう。

　こういう点から考えても教員になるに当たって厳しい試験は課してはならない。自己自身への信頼を失い、試験を信じる人間の採用となってしまうからである。人教育するに当たってはそうする側の人間が自己自身を信じていることが不可欠である。自己への信頼を欠く人間に他を導くことはできない。試験を課せば課すほど試験内容への信頼を増し、逆に自己への信頼を喪失させよう。もっともその試験に合格した自己への信頼はあるであろう。だがそういう二次的性格の自己への信頼は見掛け倒しに過ぎない。本物ではない。自己への信頼は直接的でなくてはならない。試験経由の間接的信頼では簡単に崩壊しよう。他人から付与されているに過ぎぬからである。他人経由であってはならない。なぜならそれは当の他人への、場合によっては試験への信頼にしか過ぎぬから。そういう意味では自己信頼と他者信頼とは二律背反である。本来からいえばこれらは一つでなくてはならない。それが試験制度が間に割って入ることによって二律背反という好ましくない結果を招いている。直接的自己信頼は自己の良心へのそれである。このことは他者の良心への信頼をも同時に意味する（含む）。同じ人間としてそうであるほかないと考えるであろうから。かくてこそ自も他もともに共通の場に立つこととなるのである。そうであってこそ民主主義というものが成立しうる。国家主義と民主主義とは矛盾する。国が主と民が主とでは当然のことである。ちょうど国家の教育権と国民の教育権とが対峙するごとくである。双方対峙ということは国家が真の民主主義国家たりえていないことを暴露している。そういう議論が生じること自体がすでに問題なのである。

　大学の入学式、卒業式は廃止する。合格者個人が４月か９月の入学は決める。またそうできるようなカリキュラムにしておく。個の主体性確立を目指すことが我々日本人には不可欠なのでその分余計に画一的なことは止めること。要は社会人になったとき、個々人の資質が全面開花するにはどういう教育制度がよいかという観点から考えねばならない。大学入試を難しく卒業をやさしくするのはいけない。それより反対に米国式のほうがよいであろう。入るのが難しく出るのがやさしいことはもとより全体主義、個の埋没という事態と一体であろう。反対にすること。さもないと当人の資質が十全には開花しないであろう。入れたらやれや

れと思うから。目的を達成した如き心境になってしまう。職につく以前の途中段階で精魂を使い果たさす如き制度にしないことが大切である。画一的公務員試験は廃止にすること。公務員の４月での一斉採用にも関連するが、大学での４月入学、３月卒業式などさらに会社での４月一斉入社など一斉的行事はすべて止めねばならない。こういう全体主義的行いは個の主体性確立に逆行するから。集団的儀式の代わりに個の主体性を育てるような主体性を目指した何か代わりになることを考えればよい。入学、卒業式を行うか否かは高校以下については各校の自由とする。子供の教育ではなくて、大人が自らの教育をせねばならない。子供の教育云々は大人の思い上がりに過ぎない。本末転倒こそ罪の漏出といえよう。

（7） 分権改革

　日本では三権分立といいながら現実には官僚の権限が優勢である。官僚は民主主義的選挙によって選ばれたのではない。その分日本は非民主的に運営されている。例えば教育が国民から遊離していることを結果する。教育運営と一般国民との間が離れれば離れるほど民主主義とは縁遠くなる。国民自身が自らの意思で教育 ― 教育に限らない ― を自己の許へと引き寄せなくてはならない。そういう積極的意思表示が不可欠である。無作為では教育は自己へと近づいてはこない。近づかせる、自己化する、官僚には渡さないという決意こそ大切である。官僚主義の悪弊を除去せねばならない。陳情するということを止めてよい体制にせねばならない。それには予算の運用権限を自らへと取り返すことが不可欠である。本来からいえば自らが出した税金である。それを自己の思うように使うのは当然の権利である。いちいち「国」の了承がないと使えぬということ自体が正統なことではない。そういう状況に慣らされてしまって、それを当たり前と感じていることを変えねばならない。予算はすべて自己のものであると認識せねばならない。

　国から都道府県へある程度の権限を移すだけでは、もとよりしないよりはましだが、不十分極まりない。なぜならそれではどこにも競争原理は働かないからである。一点の中心から全体を統括する方式は護送船団方式の時代にはそれなりの合理性を有していた。だが日本が先進国の仲間入りした現在、状況は変わった。国内的にも多様化、個性化、独創性が尊重される時代となった。そのためには競争原理の働く国土構成に変えることが不可欠である。これには一点中心状況自体

を廃さねばならない。と同時に地域相互間で競争原理が働かなくてはならない。過疎過密の抜本的解消である。そのためには現在のように税収格差が巨大ではそれは実現されない。そのためにも一点集中体制を廃さねばならない。そうなって初めて各地域の特性が重んじられる体制となる。それに応じて人としての個人尊重ということも実現の可能性が生まれる。さもないと人の意識はその中心のことを常に意識しており、独創性は生まれ難い。つまり人の創造力が十全には生かされないこととなる。結果、他国に遅れをとってしまう。

　かつて東西両邦ということを書いたが、2つに分けたとき同規模ならよい。もしそうであれば、その後の違いは各邦の行政担当者の責任であるから。だが彼らが代わったらその後は最初から相違があったことが口実となってしまう。そこをどうするのか。彼らが代わるたびに邦境を動かすことはできぬからである。ただそのことが理由に政権交代で政権についた人々は追いつくように努力しよう。これは住民の意向に従っているといえる。もし追いつくか追い越せば、その政権は続こう。駄目ならさらに交代は続こう。こうして住民の意向反映が続いていくと考えられる。かくて最初に一度、同規模の2つの邦の実現が不可欠といえる。そして事実やり方次第で逆転の可能性もあるであろう。こういう考えはキリスト信仰へと通じている。もとより必ずそうなるというのではないが。自ら競争原理の働く構造を求めるぐらいでなくてはならない。良心的に判断すればそれ以外に考えようはないのであるから。外国の大学との競争のためにも、というよりそのためにこそ国内での競争が不可欠といえる。人としての自らの限界（宗教的には罪といえる）に気付いていればそう思うほかないであろう。米国の大学、大学に限らぬが、があれだけ結果を出しているのは国内での激しい競争あればこそである。国の規模には無関係といってよい。自らのためにこそそういう競争を求めるぐらいにならねばならない。もとより現代では競争は国内のみの事柄ではない。国際競争も大いに激化してきている。だが国内が全域的に活性化するには国内で競争原理が働くような体制構築が不可欠であろう。国境紛争などの国際関係において主体的に対応して少なくとも不利な立場に立たなくてすむためには最低限この程度のことを要しよう。国内で競争原理が働いていないと、国内での活性が失われ、そのことは国全体としての国際競争力を失わせる結果を招くであろう。また国内が活性化していないと、早晩外国企業にとってはもとより国内企業にとっ

第3章　志向すべき道（未来）　*195*

てさえも進出するだけの魅力を感じなくなっていこう。

　主体性を確立して国全体が活性化して高揚し、北方領土など問題外となるほど
に国威発揚という状況になったとき、領土でも還ってくる可能性が生まれよう。
未練を持っているような状況では帰ってこないであろう。たとえ日本の主張のよ
うに潜在主権があるとしても未練を持たねばならぬような情けない状況では望み
はあるまい。このことは日本が対外的に自ら積極的に行動しようとしないことと
並行した事態である。主体的に動くことがないことは国内では片極集中がなされ
るままに放置しておくことに現れている。こういうことでは国境交渉を有利に進
めるのは夢のまた夢であろう。

　片極集中の状況では人の心がそこへ依存せざるを得ない状況となり、個の主体
性確立にとって大きな障害になる。つまり精神的に弱い人間の大量生産を結果す
る。封建時代同様である。否、考え方次第ではそれ以上である。日本人は外国語
を話すのが得手でないといわれるが、それは単に言葉の問題ではない。根本は自
覚の問題である。個たる主体性を欠いているというそれである。こういう欠陥が
あるので外国語を話すとき不安がったり積極性が欠けたりする。言葉が少々下手
でも積極性を要す。

　同じ主体性とはいっても、例えば武田信玄とか乃木大将などでのそれと杉原千
畝とでの主体性はその内容が異なろう。後者では良心に基づいた主体性である。
だが前者ではそうではないであろう。つまりここには主体性の現れ方、あるいは
現れる方面の相違があろう。ただもし主体性に位階秩序ともいうべきものの想定
が許されるのなら、良心よりの主体性が最上位に位置することとなろう。それが
良心という自己内在の原理に基づき、そこより発しているから。それに比し、前
者のような場合は自分が置かれた状況に反応してのこと、つまり二次的に生じて
いることだから。もっともここでももとより自己内にある何かが反応しており自
己の側に何かがあってこそのことといえる。したがって自己内での何が状況に対
して反応しているかの問題へ帰着する。前者でも自己内の世俗事に感応する部分
の反応である。後者では道義が問題となる部分の反応である。世俗と道義とであ
る。そういう相違がある。人が人である限り後者のほうを優先せざるをえまい。
過去に生き偉人とされている人々は例外なく個たる主体性を確立していたであろ
う。

（8）海洋権益

　創造不得手、既得権益守護という傾向が強すぎ、領海の幅員三海里制度に最も固執したのは日本である[48]。日本は周りが海なので自国の利益を考えるとこういう考えは理解できる。だがいつまでもそのことに固執していては進展はない。何もこのことに限らない。新しい考え方に立つようなことに遅いところがある。これも真の主体性が欠けているところよりの由来である。自由を欠いている。心の自由さを失っている。それには個々の人間の主体性確立が不可欠である。1894年7月25日日本の巡洋艦「浪速」が英国籍のある商船を撃沈したが、英国人の国際法専門家二人が日本の対応は戦時国際法上適法と発表したら英国での対日批判は直ちに止まった[49]。こういう対応が我々日本人にできるであろうか[50]。自国利益主張のために正義を振りかざすのが通例である。ここで英国人は結果として義の立場に立ち、自己の側の「不義」性に至りついている。こういう対応と主体性確立とは一である。日本政府は憲法9条下では集団的自衛権行使は必要最少限の自衛権行使の範囲を超え許されぬという解釈を一貫して変えていないが、米、独、英などでは国際情勢の変化に応じて変えるが、例えば独では憲法に当たる基本法は50回以上改正された[51]。日本の場合、主体性を欠く。一旦決まったらそれを踏襲するということである。このことは自分のすることに自信が持てないことを意味する。いい換えれば、そういう問題を自己自身の事として考え抜いていないことを意味する。つまり責任放棄である。自己への自信なしとは自己へ託された責任放棄でもある。自己も責任も放棄である。政府と官僚とは一体なので、要するに官僚とはその程度のものということである。空虚である。決して空ではない。空なら良心と一体でありうる。状況が変わったのに判断は変えないということは何か目には見えないものへの囚われがあるからである。反対されるのを恐れるとか、それによって自己の現在の地位を失うとか周辺国の顔色を伺うとかというごとく、そのこと自体以外のことの思惑により判断を歪められているといえる。一見一貫性があってよいようにも思われるが、現実的にはこういう背景があってのことなので、決して歓迎すべきことではない。自己の意見なし（これでは人間ではない）が大事にされる日本社会の風潮の反映に過ぎない。主体的判断回避、先送りである。日本では何かにつけ先送りということをよく行う。このことも意見なし尊重の反映である。個々人が主体的に判断して、種々の意見を出し合い、

そこからさらに議論、集約して、多数決で決めていくべきなのである。かくてまず個々人が自己の主体的主張を表明せぬことには民主主義は始まらない。日本はそういう意味では民主主義の始まり以前のところでまどろんでいる。つまり民主主義はまだ依然として始まってはいない。個の主体性確立と民主主義の始まりとは同時生起である。

（9） 裁判員制度から主体性を考える

　主体性の欠落という観点から考えるとき、最近始まった裁判員制度は大いに結構なのではあるまいか。いやが上にも自己自身の良心に則って考え、判断することを要求されるから。各人がその案件に対して正しく対応しようとすればそのことは同時にそれを自己自身の心の中へと深く問いただすことを求められる。つまりただ単にその件についての客観的状況について具体的事実を知るのみではその件についての判断を下すという決断は生じえない。このことにはその件についてもし仮に自分だったらどうしただろうかという自己自身へのいわば問いかけがなされることを避けえない。もとよりこういうことを自覚して行っているとは限らない。むしろ暗黙のうちになしている場合が大方であろう。いずれにしろそういうことを経る以外にない。またその件を巡ってそうならぬ、つまりそういう犯罪に陥らぬにはどうしたらよいかを自分で考えさせられることにもなる。その分人間的にも成長もしよう。そしてもし当人が教員などであれば、それを子供達の教育の場で生かすこともできよう。否、それには限らない。そういう場にいなくても各自が自分の子供達の家庭教育において活かしうるであろう。かくて社会的には大きい影響力を持つといえる。時間の経過とともにそういう業務に携わる人々の数が増大する。これはかくて日本の、日本人全員の義への感覚の鋭敏化に大いに資するといえる。もとより急にはいかないのでそれなりの時間は要しよう。このことは義への心の開きは日本人が外国、外国人の心を開く際に不可欠の契機である。もとより逆のこともいえる。外国人が日本、日本人へ心を開くとは義へ心を開くことを意味する。これが互いに大前提となる。かくて裁判員制度は日本人が外国人の心を開いていく準備という意味を持つこととなろう。ここでは決して人任せにすることは許されない。人任せという事態は何かにつけ責任を取らないことと一体である。また何かあると頭を下げることとも。日本では何をしても頭

さえ下げれば許されるといういわば暗黙の了解、一致がある。人任せ（責任取らず）頭下げは一体である。これは社会的甘えの温床を形成している。これが個の主体的責任を前提とする民主主義に反していることはいうまでもない。根本的に改めなくてはならない。それらの契機はすべてが全体として同じなので、それらのうち一つを変える努力をすれば、他の契機も自ずから変わるであろう。かくてやりやすいところから始めればよいのではないかと思う。各人によってどれがやり易いかも異なるかもしれない。そこで全員が一致してここから始めると国全体としては決めえないかもしれない。こういうところでも民主主義的にやらねばならぬとは誠に皮肉な話であるが止むをえまい。ある人は人任せにすることをやめることから始め易いのならそうすればよい。また別の人は頭下げは止めやすいのならそこから始めればよい。ただ国全体としてそういう方向へ変えていくことをどこかで宣言しておく必要がある。さもないと各人の態度変更が種々の軋轢を社会的に生む結果も生じようから。もっともこういう変更は人間相互間を必要以上に緊張させるという意見もあろう。だがそれはあくまで今までの状況が最良であるとの前提によっている。この前提をこそ廃絶せねばならない。それこそが民主主義実体化の第一歩といえよう。精神革命を要請されている。それだけ重大な覚悟で臨まなくてはならない。人はどうしても従来のものに甘んじていたがるものである。変化は何かにつけ辛いからである。だがそれなしに進歩はない。それどころか世界から遅れてしまう。そういう状況に置かれており、主体的であらざるをえないのである。

　そういう状況に立たされて初めて主体的にならされることは、考えてみれば本末転倒といえなくもない。本来からいえばまずは主体的であるべきである。そうあって初めて裁判員として責任を負うこともできる。にもかかわらず反対にまず裁判員に任命される。そこでいやが上にも主体的であるほかなくなる。なぜならそうでない限りその任を全うできぬからである。自分で自主的に判断して評決に参与するからである。評決参与とあればどうしても自主的であらざるをえまい。お互いに議論を交わす対応を通じて各人が自分自身の考えに目覚めさせられる結果になろう。その結果として自分の考えを尊重したい心情も芽生えることであろう。このことは他の人々がその人の考えを尊重しようとすることへも理解を及ぼす効果をもたらすことであろう。このことは人間として相互の尊重を生み、民

第3章　志向すべき道（未来）　*199*

主主義を実体化する契機ともなろう。そこでそういう体験を経ることが他のすべての事柄で主体的に判断することへと促すこととなろう。そういう場にあるときのみ自分で主体的に判断し、他のことでは再び従来の非主体的判断へ逆戻りすることにはなり難いであろう。仮にそういうことになるようであれば、そういう場にあっても真には主体的に判断をしていないことを暴露することになったといえよう。一度そうであることを要請されたら、そしてそれに応じた場合そのことがいかに人の社会生活にとって大切かを認識する結果になる。そこでその後はそういう生活態度を維持し続けることとなるであろう。またそうならなくてはならない。かくて裁判員制度は当裁判事例自体のためというよりは、個の主体性欠如の我々日本人にとってはむしろ自分達自身の生活態度の主体的判断を導き出すという結果の方こそが大切といえる。つまり制度の主目的は副次的次元のことであって、このことこそがより大切なことといえる。

　殺人事件などの重大事例が多い。そこで判決についても重いこととなるのは当然である。つまり犯人とはいえその人の人生に重大な一石を投じることとなる。そこでいやが上にも責任を感じざるをえない。そういう状況に置かれているのになおかつ責任を感じないとすれば、人ではない。人の人生に重大な関わりを持つこととなるからである。同じ日本という社会の中に生きている以上、その犯罪に対してもまったく無関係、責任なしとはいい切れない。同じ社会に生きている以上、直接に関係せずともそれで直ちに責任なしとはいえない。なぜならそういう犯罪が生じざるをえない、つまり同一社会の中に生きる一人の人がそういう犯罪に走ったことについてまったく責任なしとはいえまい。そういう犯罪が生まれぬように事前に策を講じることについては責任があろう。もしそうでないのなら個人はバラバラとなってしまい、個人相互はまったく無関係となろう。だがそれはありえない。同一社会に生きている以上は。そうであって初めて日本という一つの国、社会といえる。その点裁判員制度は国、社会全体に対しての責任を目覚めさせるという意味で大いに結構な制度といえよう。国民としての連帯感に目覚めさせることにもなろう。責任と連帯感とは一のことである。真の意味においては自己への囚われがなくて初めて他に対して連帯的でありうる。かくて裁判員であることは自己への囚われからも自由であることを間接的にではあるが、要請されることでもある。このことと主体性確立とは一の事柄である。これが達成でき

ていてこそ責任の全うが可能となる。このことは何も裁判員に限ったことではない。何事についてもいえることである。この点が欠けていると、私利私欲から逃れえず常にそれに脅かされることとなる。これでは何事であれその社会的責任は全うできはしない。そもそも社会が真に社会として成立するためには、一人ひとりが私利私欲から自由であることを要す。さもないと各自が自己にとって好都合なことを考えて、それに固執するためその結果として各種の私利私欲が生まれる。相互対立を招く。勝った集団がその社会を支配する。既得権益集団である。負けた集団は冷や飯を食わされる。統一を欠くこととなる。こういう社会が真の持続性を有するはずはない。必ず崩壊しよう。これの繰り返しである。真の発展を欠くこととなる。外から付けいれられることにもなる。分裂したところへつけ込まれよう。

　こういう対立状況の中では各自がその社会的責任を十全に果たすことは期待できない。疎外された集団はその社会に対して責任を感じないであろうから。"何で俺達が"という気にさせられてしまおうからである。こういう事態にならぬには固定した既得権益集団を作らぬことが大切である。全員が社会全体、国全体へ責任を感じていることが民主主義社会としては不可欠である。全員がその社会の一員なのだという自覚を持てる状況にあることを要す。このためにも社会保障の充実を要する。どの人も疎外意識に陥らぬようにするためである。そうしてこそその時の仕事に対しても身が入るであろう。失業すれば何の保障もないのでは仕事に身が入らず、そのため社会全体として大きなマイナスとなろう。もっとも反対にあまりにも保障を充実させすぎて緊張感を失わせる結果になっては社会全体として機能低下を招く。かくて保障と緊張とのバランスのとり方が大切な社会的モティーフといえる。このバランスをどうやってとるかである。ここでも経済での市場原理という原則に則って考えるのがよくはないのか。その社会の中の委員として選ばれた特定のグループが判断するのでは時の政府を構成する人々にとって好都合な判断をするであろう人々が選ばれることは明らかである。それでは不公平となり、疎外集団発生を招く。具体的にどのように市場原理を働かせるかである。業種別ではなくて全社会として一体の社会保障制度を構築することをやらないと、例えば業種別では業種によって差が生じてしまうから。もとより保険金として支払った額に応じたものを受け取るのが基本だが、あまりにも低い場合に

は国が保障するのもよい。このことは是非必要であろう。もっとも全然保険金支払いのない場合は失業しても受領もゼロであることはいうまでもない。ここでは自己責任ということがいわれなくてはならない。そういう事態はもちろん好ましくはない。そうならぬよう給料天引きで保険金徴収をしておけばよい。そして例えば10年ごとに保険金の徴収比率、額などが今までのものでよいか否かを国会で審議して、それを国民投票にかけるとよい。国民全員にとって生活に直結することなので最も大切なことなので、否決のときは国会に委員会を設けて案を練り直し、作り直し、再度国民投票にかける。賛成多数になるまで繰り返す。社会状況の変化を考えると、10年ごとが適切ではないかと思う。

　さらにまた、犯罪へ関わることなので、人としてどうしてそういう事態になったかへも目を開かれる。そこで人が犯す罪に関して理解を深めることともなる。その分人間存在への理解が深まっていこう。このことはその人自身の人間の幅を広げることともなろう。従来に比べ物事全般をより広い視野でより深く考えていくことを可能とせしめるであろう。広くという契機と深くという契機とはもとより切り離しはできないであろう。両契機一体でこそ広くも深くもなりうるであろう。一方のみということはありえぬであろう。ただ広いのみでは浅薄となり、真の意味では広くはありえまい。互いの議論を通してそういう浅薄さを正されることにもなっていこう。互いが互いを正すことを結果しよう。

（10）　異文化との出会い

　価値観、倫理観が多様であることは人が人格的に絶対的なものを求めていないことに呼応する。人格的に統一的であろうとすれば、どうしても人格を人格たらしめる絶対的な何かを要する。かくてそういうものを求めぬことは人格的に主体的であろうとしていないことを反映する。ただ禅のような場合にはたとえそれが絶対的意味を持っているとしても、人格的な具体的内容を欠く。そこでそういうものは人を人として立たすことはできても厳密な意味で人格として立たしめることはできない。このことと日本企業が和を重視して能力志向というより情緒志向であることとは無関係ではないであろう。人格的に絶対的なものとしてはどの宗教にも共通と思われる心の律法の尊重ということが考えられよう。聖書ではそれなりの仕方で重んじられ、仏教では仏教的仕方で重んじられているのではあるま

いか。もしそうでない宗教があればそれは似て非なる宗教と判断されよう。

　日本では過去において心の律法とか良心とか、要は個の主体性へ目覚める機会が何回かあったと思われる。例えば幕末の志士たちである。これはいわば国内発とも考えうる。次は明治、大正期のキリスト教に関心のある文人たちである。これは外発的ともいいうる。さらに、戦後米国主導下での教育改革である。これはいわば第三の個の主体性への目覚めの機会であった。それも結局半端に終わっている。そして現在の右往左往である。こういう状況こそ第4回目の個の主体性への目覚めの機会といえる。4度目の正直といかなくてはならない。幕末期と今とはキャッチアップ過程の始まりと終わりに当たっており、変革の絶好機といえる。そういう時期だからこそ既成のものが倒れて人の心の中より本来のものが現れる可能性があるといえる。前回は失敗だったので、今回こそ成功させねばならない。今回は欧米列強の政治、経済の圧力によって圧倒される必要はないので、より自主的に言動しうる状況に置かれているといえる。

　明治期にあってはキリスト教に共鳴した人々でさえ個の主体性という自覚には至ってはいないのではあるまいか。キリスト教学園設立者のみは例外といいうるのであろうか。このことはそれほど簡単な問題ではない。なぜなら彼らがそこから影響を受けた欧米のキリスト教自体が真に自己実存的になりきれているのかという問題が浮上するからである。もっともこういう人々こそが個の主体性に目覚めてよいはずではある。結局、思想的共鳴の段階に留まっていて真に「自己」実存的信仰になりえているのかという点である。かくて良心ということの永遠的価値にも目覚めているのであろうか。主体的であるように触発されるはずである。なぜならそうでない限り真の意味でキリストを信じることはできないからである。一方、思想的共鳴であれば必ずしもそうでなくてもよい。自己実存的にキリストを信じたら、それは自己の良心の判断を重視するという地平を開いてくれるのではないか。キリスト信仰によって他の一切からの自由に至ると、自ずからそういう地平が開かれよう。良心の判断を妨げるものは消えてなくなるからである。キリスト信仰が欠けていると、何かによって良心の働きが邪魔されているのである。キリスト信仰によってそういう邪魔物が取り除かれる。そのためには「自己」実存的信仰であることが不可欠である。こういう状況が生じる背景としてはそれまでが「自己」実存的に問い求めていくという生活態度が培われていな

第3章　志向すべき道（未来）　203

いことが挙げられよう。かくてそういうと問い方ができないのであろう。

　「自己」実存的であるには、無前提から自己の究極を実存的に問い求めることが不可欠である。自己とは究極的にはそもそも何であるのかを問い詰めることである。それ以上遠く、深くは問いえなくなるところまで問いつくすことである。そこで初めて例えば良心の判断という事態にも気付くことが生じよう。それまでは個の主体性というような契機については、儒教中心だったのでまったく理解が欠けていた。そこでいかに西洋からキリスト教が入ってきても急にそういう発想に移ることはできなかったのであろう。歴史的背景の重要さが分かる。異質な考え方が真に受容されるには、それなりの時間を必要とする。一朝一夕にはいかない。なぜならそのことについて自己として反省してみなくてはならないからである。しかもそれまでの自己がそこで生きている社会はそういう考え方で成立してはいないのでなおさらである。我々日本人は未だに個の主体性という考え方には至りえていない。明治期の人々がたとえキリスト教に接したとしてもそうなりえていないとしても、何の不思議もない。それまでの考え方を前提として受容する以外対応の仕方はなかった。

　キリスト信仰とは主体的に信じることを意味する。そういう点から見ると、西洋の各語では主語が明確で自我がはっきり認識されている。そこで元来個が主体的になる素地が既に成立しているといえる。そこでキリスト信仰が到来すれば自分が主体的に個としてキリストを信じるという信仰に対応しうる。一方、日本語は主体が曖昧である。そこでそうはなりえない。元来主体的であるようにできていない。そこで勢い思想的新鮮さという点に注目することとなる。信仰とはあくまで個人が主体的に告白することが根幹である。にもかかわらずこの点は二の次となってしまう。そういう意味では肝心要のところが欠落のキリスト教となる。思想として受け取ることはいわば上部構造として受け取っていることを意味する。しかるに真に大切なのはそういう次元のことではない。より根本的次元のこと、つまり主体的であるということである。罪の告白一つとってみても人が自己を主体的に反省することが不可欠である。思想として受け取っていたのではそういう契機は生まれてはこない。

（11） 義重視は「人」を超えさせる

　例えば義の尊重、良心の判断重視などは人の存在を超えた次元へ同時に目を開かせる結果をもたらす。そこでそれに伴う情操を生むと考えられる。単に人間的次元内に留まっていることであれば、そのことに伴う一定の情操を生むことはないであろう。「節操」という言葉もあるように、情操は節ということとも関わろう。つまり節度ということである。このこともやはり単に人間的次元に留まるのではなくて、そこから上の方を見ている要素を含む。単に人間的次元に留まっていては右往左往したり判断がぶれたりすることが不可避的に生じよう。そういうことを避ける効果を節度は有すると思う。つまり人間を一定の生き方、考え方へと定め置く要因を含む事柄は一般にそれ固有の情操を生むといえる。そこでどういう情操であるかその内容が問題となる。例えば戦前にもその時代にふさわしい情操があったであろう。だがそれは義の尊重をその基礎とする情操とは異質といえよう。かくて情操は各々がそれ固有の内容ある倫理観と一体であると考えねばならない。だからこそ義と同じ情操をこそ各生徒が持つようになるよう示唆せねばならない。人間的次元に留まるとは自己の利益優先で考えることを意味しよう。それに対してたとえそれに反しても義の優先を選ぶことが一定の情操を生むといえる。

　かくて節操（情操）超人的要因は一連のこととして連なっている。最後者の人間的次元の表現として前二者が存しているといえる。こういう三位一体は人間個人はいうに及ばず、それに呼応して社会的、国家的体制への批判的判断をも含むこととなることはいうまでもない。なぜならそれは永遠的、超人間的次元を反映したものであるから。しかも大切なことは体制順応的性格の情操、宗教的教育はそういうものに相反している。決してそういうものを促進はせず、むしろ反対にそこから目をそらさせている。逆効果という一面を持っていたのではあるまいか。その時代、時代、状況、状況に好都合な人間を造ろうとすることは必然的にそういう結果となろう。普遍的真実から目を離させることを不可欠とする。こういう面と時代好都合的人間の創造とは同一である。それに対して真実自覚人間の創造はこれらとは二律背反である。従来の日本では戦前はいうまでもなく、戦後も、否、今でさえ欧米に追いつこうという意識のためこの事実が隠蔽されてきたといえる。追いつこうという意識が前に出ているため、そういうことが可能

第3章　志向すべき道（未来）　*205*

であった。国全体が打って一丸となってそうであった。情けないといえば情けない。真実より目先のことに目が眩んだのだ。やむをえぬ一面はあるにはあろうが。

　情操教育についていえば、全教科を通じて行うとはいえ、現実には理科系教科ではそういうことは問題とはなり難いであろう。例えば数学、理科においてである。文科系の中で、特に国語、社会の中で出てき易いといえよう。また体育においては別の仕方で出てき易いといえる。体育系では暴力排除という消極的仕方で、国、社双方では義尊重という積極的仕方で出てくるといえる。ここでは普遍的価値観に基づいて示唆を与えるようにせねばならない。決して今現在の国家にただ単に好都合なことをであってはならない。そこでそれに批判的要因をも含む（少なくとも結果的には）ことを示唆し、自覚させることとなろう。問題は体制側がそういう事態を受容しうるのかという点である。これが現実的にはきわめて大きい問題となろう。自己が批判される可能性あることをそれが普遍的真実であるという理由で許容しうるのかということである。そこまで自己の胸襟を開きうるのかである。

　こういう事態になるからこそ国の組織の最高位において競争原理が働くようにしておかなくてはならない。東西両邦制ならそれが可能か。邦によって教育制度を変えてもよい。お互いに自由であれば競争原理が働き普遍的真実実践への道も開かれる可能性があろう。こういう点から考えても両邦制は是非必要である。民主化指数向上は競争抜きでは起こりえない。そういえば戦前の日本―戦後に限らない―には競争は欠如している。片極集中で封建時代そのものである。多様であるには組織（国なら国）の最上位のところで民主化競争がビルトインされることを要す。片極集中ではそこを支配する唯一つの価値観しか通用しない。両邦制で国内のことは各々が自由、自主的に決めるのなら、価値観は一つでなくて、いくつかの価値観での競争、選択が生じる。このことが民主化指数向上に貢献する。二つ存在しているとそれらの間で種々の相違が生じよう。この事実が住民に自分らの側の体制についての反省を促すであろう。もう一方との比較も不可避的に生じよう。その結果住民は両邦でともに要求を出すこととなろう。つまりエリート層の思うがままの行政や支配はできなくなろう。彼らによる一元的、恣意的支配は崩れざるをえまい、住民からの突き上げによって。国語の時間では主

として言葉使いのことを通じて個の主体性を気付かせること。社会の時間では社会階層の存在について避けえぬことゆえ、格差が一定以内にあるようにすることに注意させること。ただ両邦の支配層が手を結んで住民に対抗しようとの動きも生じるかもしれない。だが両邦では内部の諸条件が一様ではなく、そういう結合は成立し難いのではあるまいか。一方の邦にある問題が他方の邦では欠けている場合の方が多いのではないか。すると先の結合にはなり難い。双方のエリートと双方の住民という4つのパワー間での合従連衡という状況が生まれよう。こういう状況こそ各邦の各住民の主体的意識を高める方向へ作用しよう。4つのパワーのうちがさらに意見相違で分化しても行こう。だがエリート側も住民側もともに常に他の邦側の事情を意識しつつとなろう。ということは自分達だけの側での事情だけでは何も決められないことを意味する。だからこそ一党独裁とか片極集中はないこととなり、民主化指数は高止まりとなりえよう。

（12） 個の主体性確立への一契機

　国際NGOによる「子どもの村福岡」も家庭を失った子どもを育てる（四国新聞2013年4月25日）。こういう活動は大いに賞賛しうることである。自由主義社会ではどうしてもこういう不幸な子供が生じてくるから。しかも本人に責任のあろうはずはない。こういう子供らこそ真に「強くない者」（ローマ15, 1）なのだから、個としての主体性確立という心情の育成にはきわめて大切な存在である。両親がそろっていると、それはそれで本人は幸せではあろうが、親依存となって個の自立のためにはかえって条件がよいとはいえない。適切な教育（これが大切だが）によってぜひ個としての主体性確立という方向へ導いてもらいたいものである。ただそれには導く側自身がそういう考え方を持っていなくてはならない。さもないとそういうことは不可能であろう。そこにむしろ問題が伏在している。ものの考え方は世代から世代へと受け継がれていく。それには国全体としてそういう考え方に重点を置いた教育をせねばならない。そういう教育を受けていない人がいきなりそういう教育を他に対して施すことはできない。しかも教育されてもただそういうことを教え込まれたということでは不十分である。これではまだ教育とはいえない。必ずそれを自分の問題として受け取り、それについて何度も反省して種々の疑問などを感じ、それら一つひとつについて咀嚼したので

なくてはならない。その末にそういう考え方を自分自身の信念として受容したのでなくてはならない。未消化のままの鵜呑みではいざというときに何の力にもならない。張子の虎のようなものであろう。自己化の過程が不可欠である。信念とはまさに「自己」の信念でなくてはならない。他己の信念では信念とはいえない。受け売りでは何の意味もない。そうあってこそ国民の一人として確固として存しうるといえる。一人ひとりがそうでなくてはならない。そうして初めて国全体としても主体的行動をとりうる。ヨタヨタせずに済むのである。

（13） 自律より他律が困難

　山へ入っての修行は正しい方法とは思われない。少なくとも人格的観点からは。なぜならそういう観点から考えれば日常生活の中でこそ義に基づいた言動によって生活を律していかねばならぬからである。生活を逃れて山へ入ること自体既に敗北である。吉野山での修行と日常生活の中で義を実行するのとどちらが難しいかは個々のケースで異なるであろう。だがそういう点を考慮しても、先のことはいいうる。なぜなら義に従う決断は自分の心の中へ他（単なる他ではない）によって定められたものへ従うことである。一方、山中での修行は自分が行うことである。自律的である。前者は他律的といえる。自律的よりは他律的の方がより困難であると一般的にいってよい。修行となる場を自分で選ぶことはできないからである。この点をもってしてもより困難で他律的といえよう。場を自己の意思で選べればその分修行の度合いは低下しよう。自分で選べない場の中で自分が定めたのでなくて与えられている義に従うことは二重の意味で他律的である。最初に逃避行動があれば、その後でどんなことをしようとも修行とはいえない。義に従う行いは多くの場合世俗的なものの喪失を伴う。吉野山へ入るように外面的に分かり易くはないが。それだけ余計に修行になろう。誰からも崇敬されることもない。いわば孤独の戦いとなる。集団も形成されぬ場合が多い。各人が置かれた状況が異なるのであるから。しかもそういう孤独な戦いなしには社会がよくなることはない。山で修行するのではなく、現実の社会生活の中で行っていただきたいと思う。山でいくら修行しても現実社会はよくならない。そういう社会の中で義実行の人が一人でも増えることが社会正義実現には必要不可欠である。

　例えば道路を造るにあたっての立ち退きの如きでもいわゆるごね得という事

態が発生する。公共のためならやむをえないという意識が形成されていない。欧州諸国では強制的に買収が行われると聞く。もとより価額は適正な値においてである。ごね得はない。ここにもお山の大将意識がのぞいている。こういう事態も主体性欠如の一環である。そこで主体性確立を促すためその一助として新聞配達は1か月単位で異なるものをとることを義務付ける。こういう制度にすれば新聞各紙間での競争原理を下から働かすこととなろう。配達申し込みは現配達期間の最後の週の間にする。それ以前にはできないこととする。

（14） 義と国際的観点

　良心、義に則った国つくりをしておけば、他の諸国も内心ではなかなかできない難しい課題に挑戦していることは分かる。そこで表面的にはともかく対外的に甘く見たり、難題を押し付けたりはし難くなろう。もっとも現実にはかえって自分らの不正や不当言動を覆い隠すのに正反対の行為に出てくることもあろうが。だからそれに対していつでも対応できるよう準備の必要はあるのだが。そういう点からも先の原理に基づいて国を形成するよう国際的にも運動していかなくてはならない。そうしてこそ日本は国際的にも注目されよう。ただ単に注目されればよいのではない。よい事柄、よい観点からの注目でなくてはならない。そういう価値観が大切である。すべての人の心の中に存在する原理が国成立の根拠になっているので、まず第一にすべての人はその当該の国の存在を否定できないことである。いくら否定しようとしても、否定したくても否定しえないであろう。なぜならそうすることはすなわち自己自身を否定することを意味するからである。すべての人が心底ではその国の国民でありたいと願うこととなるであろう。現実にはそうはできずに実際には種々の制約の下に留まらさせられていようが、そういう制約を突破して先の原理に基づいて自己の属す国を形成するよう努力することが我々一人ひとりに課された務めといえよう。つまり先の国はそういう人々全員への模範を示していると考えうる。人である限りそういう定めから逃れることはできない。そこをごまかしてはならない。誠実に対応せねばならない。そうありうるよう幼少時より教育を受けねばならない。いかなる国もそういう教育を国民へ施すよう義務付けられている。だが現実はそうなってはいない。先の原理以外のことが国の原理となっている場合も現実にはある。否、むしろそういう場合の方

が多いであろう。人の自己中心という性癖が国家へ転移されている。そこで個人間の争いが国家間の争いへ移転される。ここで由々しい問題が生じてしまう。国家間の戦争という事態である。元来国家のような、他に対しての団体を形成するのは自分達の世間的、世俗的利益を守るためであろう。そこで国家というもののあること自体が良心、義に則って国を形成するという原則に反していることはないのか。そこで国を形成してもそういう原則を見失ってはならない。それまで以上にその原則を大切にせねばならない。このことは自己自身を大切にすることを同時に意味する。現実には良心ではなく私利の集合が国形成の原理である。良心であれば各人の良心は共通しうる。だが私利であると各人の私利は相反しよう。そこで国家も内実はバラバラであろう。真の連帯とはなってはいない。

　階層間での利害対立のあることもこのことを示唆する。もし良心に則った国形成になっていれば階層間対立も生じまい。もとより階層は存しよう。だが対立は存しないことも可能であろう。良心、義に則った原則が支配することとなろうからである。現実に完全にそういう体制が実現していなくてもそういう方向へ社会が向かっていれば、全国民がそちらへ向きうるであろう。そこには真の平和が存しうるであろう。この平和は民主主義と両立しうる性格のものであろう。真の国際平和の基礎は各国の成立原理がこういう平和に存することにあると考えねばならない。反対に各国の基礎がそうでなければ国際平和は存せぬこととなろう。今日までの歴史を振り返ってみても完全に先の平和に則って造られた国家は存しなかったのではあるまいか。民主主義の最先端を走っているかの観を与えている米国でさえもそうはなりきれてはいまい。どういう点がそうか。州相互間で民意反映競争は生じてはいないであろう。この点が不可欠である。さもないと民意が真に反映はされ難いであろう。他にどういう方法があるであろうか。民意反映が常時行われうるであろうことを現す制度的要因を組み込んでおかなくてはならない。西洋において到達した段階ではその点がまだ十分とはいえない。しかもこの点こそが民主主義としてきわめて大切である。というよりこの点こそが民主主義のすべてである。同規模二つなら何もかも衝突して中枢へ持ち込むことは控えようとの心理が働こう。そこでここから民主主義的意識が働くことともなろう。西洋民主主義の到達したところも西洋人のものの考え方の基礎にあるのが個という意識であり無ではない。そこでそれ前提の民主主義にもそれなりの制約が存する

といえる。一方、東洋的、日本的な無我前提で考えると西洋が達したところから
さらに一歩を進めうることが分かった。西洋民主主義の反省より全体（国）のす
ぐ下の組織（邦）は同規模二つという条件の具備が必要であることが分かってき
た。各々の邦が国内に関しては自律している。そこで種々の点で相違が生じる。
このことが各邦の住民の自意識を呼び覚ます。つまり主体性をである。そしてそ
れに基づいて自分たちの主張を組み立てることとなる。しかもこのことが行われ
るのは常にもう一方の側の状況をも視野に入れてのことなのであまりにも現実離
れしたことを要求することにはならないであろう。相互の状況が相互にとって歯
止め役を果たすこととなる。つまり要求があまりに現実離れしないよう抑制する
効果を発揮しよう。良心が良識として作用し、ある一定範囲内に留まるよう仕向
けるであろう。

　日本的、無我的民主主義体制と名づけられよう。それに対して西洋のは西洋的、
個我的民主主義とでもいいうるであろう。「個」我主義なので、個として意見を
出しえていると思われればそれ以上は追求しないのであろう。だがそこで留まっ
ていてはならない。さらに追求せねばならない。より端的に各自の意向が現れる
ようにである。同規模二つという状況の中で各自の意向がより容易に出ることと
なる。その状況が相互を競争させる。結果、お互いに負けたくないという気持ち
にさせる。そのことが不可避的に各自の意向を湧き出させる。内心に留めなくさ
せる。そういう状況なしでは内心に留めさせるかもしれない。人は自我的だとは
いえこういう状況なしでは十分そうはありえぬほどに自我的だといえる。自我的
であることもできぬほどに自我的であろう。だから自我的となって自分の意向を
現れさすようになる状況を作り出し、そういう要因を制度の中にビルトインせね
ばならない。自我を出現させることによって結果として無我となるというように
も考えられよう。そういう手続きを欠くと自我が内にこもったままとなってしま
う。結果、無我になることはできていない。そういう意味合いにおいて日本のは
無我的といえ、西洋のは自我的ということもできよう。そこで前者の方が一歩前
進した体制といえる。なぜならその分余計に民意反映の体制といいうるからであ
る。英米独仏その他欧州諸国いずれもこういう日本的システムにはなってはいな
い。ここでは各社会階層がいわば一人の人格として考えられてはいるが、その中
の各人がその考えを社会的に打ち出していくという側面については十分な配慮が

第3章　志向すべき道（未来）　*211*

なされていないといえよう。人が個人として主体であるとは考えられているが。
否、というよりも個人として十分な配慮がなされていないといえる。個人として
人は多くの側面を有しているのだが。西洋式では個人というものが現実的に考え
られていない。いわば概念的に考えられていて十分現実的次元において個人とい
うものが理解されていないといえる。現実の個人はいうべきところでいわなかっ
たり、反対にいってはならぬところでいったりする。そういう現実的次元で「個」
が解されていない。そこで十分個人がそのリアルな姿で受け取られていない。人
口と経済の同一規模の２つの体制はこういう個人の側面へ対応するに必要な施策
といえる。つまり西洋では個人の理解の仕方が観念的なのである。

　個人がいわないのは個人の勝手なので個人の責任だと西洋式では考えるので
あろう。だがそういう個人についての考え方自体が個人を観念的に考えている。
より現実的に個人の実態へ迫る必要があろう。同一規模の２つの体制よりもっと
そういう迫り方をした考えもありうるかもしれない。かくてこのことは西洋民主
主義から離脱、前進の第一歩と評することも可能であろう。この方式は人の弱さ
へ配慮した方式であるといえる。その分より民主主義的方式である。なぜなら弱
さへの配慮とはより下を向いた方式といえるからである。上へではなく下へこそ
向いていなくてはならない。社会福祉でもそうであろう。これは社会の下層への
注意であり、人間全般へではない。同一規模の２つ体制は全般への注意であり、
より普遍的、価値を有しているといえる。その分より重要といえる。社会福祉は
あくまで上下分離前提でのことである。しかるに同一規模の２つ体制はこういう
分離自体を解消させようとすることであり根源的な社会体制の再構築を担ったも
のである。社会福祉では上下関係自体は何の変化もなく固定したままである。上
下の分離はかえって明確になり分離意識は深まりもしよう。だが同一規模の２つ
体制はこういう分離意識自体の解消を目指している。格差を縮めて社会的一体性
を強める方向へ向かう。その点、対外的にはより強固な体制が可能といえる。こ
の意識の開きこそ民主主義に反する性格のものである。この解消こそが民主主義
にとって最重要な点といっても過言ではない。内部で一体性が確保されればその
分対外的には平和志向的でありえよう。しばしばあることだが、国内的不満解消
策として対外的に強攻策に打って出るという事態が生じることを考えてもそうで
あろう。かくて人の弱さへ真に思いの届いた民主主義といえる。西洋式ではただ

単に表面的に辻褄あわせをしたに過ぎまい。真に思いを届かせてはいない。それには自己が真に無我になることを要するからである。下克上とまではいかなくともそれに近い状況が出現しうるのである。少なくともそういう期待を持ってよい。民主主義的下克上といいうるでもあろう。

（15）　主体性欠如と良心的判断

　主体性欠落と良心的判断欠如との結びつき。人が主体的であろうとすれば、それは自ら当人の良心を呼び覚ます結果となることを意味する。主体的であることは何かにつけ自分で判断していくことである。そこで人任せにはしない。自己判断を要請される。するといやが上にも良心に目覚めるほかない。このことなしに主体的であることはできぬから。何かについてそれが正しく判断されるには公正な判断を要する。客観的状況を見極めねばならない。それには私利私欲などの囚われてはならない。自己中心的判断から解放されねばならない。状況への正しい視線のためにはこの点が不可欠である。たとえそのことが自己にとって世俗的には不利益を結果するとしてもそうせねばならない。ここにすべてを公正に見る目を要求される。良心である。つまり良心へと収斂するほかない。そうすれば良心は私利私欲に囚われることなく客観的公正を維持した判断を行うであろう。もっとも公正といってもそのときのその社会での「公正」に従ってという制約はないとはいえまいが。だが「良心に従って」とは時々の社会の規律自体をも改正していく要因を同時に孕むといえる。決して単に時々の社会での「正義」に基づいて判断するには尽きないモティーフを有するであろう。またそうでない限り良心に従った判断とはいえまい。良心に従うとは普遍的価値への目覚めをも意味せざるをえまい。かくてそれは時々の社会的法則に従うのみではなく、それ自体をも普遍的価値に基づいて改正していく要素を常に含むといえる。たとえそのことを直ちに実行しえなくても。種々の制約が社会的、現実的には存しており、そういう事態になろうこともあろうから。ただ一般的にいっていわゆる民主主義の国々においてはおおむね良心による判断に従うことが許容されているのではないかと思う。もしそうなっていないのなら、そうなりうるよう努力することは許されるのではないかと思う。

　主体的であることは他に対して責任を持つことでもある。自己で自主的に判

第3章　志向すべき道（未来）　213

断するとなれば、こうであるほかない。自主的ということと他への責任とは不可分である。他への判断について責任を感じ、その任を果たすことは同時に当該の相手にも同じ態度を採ることを実行させる結果になろう。相手も同じ人間なので当然そうなろう。相手に責任感を自覚させることともなろう。責任感が責任感を呼ぶ。良心的判断に裏打ちされた責任感である。そもそも責任とはそういう性格であるほかない。それ以外の責任とは真にそういうものではない。他からいわば押し付けられたりしたものでしかない。真に自己の責任に発したものでない限り責任とはいえない。そもそも本人がそういうものに対して心底より責任を感じることはないであろう。仮に感じても社会的立場からであったりであろう。だがこういうものは多くの場合当人の世俗的私利私欲と関わりがあったりしており、真正の意味での責任とはいえない。仮初のそれであるに過ぎない。そういうものに基づいて行動していると必ず破綻を招こう。仮初の責任は仮初の言動を、さらにそれは人自体を仮初の人間へと変えてしまうであろう。すべてが仮初の元へと転落してしまう。往々にして人はそういうようになりやすい。

　だがそうであってはならない。どこまでも真の責任に目覚めねばならない。私利私欲の裏打ちあるまがい物の責任に目をくらまされてはならない。そういう責任は無責任と判断せねばならない。責任とはあくまで自己の良心によって裏打ちされたものでなくてはならない。世の人は自分の責任ということを口にするが、そういう次元まで深められていない場合が多い。つまり責任という語がいわば薄められ広がりすぎている。インフレである。逆にデフレにして煮詰めて凝縮せねばならない。そうすれば真に責任という次元に気付くであろう。こういう責任感のインフレ状態と種々のことの人任せ（一任）という事態とは呼応している。責任ということを真剣に考えていない。真剣なら人へ一任などありえない。直接に私利私欲に無関係なのでそういうことになっている。私利私欲に関係することは人任せにしない。そうでないことは人任せ。これでは無責任の一語に尽きる。反対でなくてはならない。利害関係のあることこそ人任せにしなくてはならない。人の公正な判断に委ねるのである。そうできるだけの主体性を確立しなくてはならない。つまりお互いに利害あることを人の判断に委ねる。こうしてこそ互いの信頼関係も生まれてこよう。主体性が欠けているとこういう関係が築きえない。そこまで人を信頼しえない。

自己を信頼しえぬことと人を信頼しえぬこととは同じことである。決して一方のみあることではない。主体性が確立していてこそ自己を信頼しうる。つまりすべてのことで自己が公正に判断しうると信じうるのでそうできる。ここには自己と良心との間での分裂はない。それ以外の場合、当人の良心と判断との間には不一致が端から存している。このことが暗黙の了解となっている。一致させようという意思も働いてはいない。つまり意思、良心、判断はその場、その場でご都合主義で動いている。決して一体ではない。バラバラである。人格分裂が常態である。ただ本人はそういう事態に気づくことなく放置されている。気付かないのだから改めようともしない。当然である。ジキルとハイドである。否、それ以上である。そういう形で外へ現れ、本人にも他人にもそういうこととして認識されえぬからである。ここをこそ変革せねばならない。人間革命である。いかなる社会的革命が生じてもこの点の革命なしでは無意味であるとしか思われない。人の生の根本は何ら変わっていないのだから。ソ連はとっくに崩壊した。残った中国も雲行きが怪しくなりつつある。社会的次元の革命は一体何だったのかという問いへとつき返されよう。こういうバラバラがよくある本音と建前との相違という事態を引き起こす。これらは双方ともに良心に呼応してはいない。本音が自分の利益に合致する方で、一方建前はたとえそれに反しても立場上そうするほかないところの事柄である。こういう分裂ある限りどちらも良心に応じてはいない。良心はそういう分裂を排除するであろう。なぜならそれらは双方ともに私利私欲に対応して生じていることであるから。本音は文字通りの私利私欲そのものであり、建前はストレートにそうではないが、そういう判断の根底にはそういう要因あればこそのものである。かくて両者は何ら対立する性格のものではない。共通な要因をベースとしている。もし良心に立った判断をするのであれば、そこへ至るまでに他の要因はすべて排除されており、良心専一の判断になっていよう。そこでそれと対立したり並立するような性格のものは存しえなくなっていよう。良心による判断によってすべて取って代わられていよう。良心とはいかなる他のものも並び立ちえない。神でさえも。啓示された神は良心を良心たらしめるものであり、並び立っているのではない。同一の価値の中に胚胎しているものである。というよりそういう価値を生んでいる当のものである。双方は同時に誕生している。一方のみの誕生はないといえる。神がいるので良心があり、良心があるの

で神がいる。神も良心も本音、建前双方をともに虚偽として否定するであろう。真実は唯一つである。2つあること自体がともに偽りであることを暗示する。本音、建前への分裂は人が精神的に根無し草であることと呼応する。このことは決してそれ本来の意味でのそれではない無ということとも呼応する。人格的内容、つまり良心を欠くという意味での無である。本来の無は反対にむしろそういう内容を生みさえもするごときものではあるまいか。神が無から人を創造したと考えられるように。2つあることは雑多な有といえる。私利私欲とはそれ自体が特定内容を有するのではないので、人が置かれたその都度の状況に応じてそのたびに私利に基づく判断をせねばならない。私利は何らの判断原理をも提供するものではない。要は悪い意味での無であるに過ぎない。ということは心が詰まるべきもので詰まっていなくて、詰まるべきでないもので詰まっていることを意味する。本音も建前もともにあるべきものではない。あってはならないものでしかない。

（16）　良心に従うことを教える

　国が良心尊重を重点的に教えることを提言すれば、そのことは万人共通のことなので国民の一人ひとりが納得がいき、国の権威をも高めることとなろう。またそういう国は国際的にも信頼を勝ちうることであろう。良心尊重というような人類普遍的なことに重点をおいた教育を行えば行うほど国内外から信頼を勝ち得よう。反対に特殊なこと、個別なこと、一国のみのことなどに重点を置けば置くほど、国内外からの信頼を失うこととなろう。このことは戦前の日本がよい例であろう。なぜなら個別のことは普遍性がなく、そのことに共鳴しうる人々とそうでない人々との対立を招くことが不可避的に生じるからである。たとえ日本の国の伝統を教えようとしても、それを直接教えようとするとその体制下で優遇された人々とそうでない人々との間には亀裂が生じよう。一方、良心重視ということを教えれば国の伝統などを教えないという懸念も生じよう。だがそれは逆であろう。良心─義─合理的─民主化などは一連のことである。そこで国が民主主義的になることを人々は要求することとなろう。そのことを通して自らが国を造り、そういう国を愛するという結果を招くであろう。だがそういう民主化要求は既存の権力構造と一体、癒着している人々にとっては不都合なこととなろう。そのことはすべての国についていいうることである。そこで既存構造に癒着した階

層の人々は良心というような既存構造への批判を生む可能性のあるようなことを教えることを主張することはないと考えられる。そういうことを自覚しているか否かは分からないが。国の歴史などを教えることは自分らの現在の地位にとっても有利なことだからそういう主張を行うこととなるのであろう。このように考えてみると、良心という点を重視して教えることは国をゼロから造ることを教えるのと同じことであることが分かる。かくてそういう教育を行うころは常時新たに国つくりを行うことを意味しよう。何事でもそうである。一定の体制ができるとそれに乗っている人々とそこから排除された人々とが生じる。そこで国論の分裂も生じよう。かくてそうならないようにゼロから作り直すという契機のビルトインが不可欠となる。良心重視の教育はこれに当たるといえる。常時小さい改革を行っていけばいつか大変革の必要が生じ大混乱が生まれるという危険を回避することができよう。例えば東西両邦制のような制度にしておけば、各人の良心的判断に基づいた制度改革を住民からの突き上げによって東西で競争して実現しようとするであろう。良心重視はそういう可能性を孕んでいる。現実に教育改革の提言を行う人々は現存の支配体制に何らかの意味で属しており、かくて体制批判を招く可能性のある提言はできないであろう。

　良心への目覚めとは決して個という次元でのみ考えておれば十分というのではない。各種の人間の集団（そのうちには民族、国家なども入る）を横断的に貫いている真実への目覚めといえる。それらの中間的次元の制約を突破させるごとき性格のものである。かくて個の目覚めは同時に普遍の目の目覚めといえる。例えば国家と対立するような個ではまだそういう次元にまで至っているとはいえない。個・普遍共通的次元は民族を民族たらしめ、国家を国家たらしめるごとき性格のものである。つまり個という自覚はそういう次元まで深められ、清められねばならない。個の自覚はかくて個を克服した自覚といえる。すなわち超個の自覚なのである。自己の良心にのみ従うとはそういうこと以外ではありえない。宗教間で争いが起きるのは超個の次元へまでその宗教を通して出ていないからである。特定宗教のいわば奴隷にされているのである。その点はキリスト教についても同様である。すべての宗教についていえる。そういう点からいえば、キリスト教固有のキリスト復活についてもそういう契機を入れた信じ方でなくてはならない。かくて復活を決して否定するのではないが、当時の信者が文字通りの復活と

信じたというように信じるのが無碍と同じ信じ方といえよう。このことは良心の判断を絶対的に信じることと一である。そういう地平へ抜け出ない限りキリスト信仰とはいえまい。キリスト「教」の囚人になっているだけのことであろう。キリスト信仰によって良心解放されて初めてキリスト信仰といえる。極言すればキリスト信仰とはキリスト「教」の廃棄といえる。通常良心はいつも何らかの制約の下に置かれている。そういう良心をキリスト信仰は解放する。一般的にいえることは良心を何らかの桎梏から開放せず反対にその中へ閉じ込めるような宗教は迷信といいうる。かくて良心を解放する、しうる宗教同士は相互に理解し合える。そのことが共通点となっているからである。パウロは律法と良心とが弁明しあうという（ローマ 2, 15）が、このことは先にいったこと、良心解放なしの宗教は迷信ということを顕にしている。

　日本では今まで個の主体性なしという発想は欠けていた。そこで欧米諸国以上にそういう点に力を入れて教育を行わねばならない。さもないと種々の面で国際的に伍していけないであろう。

　主体性に気付かせることを教育の中心にすえねばならない。注入ではいけない。自己の心の中に主体性があることを知るように導くことである。なぜなら主体性こそが人の基礎であるからである。これなしでは何事も始まらない。日本には伝統的に儒教、仏教などのお国柄で人格を自然と明確に区別して考える考え方が根付いていないのである。例えば身を捨ててこそ立つ瀬もあれなどというときでも、そこに自己自身の良心による判断がどれだけ関わっているのかは不明である。この点が明確に自覚されていないと、自己の良心の判断にのみ従うという点が曖昧なままである。それではそこで"義"ということがどこまで問題になっているのか自他共に分からないと思う。この点こそが日本文化（日本に限らない）の最大の欠点ではないかと思う。もっともこれが最大最高の特徴だという評価も存しているかと思う。仏教とか禅とかではそれで（というよりそれこそが）よいのであろうから。中高生になり、根性がひねくれてしまってからではなく、まだ根性が世俗の汚れに染まっていない段階で良心による判断の重視ということを教えなくてはならない。早ければ早いほどよい。反対に遅くなればなるほどそういう教育はやり難くなる。またその効果も少なくなるであろう。そういう教育を行うにはそれを担当する人間自身がそういう考え方に馴染んでいなくてはならな

い。戒律や題目を教えるわけにはいかないから。教える側の人間からにじみ出て
くることとして生徒たちに伝わっていくのであるから。良心と良心との呼応とい
う事態が根本に存している。教える人自身が自己の良心への信念を有していない
限りできる教育ではない。人間を根本的によいとも悪いとも決めてはいない。自
己の良心に目覚めて初めて人となる。それ以前はまだ人になってはいない。存在
自体としての人間は良くも悪くもありうる。だが良心は悪くあることはできな
い。そういう性格のものである。だからこそ良心に目覚めさせねばならない。い
かなる悪人も良心に目覚める可能性を有している。残している。早く良心に目覚
めればそうであるほど当人は良心に従った生き方ができることとなる。

　米国も教育改革で例えば高校で序列化が生じてくる。そこで良心による判断重
視を教えなくてはならない。

　体育を含めて全教科を通じて良心、義の大切さを教えなくてはならない。そ
れには特定の教科は不要である。この点はそういう部分的なことではないからで
ある。人間全体として実行すべきことであるから、全教科を通じて教える。特に
体育のようにそういうこととは無関係と思われかねない教科でこそそういう点を
教えねばならない。事あるごとに良心、義という点を教えること。というより自
分自身の心の中にそれらがあることに気付かせることである。義、良心などにつ
いては他から教えられる必要はない。自分の心の中へ深く問えば誰の心の中にも
書かれている。かくて問題はその点にあるのではない。問題は各自が自分の世俗
的利害に目が曇らされてそういう正しいものに則って判断できない点にある。そ
こで教員自身がその点を覚悟を決めて実践して生徒らに自ら模範を示すことであ
る。これこそ一番の教育である。教員生活、否、人間としての生活全般において
そのように生きることである。これが最高、最大の教育である。教育とは基本的
には知識の伝授ではない。生き方の伝授である。さらにいえば生命の伝授である。
前者は後者の付属物にしか過ぎない。否、それどころか生徒にそういう生き方を
伝授しようとして自分の方こそが伝授されているともいえる。かくて伝授とは一
方的関係ではない。伝授が被伝授であり、被伝授が伝授である。それもそのはず
である。互いに根本的には対等な人間なのだから、これは当然のことである。そ
うでない限り伝授などできはしない。ここではもはや伝授というごときことでは
ない。互いに共通の生命あることに気付くことである。

民主主義の「実体」を子供達に見せ、説明してやればそれは同時に、義、良心尊重を教えることともなる。しかもそれらのことは自分たちの心の中に本来胚胎していることを自ら知ることともなろう。自分たちの心がそういうことへ共鳴することによって。民主主義体制構築が優先するとの考えは日暮れてなお道遠しという印象を与えるかもしれない。だが急がば回れともいう。目先の結果を求めることは失敗を招こう。義という点から私利私欲を離れた道を行くべきであろう。ただこの良心は常時意識の表面に出ていて常時すべてのことの判断の第一順位に存しているのではない。だが背景にであれ常に潜在していて人の各判断に影響したり、あるいは反対に世俗利害に影響されたりする。だがいついかなる場合もこの契機が消えてしまうことはない。そこで人の判断にとって最も根源的なものといえる。

ペスタロッチ等がいっていることであろうが、「良心というものが人間関係の中で両親などからの教えを通じて発達してくる」ということは、確かにそういう面はあろう。だがより積極的に考えてよいのではないのか。そう評価しても、良心の方をいわば主語にして、良心が親からの教えなどを使って自ら成長してくるという具合に。身体の成長とともにである。多種多様な人間関係をすべて使ってである。ただ仙人のようなあり方になっても良心は働くのではないのか。そうすると人間関係は無関係なのか。否、それは違う。仙人になるまでに人間関係を通じてそうなっているのである。

さて、教育にしろ、政経にしろ、ここでの制度とはそこで人間が直接扱われている制度のことといえる。教育では教科書検定に関わること、これを教師各人が決めうるように変える。政治・経済では公務員制度、終身雇用などを変えるなどである。例えば５年なら５年というように明確な有期と決めないのがよい。不成績ならくびになるのは当然であるから。その代わり１年でやめて他へ移ってもよい。労組もそれに応じて企業別ではありえない。職種別となろう。

今後は心がものの世界を支える時代となろう。ものが心をではなくて、反対である。心の問題になると、一人ひとりの国民の決断が大切となる。かくて今後は益々精神的な面が重要となろう。ということは各人の主体性が重要となることを意味する。

注

1) 熊谷一乗『現代教育制度論』2007　160頁以下「さらに、森文相の国家主義的教育政策の
もとで検定制が採用。1903年小学校の教科書は国定制となった。戦後第一次米国教育視察団
報告書では自由発行、自由採択の方針が示唆されたが、諸般の事情から検定制がとられた。」

2) 同上書　52頁

3) 石坂悦男編著『市民的自由とメディアの現在』2010　269頁以下

4) J.ウィルソン監修　押谷由夫他編訳『世界の道徳教育』2002　6頁以下

5) 堀尾輝久『日本の教育はどこへ』1990　236頁以下

6) 石坂悦男編著　同上書2010　139頁以下「さらに、人々のコントロールが自発的服従によっ
て行われると考える点で管理社会論はなおも有用である。表面上は自由だが、テクノロジー、
イデオロギーの影響下で産業社会の要請に適合する選択をしている。そういう自由は自己責
任論の呼び水になる。」だがこういう論理との確執を通して個の主体性の確立の方へと進むで
あろう。また、『市民的自由とメディアの現在』93頁以下によると、公民的特性の陶冶やそ
れの苗床の作り直しという観点から裁判員制度が必要である。わが国では国民の公民的特性
が未発達なのでこういうこととなろう。スーパーマーケットでの「早いレジ」の廃止を見て
も、自己中心的に考える傾向が強い。そこでこういう見解は理解できる。個の主体性確立は
公民的特性を同時に陶冶することをも意味していようから。住民のそういう意識開発という
観点からは効果は大きいのではないかと思う。裁判へ出席してのその内容については現代で
は種々のメディアが発達しており、一義的、一方的に住民の側が裁判官側から教育されると
いう生じ難いであろうと思う。

7) 山田昌弘『新平等社会』2006　160頁以下

8) 大西広　碓井敏正『格差社会から成熟社会へ』2007　80頁以下　さらに、成熟社会とは日
本のようでなくてはならぬことはないのか。所得格差も少なく犯罪のない社会である。日本
としては今すぐ周辺国から大量に単純労働者を低賃金で受け入れ米型社会に移行すべきでは
ない。

9) 本田由紀ほか編著『学歴社会・受験戦争』2007　318頁以下

10) 同上書　39頁　さらに、再生産というのは少なくとも今日の段階では一種の錯覚である。
社会全体としては再生産よりも新規参入の方が絶対的に多いという。再生産より新規参入の
方が多いことになる。つまり固定していない。そういう階層の規模が拡大しているときはそ
れでよい。だがそうでなくなったら再生産できない人々も生じてこよう。長い目で見ると結
局、層が固定していく傾向となりはせぬか。

11) 上村俊之　田中宏樹『検証　格差拡大社会』2008　146頁以下

12) 同上書　204頁以下

13) 同上書　77頁　さらに、66頁以下では、2006年に国立社会保障・人口問題研究所が公表
の日本の将来推計人口では2055年には1.3人の現役世代が高齢者を扶養することとなるとい
う。だからこそ特殊出生率が上がるように女性の社会進出し易い状況を作らなくてはならな

第3章 志向すべき道（未来） *221*

い。その点、多極分散型国土構造への変更は不可欠である。こういう基本的状況があって初めてそういう状況の創出も視野に入ってこよう。

14) 同上書　104頁

15) 正村敏之『秘密と恥 ― 日本社会のコミュニケーション構造 ―』200頁

16) 同上書　282頁以下　さらに、日本人一般の発想では医者が自分の過失、手抜かりに対して保険を掛けていては逆に不安、不信感を抱かせる。同様のことは生産物賠償責任保険についてもいえる。日本では秘密厳守だが、北米では公表が多いという。

17) 嶺井明子『世界のシティズンシップ教育』2007　190頁　さらに、武藤　孝典他編著『ヨーロッパの学校における市民的社会性教育の発展 ― フランス・ドイツ・イギリス ―』2007　315頁には、市民の権利、義務などに関して地域社会の活動に効果的に参加しつつ、そういう活動に批判的に評価するための意見、コミットメントを出すことも挙げられている。これは日本とはかなり異なっていよう。批判的という一点をとっても各自の主体性を前提としている。主体性が育つよう導いている。他人に依存していてはこうはならない。

18) 祖父江孝雄　梶田正巳『日本の教育力』1995　113頁以下

19) 武藤孝典ほか編著　同上書　189頁　さらに、249頁以下では、入学式、卒業式などがすべての小中学校で実施されてはいないことが出ている。こういう個々の学校での主体性こそ大切である。画一的でないことこそ大切である。個人の主体性確立と直結しているからである。すべての学校で全国一律なことをしていては個人の主体性は育たない。

20) 中村浩爾『民主主義の深化と市民社会　現代日本社会の民主主義的考察』2005　227頁以下

21) 嶺井明子　同上書　168頁

22) 武藤孝典他編著　同上書　93頁

23) 渡辺利夫編　日本総合研究所調査部環太平洋戦略研究センター著『日本の東アジア戦略：共同体への期待と不安』2005　218頁

24) 宮寺晃夫編『再検討　教育機会の平等』2011　122頁　130頁以下では、個性尊重教育は出身階層による学ぶ意欲を持つ者、持たざる者という二極分化のみでなく、学びから降りた者の自己肯定をも生み出すとある。

25) 佐伯啓思『現代日本のイデオロギー　グローバリズムと国家意識』1998　29頁
　　だがこれは、自分が傷つけられてもよいから他人をもそうしてよいという互酬性に置き換えられる。

26) 杉原誠四郎『教育基本法の成立「人格の完成」をめぐって』2003　243頁以下

27) 松下政経塾編『松下政経塾講話録』1985　198頁以下

28) 同上書　136頁

29) 氏家重信『教育学的人間学の諸相』1999　179頁

30) 同上書　359, 407頁　さらに、419頁には
　　道徳的考え方などは両親を介して子供に刻み込まれるが、子供はそういう結びつきから自

己を解き、自己が責任を負うという自立化が問題で、これが道徳的成熟としての自己対処能力であるという。

31) ロバート・スミス　村上　健他訳『日本社会　その曖昧さの解明』1995　109 頁以下

32) 袖井孝子『日本の住まい　変わる家族』2002　98 頁以下

33) 山辺光宏『人間形成の基礎理論』第三版　2009　14 頁　さらに、Allport, Havighurst などによれば must という良心はするのが当然 ought という良心に先行するし、幼児期の終わりに両親の褒めや戒めの声が心に刻まれ、その良心の基礎が発達し価値や道徳の構造がその上に築かれる。

34) 佐伯啓思　同上書　44 頁

35) 井上正志『教育制度の構造と機能』平 22　322 頁

36) 尾関　周二『環境と情報の人間学』2000　43, 45 頁

37) 同上書　67 頁以下

38) 松下政経塾　編　同上書　80 頁以下

39) 石坂悦男　編著　同上書　98 頁

40) 菊池馨実編著『自立支援と社会保障』平成 20　23 頁以下　さらに、24 頁には、ボランティア、NPO など人のために何かをする市民増加で依存的生き方への敵視の風潮も高まった。また、77 頁には、例えば遺伝子診断で生のリスクの同じ確立というリスク対称性が大きく揺らぐ現在リスク理由の連帯は社会全体にわたる包括性を持ちえなくなっているとの指摘がある。確かにガンにかかる確率も遺伝子診断でかなり分かってきた。かくて可能性の高い人と低い人を一括りで保険対象にするのは合理性を欠く。

41) 同上書　46 頁

42) 同上書　57 頁　ストーカー規制法は違憲ではないとされている。

43) 同上書　219 頁以下

44) 有末賢　関根政巳『戦後日本の社会と市民意識』2005　82 頁　また、87 頁には、自己決定が原則の安楽死が日本では家族など周囲の者が本人にとってよかれと決定する「慈悲殺」であり、死の共同受容的死生観を留める土壌に移植され内容的屈折が生じた。

45) 袖井孝子　同上書　139 頁以下　日本では高齢者は要介護状態になったときの不安から金を使わない。所有不動産を担保に福祉公社と契約し、福祉資金の貸付を受けたり、家事援助などの支援サービスを受けうる。返済方法は契約終了時に不動産を処分して返済するか、相続人が金銭で返済するかである。

46) 伊藤憲一監修『21 世紀日本の大戦略：島国から海洋国家へ』2000　152 頁以下　米国は理念の共和国である。普遍的価値を抽象的に語るのみでなく、国際的制度作りに取り組むのが民主党の伝統である。日本のは市民意識に合う発言はしても制度作りの苦労はしない。

47) 同上書　170 頁以下

48) 村田良平『海が日本の将来を決める』平成 18　45 頁以下　さらに、47 以下には、こういう事態の原因の一つは省庁の縦割り体制であり、また日本人が受身で自ら必要政策を構想し打って出る精神が不十分である。

第3章　志向すべき道（未来）　*223*

49)　同上書　101 頁以下

50)　同上書　284 頁「日露平和条約交渉を取りまとめポーツマスから帰国したとき、国民から石で打たれるように扱われた小村寿太郎外相は大衆に迎合せず、人気取り的言動は慎む強剛性と相手国の不当要求には屈せぬが先方の国情には配慮できる柔軟な判断力を合わせ持つ立派な外相である。」戦前にはまだこのように武士道精神とでもいいうるような精神の持ち主がいた。杉原千畝もその一人であろう。現在はそういう精神はなくなっている。敗戦という事態が間に入ってきたことが大きく影響していよう。やむを得ぬことでもあろう。

51)　同上書　221 頁

あとがき

　日本の国はまほろばの国以来「全体」が個に対してすべての面で優先する体制を今まで構築、維持、展開してきた。そういう体制は例えばあくまで例えばの話だが、明治初期の黒船ショックによる国の発展の遅れを痛感し、急速に追いつかなくてはならない状況におかれている場合にはそれなりのメリットを有していた。

　しかし人の根源的あり方へ立ち返って反省するとき、そういう体制は普遍的真実を反映しているとはいえない。国家という名目のもとに、個人の人格が尊重されない事態を避けえぬからである。ましてや現在の如く日本の先進諸国の仲間入りをして、その一員として世界をリードしていくべき立場にあってはなおのこと国家主義、「全体」主義は排さねばならない。国家相互が各々の自我に基づいて覇権争いを繰り返している状況の克服が今後の人類、地球の存立には不可欠となっている。それには国家を超えた個の普遍性、万人共通性という次元への立ち返りをせねばならない。

　以上の如き観点から、本書は今後の日本の行くべき道についてその一端を表したものである。なお、ここでは具体的には日本の場合が取り上げられているが、根底にあるその考え方は万国に通じるであろう。

　なお本書の原案は 2013 年 8 月頃にできていたのであるが、諸般の事情から出版は今日に至ることとなった。

2017 年 10 月

■著者紹介

名木田　薫　（なぎた　かおる）

昭和 14 年　　岡山県に生まれる
昭和 37 年　　京都大学経済学部卒業、その後 3 年間武田薬品工業（株）勤務
昭和 40 年　　京都大学文学部学士編入学　基督教学専攻
昭和 47 年　　京都大学大学院博士課程単位取得退学、和歌山工業高専講師
昭和 60 年　　岡山理科大学教授
平成 5 年　　ドイツ・チュービンゲン大学神学部へ留学（1 年間）
平成 7 年　　倉敷芸術科学大学教授
平成 15 年　　同大学退職（3 月末）

最近の著書
『個の主体性による「日本」創造』（朝日出版、2012）
『キリスト「秘」』（朝日出版、2015）
『キリスト「生」く ― 現実での相 ―』（朝日出版、2016）

名木田薫著作集全 3 巻
1.『個主体の民主制「実体」化』（大学教育出版、2018）
2.『「個」欠落改造』（大学教育出版、2018）
3.『天地人 ― 世からイエス固着へ ―』（大学教育出版、2018）
名木田薫著作集全 15 巻（電子版）は 2018 年春までに刊行予定

「個」欠落改造

2018 年 1 月 15 日　初版第 1 刷発行

■著　　者──名木田薫
■発 行 者──佐藤　守
■発 行 所──株式会社 大学教育出版
　　　　　　　〒 700-0953　岡山市南区西市 855-4
　　　　　　　電話（086）244-1268　FAX（086）246-0294
■印刷製本──モリモト印刷㈱

©Kaoru Nagita 2018, Printed in Japan
検印省略　　落丁・乱丁本はお取り替えいたします。
本書のコピー・スキャン・デジタル化等の無断複製は著作権法上での例外を除き禁じられています。本
書を代行業者等の第三者に依頼してスキャンやデジタル化することは、たとえ個人や家庭内での利用で
も著作権法違反です。

ISBN978 - 4 - 86429 - 491 - 1